The Warren Buffett Way

30th Anniversary Edition

株で億兆の富を築くバフェットの法則

ロバート・G・ハグストローム
Robert G. Hagstrom

［訳］小野一郎

ダイヤモンド社

THE WARREN BUFFETT WAY
30TH ANNIVERSARY EDITION
by
ROBERT G. HAGSTROM

はじめに

私がウォーレン・バフェットに初めて会ったのは40年前のことだ。と言っても、直接面会したのではなく、1983年のバークシャー・ハザウェイのアニュアルレポートで会長からの手紙を読んだのだ。

私は証券会社で株式ブローカーになる訓練を受けていて、バークシャー・ハザウェイのアニュアルレポートの分析が課題の一つだった。多くの人が感じることだが、私もバフェットの文章の明晰さに感じ入った。

最も驚いたのは、株式を所有することは事業を所有することと同じだという考え方をはっきりと示したことだった。大学で一般教養を学んでいた私は会計やファイナンスを学んでいなかったので、財務諸表の数字の羅列から株式を理解することは容易ではなかった。

しかし、ウォーレン・バフェットからネブラスカ・ファーニチャー・マートのローズ・ブラムキンやバッファロー・イブニング・ニュースのスタン・リプシー、シーズ・キャンディ・ショップのチャック・ハギンス、GEICOのジャック・バーンといった面々を紹介されると、株式に対する最も知性的なアプローチはビジネスパーソンの立場で考えることだというバフェットの説得力溢れる考え方を即座に理解した。

株式を買うとき、私は確かに会社のオーナーになっているのだ。すっきり理解できるではないか。投資の本質についてバフェットが啓示を与えてくれた瞬間だった。バランスシートや損益計算書はもちろん存在しているのだが、そこにある数字という骨格に筋肉や皮膚、そして目的が突然生まれた。株式に生命が吹き込まれたのだ。

私が見ているのは数字だけではない。会社が取り組む事業があり、従業員が製品やサービスを販売し、それが売り上げや利益を生み、それによって数字が作られているのだ。私はそう考えるようになった。

ブローカーの仕事を始めたとき、自分がやるべきことはわかっていた。顧客の資金を優良なビジネスに投資するのだ。言い換えれば、ウォーレン・バフェットのアドバイスを聞き、株式ではなく事業を見つけ出すのだ。そしてウォーレン・バフェットの投資戦略を常に学び続けるのだ。

SEC（米国証券取引委員会）から、バークシャー・ハザウェイ及びバークシャーが保有する全企業の過去のアニュアルレポートすべてを取り寄せた。長年にわたりウォーレン・バフェット及びバークシャー・ハザウェイについて書かれた新聞や雑誌の記事もすべてを集めた。私はまるで野球選手を追いかける子供のようだった。

のちにウォーレン・バフェットはこう述べている。

「私たちはほかの誰もできないことをやっているのではない。並外れた結果を得るために、並外れたことをする必要はないのだ」

誰もがこれは中西部出身の彼特有の謙遜だと考えるだろう。彼は自慢屋ではないが、人に誤ったことを伝えることはしない。自分が本当にそうだと思っていないなら、こんな発言はしなかっただろう。

私はこれが真実なのだと思うが、そうであれば、これはロードマップ、あるいは宝のありかを示す地図を見つけ出す可能性があるということなのだ。それは、投資全般、また株式の選別についてバフェットがどう考えているかということだ。だから私は「バフェットの法則」を本にしようと考えたのだ。

この本を書くに当たって特に難しかったのは、自分はほかの人ができないことをやっているのではないという彼の言葉が正しいと証明することだった。ウォーレン・バフェットは成功しているが、彼が他からかけ離れた存在だということ自体が、その投資手法が誰にでもできるものではないことを示していると評する人もいる。

私はそうは思わない。バフェットの投資実績は確かに突出したものだ。しかし彼の手法は、一度理解すれば、個人、法人を問わず使える。本書の目的は、ウォーレン・バフェットが成功した戦略を投資家に使ってもらう手助けをすることだ。

そのために私は、バークシャー・ハザウェイの会長の手紙や無数の新聞・雑誌の記事、テレビインタビュー、そして毎年の株主総会での発言などから、ベストのものを選び出した。私はすべてのソースを当たった。

その結果、バフェットの企業の見方、つまり事業の視点、経営者の行動、財務的リターン、そして株式の価値評価から企業をどう見るかを集め、これらを12の投資の原則としてまとめた。中心となる原則は、バフェットによる次の四つの投資戦略を明確化し、詳しく説明している。

(1) 株式を事業として分析する
(2) 購入の都度、安全マージンを要求する
(3) 投資の回転率を下げ、フォーカスしたポートフォリオを運営する
(4) 投機的で感情に動かされる市場の動向に左右されない

本書はシンプルな手法を中核に置いて記述している。コンピュータのプログラムを学ぶ必要はないし、分厚い投資マニュアルを解読することもしない。企業の株式の10％を買う余裕があるときも、100株だけ買うときも、本書は投資で利益を出すことに役立つ。

そう言っても疑う人は存在する。これまでに受けてきた反論の最たるものは、ウォーレン・バフェットに関する本を読んでも、彼が成し遂げたのと同じ投資リターンを得ることを保証するものではないというものだ。

まず、私は本書を読むことでバフェットと同じ結果を達成できると言ったりほのめかしたりしたことはない。どうしてそんなことを考えるのかと私は困惑してしまう。タイガー・ウッズのようにゴルフができるという本を読んだからといって、ゴルフコースで彼と張り合えると考える人はいないだろう。

本から自分の腕を上達させるコツを得られると考えて本を読むのではないだろうか。本書も同じだ。自分の投資結果を向上させるレッスンを得られたら、この本を読んだことは成功だと言えるだろう。

ウォーレン・バフェットの投資手法の中心にあるバイ・アンド・ホールド戦略を多くの人は直観的に納得する。購入して数年間保有して、事業の実態に見合ったリターンを達成することはシンプルでわかりやすい。投資家ならこの手法がどう動くのかをすぐに理解できるだろう。ウォーレン・バフェットの魅力は二重構造だ。バイ・アンド・ホールド手法を代表する人物であること、そしてそれによって世界最高の投資家になったことだ。

私が最初に本書を書いてから30年が過ぎたが、株式市場における雑音は常に大きくなっている。これ以上大騒ぎになれないと思った途端に耳をつんざく悲鳴に変わる。テレビの解説者や経済記者、アナリスト、市場ストラテジストなど、みんなが投資家の関心を惹こうと大声で喚き合う。株式市場はあらゆるものの価格を知り、何の価値も知らない人間たちのためのシニカルなゲームになってしまったように見える。

それでも、溢れる情報の中で投資家は利益を上げようともがく。継続するだけで四苦八苦している人もいる。理由もなく株価が急上昇し、また急降下する。子供の教育や自分の老後のために株式に投資しようと思った人々は困惑する。株式市場には規則性や理由などなく、あるのは愚かさだけのように見える。

しかし、市場の狂乱をはるか下に見下ろす場所にウォーレン・バフェットの知恵と助言がある。投資より投機に有利なように見える環境にあって、バフェットのアドバイスは迷子になった多くの投資家が避難する港になることが繰り返し証明されてきた。

かつて長期投資は堅実な行動だと考えられていた。今、自分が長期投資家だと言えば、古臭く時代に合わない、過ぎ去った古い考えにしがみついている人だと思われるだろう。世界はどんどん動いているといわれる。常に売り買いしていないと置いて行かれるよと。

株式市場にあって事業の視点に立つ投資家は、四角の穴に入ろうとする丸いブロックであるように感じるかもしれない。しかし私たちはウォーレン・バフェットの教えを受けてきた。市場の短期的な価格変動を頼りにせずに自分がうまくやれているかを判定し、よく考えて投資の進捗を見極める方法を学んできた。

問題は事業の視点を持つ投資家がチャレンジ溢れる株式市場で成功できるかではない。究極の投資家の教えを学び、正しい考え方を身につけているかということなのだ。

『株で億兆の富を築く バフェットの法則』目次

第1章

世界最高の投資家

World's Greatest Investor

第2章

バフェット投資哲学の源流

The Education of Warren Buffett

第3章

バフェット12の投資原則

Business-Driven Investing

第4章

Common Stock Purchases FIVE CASE STUDIES

5つの株式購入から投資原則を学ぶ

第5章

バフェットのポートフォリオ戦略

Managing a Portfolio of Businesses

第6章

アクティブ投資がうまくいかないのではない

It's Not That Active Management Doesn't Work

第7章 バフェットのマネーマインド

Money Mind

本書は、２０１４年発行の『株で富を築くバフェットの法則［最新版］』を全面改訂したものです。

第 1 章

World's Greatest Investor

世界最高の投資家

外れ値・バフェット

我々投資家は、世の中のこと、中でも我々の資産状況に直接影響を与えるものを理解することを生まれながらに必要としている。

1973年はまさにそれが必要な年だった。株価は激しく下がり続け、翌年はさらに悪化した。1974年末には、株式市場全体は50%というひどい値下がり状態になった。投資家は打ちのめされ、自分のポートフォリオに何が起きたのか、老後のための蓄えがどうなったのかを心配した。そして、別の方法にするべきだったのかと自分に問いかけた。

その状況で大学の学者たちは株式市場について長く考えた。市場の動きについて、とりわけリスクとリターンの概念について、あちこちでいくつか優れたアイデアが生まれた。

心理学に基づく一つのアイデアは、お金の話になるとほとんどの人が感情的になるという認識から始まった。特に、ほとんどの投資家は、お金を失うことを考えるのを忌み嫌う。ファイナンスの学者たちは、お金を失うことを価格のボラティリティと同じものだと考えた。株式市場で株価が激しく変動し始めたときに冷静でいられる勇気を投資家が持っていなければ、彼らはほぼ必ずパニックに陥り、間違った判断をしてしまう。

だから、投資戦略は投資家固有のリスクと報酬の尺度、つまりどれだけの価格ボラティリティに彼らが耐え得るかを反映したものでなければならない。

リスクの許容度と結びつけた別の考え方は、分散投資だ。中核にあるのは、ポートフォリオがさまざまな企業や産業に分散されていれば、ボラティリティをよりうまく管理できるという考え方だ。もし経済のある部分が災厄に見舞われても、ポートフォリオが広く分散されていれば、価格の損失を最小限に抑える防御策が組み込まれているというのだ。

リスクは価格のことだ、また分散は価格のボラティリティを和らげるという二つの理論は長い間議論され、修正・拡張され、出版・引用され、そしてまた議論された。

その間に別々だったこれらのアイデアは学者の世界で静かに変化し融合して、「モダン・ポートフォリオ・セオリー」（ＭＰＴ）として知られるようになる一つの統合された概念となった。

当初は学問の世界で静かに存在していたのだが、１９７３～１９７４年の株式市場の劇的な下げ相場において表舞台に登場することになる。このときの破壊的な損失を前に、投資家もアドバイザーたちも答えを探していた。

そのとき、象牙の塔にあったＭＰＴが「発見」され、市場に持ち込まれた。投資家が納得できるアプローチとして突然すべての人々の目がＭＰＴに注がれたのだ。

しかし、ＭＰＴには一つだけ問題があった。それはウォーレン・バフェットだった。

バフェットはリスクが価格のボラティリティと同じとは考えなかった。彼が運用するポートフォリオは広く分散されたものではなく、少数に集中し回転（売買）の頻度は少なかった。それなのに、彼の投資実績は70年ほどの間彼を世界最高の投資家と呼ぶにふさわしいものであった。

統計用語を使ってファイブシグマ（標準偏差が非常に大きい）と呼ばれることもあった。その現象の発現があまりにも稀で、現実的にはあり得ない状況ということだ。

オマハで生まれ育ったウォーレン・バフェットは、ネブラスカ大学を卒業し、コロンビア大学に進学して『証券分析』の共著者だったベンジャミン・グレアムとデビッド・ドッドに学んだ。この本はバリュー投資に関する極めて影響力の大きな本だった。

グレアムは『賢明なる投資家』の著者でもある。バフェットによれば、この本は投資に関する史上最も重要な本であり、株式市場での投資に対する彼の考え方を根本的に変えてしまった本だとしばしば発言している。

コロンビア大学を卒業後、バフェットはしばらく師匠の会社、グレアム・ニューマン・コーポレーションで働いてからオマハに戻り、１９５６年に自分自身の投資会社を立ち上げた。バフェット・リミテッド・パートナーシップだ。

彼は自分自身に大胆なゴールを設定した。ダウ・ジョーンズ工業株価平均の伸びを年平均で10％上回るというものだった。1957年から1969年までの13年間にわたり彼のパートナーシップは年平均31％のリターンを生んだ。この期間のダウ・ジョーンズの平均上昇率9％を22％も上回ったのだ。

さらに驚かされるのは、バフェットはこの13年間、すべての年においてダウ・ジョーンズを上回っていたことだ。この間一度も負けなかったのだ。

バフェット・パートナーシップは、1962年からマサチューセッツ州にあるバークシャー・ハザウェイという繊維会社の株式を買い始めた。1965年には会社の経営権を握るまでになった。

1969年末にバフェット・パートナーシップが活動を終えたとき、バフェットはパートナーたちにバフェット自身の投資をパートナーシップからバークシャー・ハザウェイの株式に移すと告げた。それが今日、公開・未公開の企業の株式を保有するコングロマリットとなったバークシャー・ハザウェイの始まりだった。

バフェットがかじ取りを行った最初の10年間（1965〜1974年）には1973〜1974年の最悪の下げ相場も含まれていたが、バークシャー・ハザウェイへの投資の価値は3倍になった。同じ期間にS＆P500インデックスに投資していたら、配当を再投資に回したとしても13％しか上昇していない。このときバフェットはまだ活動を始めたばかりだったのだ。

ウォーレン・バフェットほど長い期間投資を続けているプロの投資家はいない。バフェット・パートナーシップとバークシャー・ハザウェイの運用は重複期間を調整すると66年間もの長さになる。バークシャー・ハザウェイの1965年から2022年までの成績を切り取ると、58年間のバークシャーの総リターンは378万7464％になる。同じ期間のS&P500インデックスのリターンは配当の再投資を含めても2万4708％である。

複利計算した年平均リターンで見れば、バフェットは19・8％、S&P500インデックスは9・9％だった。言い換えれば、1965年に1ドル投資をしていたら、2022年末時点でS&P500インデックスの場合248ドル、バークシャーの場合はなんと3万7875ドルになっている計算である。

パターンを理解する

人間の心はパターンを求める。パターンは秩序の存在を暗示していて、それによって我々は世界を理解する。投資家も同じだ。投資家もパターンを求める生き物だ。

ただ、残念なことに、ほとんどの投資家は探す場所を間違えている。彼らは短期的な価格変動を予測する頼れるパターンがあると信じている。それは間違いだ。株式市場の進む方向を常に予測できるモデルは存在しない。

市場はあまりにも大きく複雑で、常に変化を続けている。市場を予測するモデルは同じパターンを繰り返さない。それなのに投資家は探し続けている。

ウォーレン・バフェットもパターンを探す。しかし、彼が探しているパターンは市場に限定されていない。事業を分析するときに現れるパターンだ。

それぞれの企業には三つの重要な面ではっきりとわかるパターンがあることをバフェットは学んでいた。企業の特質、財務上のリターン、そして経営者の質だ。これらのパターンは、将来どこかの時点で株価のその後の方向性を明らかにしてくれるとバフェットは固く信じている。

短期的には株価は事業の変化を逐一丁寧に反映してはくれない。しかし、十分長いスパンで考えれば、株価は根本にある事業の経済性、特質が持つパターンと驚くほど一致してくるのだ。

勝ち続ける場合、常に幸運が絡むものだといわれてきた。ウォーレン・バフェットも長いキャリアの中で、幸運をつかんだことがあったのは疑いないが、不運に見舞われたこともちゃんとある。長い間勝ち続けたのは、優れたスキルによってもたらされたものであることは間違えないでほしい。

本書の目的は、世界最高の投資家のスキル、技を探ることである。

起業家を生み出す

バフェット一族の系譜はジョン・バフェットまでさかのぼることができる。彼は1696年にニューヨーク州のロングアイランド北岸でハンナ・タイタスと結婚した。

時代を進めて1867年にはシドニー・ホーマン・バフェットが西部からの声に誘われてニューヨークを離れ、オマハまで駅馬車に乗る仕事に就いた。到着すると彼はそこに留まることにして、1869年にS・H・バフェット・グローサリーという食料品店を開いた。今もオマハにあり続けるバフェット王朝が動き出したのだ。

1900年になると、オマハには高層ビルが林立し、ケーブルカーが走るようになった。人口は14万人に膨れ上がっていた。シドニー・バフェットは食料品事業を拡張し、二人の息子が経営に加わった。

次男アーネストはダウンタウンにある父の大きな店を離れて郊外にアーネスト・バフェット・グローサリー・アンド・マーケットと仰々しい名前を付けた店を開いた。アーネストには四人の息子がいて、そのうちの一人、ハワードがウォーレン・バフェットの父親になる。

ハワード・バフェットは食料品のビジネスにはあまり興味がなかった。彼が夢見たのはジャーナリストになることで、ネブラスカ大学で学生新聞「デイリー・ネブラスカン」の編集者をしていた。大学４年生のときにリーラ・ストールと出会った。のちのハワード・バフェット夫人である。

彼女がハワードの未来を大きく変えることになる。彼女のハートを射止め彼女の父親の承諾を得るために、ハワードはニュースビジネスを続けることをやめ、より堅実な保険販売の仕事に移った。のちに販売の経験を活かして、証券の販売員に転じ、その後自分の会社を設立するに至った。バフェット・スケリンカ・アンド・カンパニーだ。

ウォーレン・バフェットは若い頃、祖父の食料品事業を学んだ。ウォーレン・バフェットは投資家になる前に起業家だった。利益を得るための事業を立ち上げたのだ。

バフェットが６歳のとき、大好きなアリスおばさんが彼にプレゼントをくれた。クリスマスの朝、包み紙を開いて、彼は最も大切な財産となるものをベルトに括り付けた。ニッケルメッキの小銭入れだ。

彼は直ちにこれを活用する方法をいくつも思いついた。歩道にテーブルを出して通行人にチューインガムを売った。ガムとソーダの訪問販売もした。祖父の店でコークの６本パックを25セントで仕入れ、１本５セントで売った。投資リターンは20％だ。

のちにバフェットは、サタデー・イブニング・ポストという新聞とリバティという雑誌を販売した。週末には地元のフットボールの試合でポップコーンとピーナッツを売り歩いた。暇ができると、近くのゴルフコースでロストボールを拾った。きれいに洗って１ダース６ドルで売るのだ。

競馬場で、うっかり捨てられている当たり馬券が落ちていないかと探した。そのうち彼は「ステーブルボーイのセレクション」という独自の競馬情報誌を競馬場の公式「ブルーシート」より安い25セントで販売した。

１９４２年、バフェットが12歳のとき、父親が連邦議会の議員に選ばれ、一家はワシントン・ＤＣに引っ越した。幼い少年にはつらい変化だった。みじめで絶望的なホームシックになったバフェットは、オマハに戻り祖父やアリスおばさんと一緒に暮らすことを許された。

翌年ワシントンに再挑戦して、起業家アドベンチャーを再開した。バフェットはすぐにワシントン・ポストとワシントン・タイムズ・ヘラルドという二つの新聞の配達を始めた。

ウッドロー・ウィルソン高等学校では、ダン・ダリーと友達になった。ダンはお金を稼ぐことに熱心なバフェットに影響され、二人はお金を貯めて25ドルで再生したピンボールマシンを買った。

地元の理髪店を説得し、利益を折半する条件でお店にマシンを1台置かせてもらった。1日やってみるとマシンに小銭が4ドル貯まっていた。ウィルソン・コイン・マシン・カンパニーは7台に拡大し、まもなくバフェットは毎週50ドルを稼ぐようになった。

次にバフェットとダリーは1934年製ロールスロイスを350ドルで購入し、1日35ドルでレンタカーにした。16歳にしてバフェットはネブラスカに40エーカーの農地を買い農民にリースバックした。高校を卒業したときバフェットの蓄えは6000ドルになっていた。

これほど熱心にお金を稼ぎたいとバフェットに思わせたものは何だったのか。劇的で痛ましい出来事、大恐慌だった。

若い頃の彼にはある意味では牧歌的な子供時代が反映されているように見えるが、ある夜帰宅した父が勤めている銀行が倒産したと家族に告げたときに、そのすべてが一変してしまった。父は失業し、貯蓄は消えてしまった。大恐慌の影響はオマハにも及び、バフェットの祖父は息子に仕事の場を与えることができなかったが、食料だけはつけで与えた。

ウォーレン・バフェットはまさに大恐慌の申し子だった。短い期間ではあったが、大恐慌は彼にとても深い印象を与えた。

ロジャー・ローウェンスタインが著書『ビジネスは人なり投資は価値なり』で書いているとおり「彼はその最初の苦しい時期を、ものすごい大金持ちになるという絶対的な意欲を持って乗り越えた。5歳になる前にそのことを思い、それ以来それについて考えないことはなかった」のだ。

バフェットは投資に関する蔵書を読むために父の仕事仲間であるカール・フォークの家をよく訪問した。ある日、フォーク夫人はバフェットのためにランチを作っていて、バフェットが「30歳になるまでに億万長者になる。できなかったらオマハで一番高いビルから飛び降りる」と言っているのを聞いた。

恐ろしくなり、そんなことを言うものではないと諭すと、バフェットは笑って「単にお金が欲しいというのではありません。お金を稼ぎ、増えるのを見るのがおもしろいのです」と答えた。

のちに彼は、「お金があれば自立できる。人生において自分のやりたいことができる。そして私が何よりやりたいことは、自分のために働くことだ。自分のやりたいことを毎日やるということが私には重要だった」と補足している。

夢を追う：若き日に受けた影響

ウォーレン・バフェットには彼の成功を物語る多くの逸話が渦巻いている。しかし、広く知られていない話が一つある。その話は最も重要なものかもしれない。

1941年、11歳のバフェットはオマハ公立図書館のベンソン支所で銀色の表紙がひどく目立つ本と出合った。『1000ドルを手に入れる1000の方法―事業を立ち上げて空いた時間にお金を稼ぐための実体験に基づく実践的なアドバイス』と題するその本はF・C・ミネイカーが1936年にダートネル社から出したものだった。当時の世相を反映して、女性であることを隠すためにフランセス・メアリー・コーワン・ミネイカーは著者名にイニシャルを使った。

バフェットは、1940年代にネブラスカ州オマハに住んでいた少年である。テレビもビデオゲームもなかった。パソコンもスマホも、もちろんない。ただ、ラジオはあったし、土曜日の午後にはたまにダウンタウンで映画を見ることもあった。

しかし、バフェットを含む多くの人々の楽しみは新聞や雑誌、本などを読むことだった。バフェット少年が見つけ出した宝物をしっかり抱えて図書館から家へまっしぐらに駆け戻る姿を想像してほしい。家に飛び込むと椅子にドスンと座り、本を開いて新しい世界に飛び込む。どうやってお金を稼ぐかという、まだ完全には理解していない世界だ。

この本は408ページと分厚く、扱うテーマは幅広い。事業を起こす何百もの具体的なアドバイスに加えて、営業や広告、販売計画、顧客管理、そのほか多くのテーマについて明確な指導が盛り込まれていた。よいアイデアをよいビジネスにして大成功を収めた人々の物語が溢れていた。

ジェームズ・C・ペニーが最初の仕事で稼いだのはひと月でわずか2ドル27セントだった。ペニーは自分の小さな事業を二人のパートナーとの共同事業にして、1902年4月14日にJ・C・ペニーの1号店をオープンした。最初の年の売り上げは2万8891ドルに上り、ペニーの利益の取り分は1000ドルを少し超えた。

バフェットはページをめくって、23歳のジョン・ワナメーカーの話に進む。彼は義理の兄弟であるネイサン・ブラウンを説得し、二人のわずかな蓄えを合わせて地元フィラデルフィアに紳士服店を開いた。1861年のことだ。

南北戦争が予想される一方で1857年の恐慌の名残もあり、大量の失業者が溢れ、製造販売活動は完全に破綻していた。彼らは果敢にも1861年4月27日に店を開いた。8年を経て、ワナメーカー・アンド・ブラウンは全米で最大のメンズショップになった。

楽しい空想は膨らみ、バフェットはどんどん読み進めた。

１５３ページを読んだときには、とても喜んだに違いない。第６章のテーマは道路沿いで行うビジネス。この若い起業家が5年以上前から取り組んでいるビジネスだ。第10章はサービス事業について多くのアイデアが満載だったが、この中に酒場などの店先に設置したコインを投入して動かすビリヤード台があった。

今から振り返れば、この話はバフェットが6年後に始めることになるピンボールマシン事業に直結していたように思える。このサービス事業に関する第10章には、バフェットの考え方に強い影響を与えたと思われる話がある。

１９３３年にハリー・ラーソンという人がドラッグストアで買い物をしているとき、誰かが彼の体重を尋ねた。彼はコインを投入する体重計を見つけて小銭を入れ体重を量ってから葉巻のカウンターに向かった。彼が並んでいる間に彼のほかに7人が体重計を使った。これに気づいたハリーが店主に尋ねると、体重計はリースしたもので、売り上げの25％、月に20ドル程度が店の取り分で、残りの75％は体重計を所有する会社に行くという。

それがすべての始まりだったとハリーはミネイカーに話した。彼は蓄えから１７５ドルを出して体重計を3台購入し、すぐに毎月98ドルを稼ぐようになった。バフェットの好奇心を刺激したのはハリーが次に取った行動だった。

「私は全部で70台の体重計を買った。そのうち67台は最初の3台が生み出した利益で購入した。体重計を買うのに十分なほど稼いだうえで、いい暮らしをもたらしてくれた」

コツコツ貯めることは複利計算の本質だ。複利というと利息の話だと考えるものだ。アルバート・アインシュタインの有名な言葉をご存じだろう。

「複利で計算する利息は世界の8番目の不思議だ。理解した人はそれを手にし、理解しない人はそれを払う」

しかし、複利の考え方は根本的にはより広く強力な意味を持っている。つまり、利益を使って一層の利益を生み出すということだ。ハリー・ラーソンは本能的にそれを理解した。そして、若いウォーレン・バフェットも同じことを理解したのだ。

ずっと後になってバフェットは、コイン式体重計を例にとって彼の考え方を説明したことがある。

「体重計は理解しやすいでしょう。まず1台購入し、それが稼いだ利益で追加購入します。短い期間で20台くらいは持てます。多くの人が1日に何度も体重を量るようになります。ここにお金を稼ぐチャンスがあります。利益を使ってさらに利益を生み出す。この複利的な増やし方よりよいものがあるでしょうか」

このメンタルなモデルこそが、のちにバークシャー・ハザウェイとして結実することになる枠組みを形づくったものなのだ。

ミネイカーの本を見よう。

「自分自身の事業を始める第一歩は、その事業が何かを知ることです。始めようとしているビジネスについて出版された本をすべて読みましょう。ほかの人々の経験を集めましょう。そして経験者がやらなかったところから、あなたの計画を始めるのです」

物事を一面的にではなく、どうやれば成功するかを考えながら同時に失敗しない方法も考えることを彼女は教える。ビジネスについて読書することは、あなたの問題について一人のビジネスパーソンとじっくり話し合うようなものだと彼女は言う。

「自分は必要なすべてを知っていて、それ以上の知識も持っていると思い込んでいる人は、このような意見交換などばかげたアイデアだと考えます」

でも、本当にばかげているのは、それがよいアイデアではなかった理由を本に書いて教えてくれる人がいるのに、実際にやってみて、わざわざ何百ドル（現在の価値にすれば何十万ドル、何百万ドル）も費やしてから、うまくいかないと気づくことです、と彼女は書いている。

バフェットはこの本の教訓を忘れていない。バークシャー・ハザウェイの本社で最も大きな部屋はバフェットの部屋ではなく、ホールの奥の参考図書を収めた図書室だ。

キャビネットが何列も並び、ビジネスに関する話が詰まっている。主要上場企業の過去から現在に至るまですべてのアニュアルレポートを所蔵している。バフェットはそのすべてを読破している。彼はうまくいって利益を出したことだけでなく、より重要な意味を持つ、失敗して損失を出したことについても学んできた。

バフェットがミネイカーから学んだ二つ目のレッスンは一言で表現できる。「行動を起こせ」ということだ。ミネイカーは「お金を稼ぎ始める方法は、始めること」とわかりやすく書いている。

数えきれないほどの人々が自分のビジネスを始める夢を見るけれど、立ち止まって結局始められないと彼女は言う。事業予測が改善するのを待とう、自分がよりよい見通しを確信できるようになったら、あるいは適切なタイミングを待とう。あれこれ理由を付けて始めるのを先延ばしすることが多い。「先がきちんと見通せないから」だ。

心しておかなくてはならないのは、完璧なタイミングが予めわかることは決してなく、それを待つことは何もしないという安全な場所に逃げ込む言い訳に過ぎないということだ。

ミネイカーが指摘するもう一つの側面は、他の人に相談することに時間をかけすぎて、行動を起こせなくなることだ。

「たくさんの人にアドバイスを求めると、結局何もしないで終わることになります」。ウォーレン・バフェットについて研究した人なら、ミネイカーの指摘をすぐに理解できるだろう。バフェットは重要なことについて、昔からのパートナーであるチャーリー・マンガーと話し合う。しかし、バークシャーがよい買い物をしようとしていると確信したら、電話で一日中話し合ったりしない。

バフェットが最終決定を下すことをためらうことはまったくない。株式市場は常に変動していて、経済は拡大したり縮小したりする。金利の予測も常に動いている。よい事業がよい価格で買えるなら、バフェットは直ちに行動する。

ミネイカーは説得力のある例えを示している。「新たな事業に踏み出すあなたは、出港する船の船長のようなものです。頼れるのは自分自身の判断と能力です」。彼女はそれが「ビジネスにおける最も充実する部分だ」と言う。

若いウォーレン・バフェットがそのとおりだと認識していたことは容易に想像できる。6歳でお菓子やソーダを売っていたときから、彼自身がボスだった。彼は自信に満ち、自立していることを楽しんでいた。高校を卒業するときにはオマハで最もお金持ちの16歳の少年だった。自分自身で稼ぎ出したという意味では世界で最も裕福な十代の若者といってもよいだろう。

しかし彼は、いつかなると自慢げに話していた大富豪にはまだなっていなかった。そのためには、まだ学校で学ぶ必要があった。

教育を受ける

子供の頃からウォーレン・バフェットは数字が大好きで複雑な計算も暗算できた。８歳で父親の持つ株式市場に関する本を読み始め、11歳の時には父の会社で板に書き込みをした。その年には初めて自分で株式を購入した。シティーズ・サービスの優先株だった。

既に見てきたとおり、彼の幼い頃はお金を稼ぐ事業と株式市場に関する勉強で生き生きとしていた。父親はさらに教育を進めるよう強く勧めたが、若いバフェットはもう十分に成功したと確信していた。

彼は父に、大学での勉強をスキップしてすぐにビジネスの世界に飛び込みたいと伝えた。ビジネスや投資に関する多数の本を既に読んでいるバフェットに大学は何を教えてくれるというのかと。彼の主張は却下された。

バフェットは正しかった。１９４７年にペンシルベニア大学ウォートン・スクールに入学したが、２年間得るものがないままで、会計もビジネスも教授たちよりバフェットのほうがよく知っていることは明らかであった。クラスで学ぶより多くの時間をフィラデルフィアの証券会社で株式市場の勉強に当てた。

１９４９年の秋学期が始まるとバフェットの姿はどこにもなかった。オマハに戻ったバフェットはネブラスカ大学に入学し、２学期で14教科をこなし学位を1年で取得した。その年も卒業してからも、ほとんど毎日バフェットは図書館にある限りのビジネスと投資に関する本を読んだ。

１９５０年の夏のある日、彼は出版したてのベンジャミン・グレアムの『賢明なる投資家』を見つけた。彼の人生を変えた本だった。

これを読んだバフェットはビジネススクールを調べ、夏の終わりに『証券分析』を共著で出版したベンジャミン・グレアムとデビッド・ドッドがコロンビア大学の教授をしているのを見つけた。

「彼らはずっと前に亡くなっていると思い込んでいました」と彼は言う。実はグレアムとドッドは生きていてコロンビアで学生を教えていた。１９５０年の9月に、バフェットはオマハから１２００マイル離れたニューヨークのキャンパスを歩いていた。

最初に受けたのはファイナンス１１１と１１２のクラス。デビッド・ドッドが教える投資マネジメントと証券分析だった。ニューヨークに向かう前にバフェットは『証券分析』を購入していて、コロンビア入学の前に本をすべて暗記していた。

「実は、この本を知っていて、その７００ページだか８００ページだかある本のすべての事例を理解していました。完全に吸収していました」

春学期が始まると、バフェットは自分を抑えることができなかった。彼の次のクラスはベンジャミン・グレアムが20人の学生に教える『証券分析』と『賢明なる投資家』の教えを組み合わせて実際に取引されている株式と関連させた講義だった。

グレアムのメッセージはわかりやすかったが、その実践は革命的だった。『証券分析』以前はウォール街で株式を選ぶのは株式に関する大まかな意見から始めるのが普通だった。その株を好きかどうか。次に他の人々はその株式を買うか売るか。財務的な事実はほぼ無視された。

グレアムは列車を逆戻りさせた。世の中で支配的な意見だけである株式に資金を投じるのではなく、その株式がどれくらいの価値を持つのかをまず調べようというのだ。

グレアムの手法はシンプルだ。まず、売上債権、現金などの流動資産を合計し、次にすべての負債を引き算する。これで企業の純資産が計算される。それを済ませてから株価を見るのだ。株価が純資産より低かったら、それは価値があり、買えばおそらく利益を得られる。株価が純資産より高い場合は投資する価値はない。

この手法はバフェットの数字の感覚とマッチした。バフェットが長年探し求めていた投資の体系的な手法をグレアムが示してくれたのだ。1ドルの価値を持つ株式を50セントで買うのだ。

ウォーレン・バフェットはコロンビア大学での経験のすべてを楽しんだ。講義がないとき大学の図書館で過去20年間の株式市場について古い新聞を読む姿があった。週７日、早朝から深夜まで、彼は勉強を続けた。周囲は彼が眠ることがあるのだろうかと不思議に思った。

バフェットが最も優秀な学生であることは誰の目にも明らかだった。グレアムが質問を言い終える前にバフェットは手を挙げて答えることもしばしばだった。クラスメートだったビル・ルーアンは、グレアムとバフェットは瞬間的に化学反応を起こし、クラスの全員がそれを見ているということがあったと思い起こす。

学期が終わるとバフェットはＡプラスの成績をもらった。グレアムが22年間コロンビア大学で教えていて初めてのことだった。

卒業する際、グレアムが教授をしながら経営していたグレアム・ニューマン社で働きたいと相談したが、グレアムは断った。最初は傷ついたが、会社はウォール街で不当な扱いを受けていたユダヤ人のアナリストのほうを選んだと後で知らされた。

バフェットは無給で働きたいと申し入れたが、丁寧に断られた。バフェットはオマハに戻り、自分で何ができるかを考えることにした。彼はまだ21歳になったばかりだった。

投資が焦点に

1951年の夏、オマハに戻ったバフェットの気持ちは投資だけに向かっていた。お金を稼ぐだけのパートタイムの仕事に興味はなかった。バフェットが最も尊敬するバフェットの父親とグレアムとが二人とも、今は株式市場に投資する時期ではないと忠告した。長い間来ていない市場の反発があると警告した。

しかし、バフェットの耳が聞いていたのはミネイカーの言葉だけだった。「お金を稼ぎ始める方法は、始めること」だと。

オマハ・ナショナル銀行から仕事のオファーを受けたが、それを断り、父親が経営するバフェット・フォーク・アンド・カンパニーで働くことにした。

パートナーであるカール・フォークの貢献に敬意を表して社名が変更されていたが、ハワード・バフェットの友人が社名はバフェット・アンド・サンに変わるのではないかと聞いたところ、ウォーレン・バフェットが「バフェット・アンド・ファーザー」かもしれないねと答えたことがあった。

彼は父の会社の仕事に全力で取り組んだ。デール・カーネギーの演説法のコースを受講し、オマハ大学で「投資の原則」を教え始めた。グレアムの『賢明なる投資家』を下敷きにしていた。コマーシャル・アンド・ファイナンシャル・クロニクル紙に「私のお気に入りの銘柄」というコラム記事も書いた。

あるとき、グレアムが気に入っていたＧＥＩＣＯという無名の保険会社を強く推した。こんなことをしている間も、ベンジャミン・グレアムとの交友を続け、株式投資についてのアイデアを手紙で送っていた。

１９５４年のある日、グレアムはかつての教え子に仕事をオファーした。バフェットは直ちにニューヨーク行きの飛行機に乗った。グレアム・ニューマン社在籍中、バフェットは師匠の投資手法に熱中した。採用されたのは彼一人ではなく、グレアムはほかにウォルター・シュロス、トム・ナップ、そしてバフェットのクラスメートだったビル・ルーアンも採用した。

シュロスはその後ＷＳＪ・リミテッド・パートナーのマネジャーを28年間務めた。プリンストンで化学を学んだナップはトウィーディー・ブラウン・パートナーズの設立パートナーになった。ルーアンはリック・カニフとともに有名なセコイア・ファンドを設立した。4人のアナリストは毎日スタンダード・アンド・プアーズの株式ガイドを読み漁り、グレアム・ニュートン社が運用するファンドのためのアイデアを次々と提案した。

グレアム・ニューマン社での2年間は、爽快だったが、同時に苛立ちでもあった。グレアムとパートナーのジェリー・ニューマンは、バフェットの提案のほとんどを不採用とした。ダウ・ジョーンズ工業株価平均が1955年に420ポイントと史上最高を記録したとき、グレアム・ニューマンのファンドには現金が400万ドルあった。バフェットの銘柄選択にそれだけ説得力があっても、グレアム・ニューマンでは使われなかった。

バフェットが彼のアイデアを活かせるのは自分自身のポートフォリオだけだった。翌年、十分な利益を得たグレアムは、引退してカリフォルニア州ビバリーヒルズに引っ越した。彼はUCLAに舞台を移して82歳で亡くなるまで執筆と講義を続けた。

バフェットにとってグレアムは単なる教師以上の存在だった。ロジャー・ローウェンスタインがそれをうまく記している。

「グレアムは株式市場という不思議でしばしば禁断の街への信頼できる地図を初めて提供した。彼は、それまでギャンブルに似た疑似科学であった銘柄選択の方法論的枠組みの基礎を築いた」

11歳のバフェットが初めてシティーズ・サービス社の優先株式を買って以来、彼は生活の半分の時間を割いて株式市場の神秘を研究し、その多くの時間をテクニカル分析やチャートの解読に費やしてきた。そしてついに彼が求めていた回答が得られたのだ。アリス・シュローダーは著書『スノーボール』の中で、うまい例えを示している。

「バフェットの反応は、それまでずっと洞窟の中で生きてきた男が外に出て、生まれて初めて太陽の光を見て瞬いたときのように、初めて現実を認識したのだ」

バフェットは当初、株式は一枚の紙切れが取引されるときの価格が生み出すパターンだと考えていた。今、彼はその紙切れがその奥にある真実を表すシンボルだと理解したのだ。バフェットは再びオマハに戻った。もはや５年前の大学を卒業したての若者ではなかった。年齢を重ね、経験を積み、間違いなく投資の腕を上げ、そして疑いなくはるかに裕福になっていた。

グレアムから学んだ知識を武器に、家族や友人の経済的サポートを得て、バフェットは投資のパートナーシップを始めた。バフェットは25歳になり、あることを確信していた。彼は二度と他の誰かのために働かないと決めたのだ。自分がリーダーになる準備ができていた。

バフェット・リミテッド・パートナーシップ

ミネイカーの本の第10章「あなたのサービスを売る」は読者に、まず自分の売れるものは何かと質問する。あなたが得意なこと、ほかの誰よりうまくやれることは何かを見つけ出す。次に、助けを求めている人は誰か、そして求めている人にたどり着ける方法を見つける。

バフェットはオマハ大学で教え、新聞に投資のコラム欄も持っていたので、オマハの町で確固とした評価を確立し始めていた。グレアム・ニューマン社にいたことで彼の信用は一層高まっていた。彼がオマハに戻るとすぐに、家族、親戚や友人が集まってきて、自分たちのお金の運用を頼みたいと言ってきた。

彼の妹ドリスとその夫、優しいアリスおばさん、バフェットの義父、かつてクラスメートだったチャック・パーソン、地元の弁護士ダン・モーネンなど、皆が参加したがった。彼らは1956年の春に合計10万5000ドルの投資資金をまとめてバフェットに託した。こうしてバフェットがゼネラルマネジャーとなるバフェット・リミテッド・パートナーシップが誕生した。

地元のディナークラブで行われた初会合はバフェットが仕切った。パートナーシップ契約書を配付し、法律用語は難解だが怪しいことは何も書いていないと保証した。すべての情報を示したうえで、彼はパートナーシップの基本ルールを決めた。

まず、ファイナンスについて、有限責任パートナーは毎年投資利益の中から最初の6%

を受け取り、それ以上の利益が出た場合はその75％を受け取る。残った利益はバフェットが受け取る。投資成績が目標を下回った場合、その不足額は翌年に繰り越す。つまり、有限責任パートナーが6％の利益を受け取れない年があれば、不足額は翌年に持ち越され、パートナーたちが予定された利益を得るまでバフェットは報酬を受け取らない。

投資成績について約束はできないが、バフェットはグレアムから学んだバリュー投資の原則にのっとってパートナーシップのための投資を行う方針を約束した。次に、毎年の利益と損失をどのように考えるべきかを説明した。

日、週、月ごとの株式市場の変動は無視すべきであること。それらは彼がコントロールできるものではないからだ。ある年の成績がよかったかどうかもあまり重視するべきではない。少なくとも3年間の成績で判断してほしい、5年間で考えられればなおよい。

バフェットはパートナーたちに「投資結果は株式の人気ではなく価値（バリュー）に基づいて選択したものです」。パートナーシップは気配値に基づく短期的なものではなく、恒久的な資本損失を最小限にすることを目指すというのだ。

そして最後に、バフェットは、私は株式市場や経済動向の予想屋ではないと話した。つまり、パートナーシップにおいて何を売買し、保有しているかをパートナーたちと協議したり開示したりしないということだ。

その夜のディナーにおいて全員が契約書にサインした。その後さらに多くのパートナーが参加したが、同じルールを説明された。皆が忘れないようにと、毎年パートナーに投資結果報告書を送るときにこの基本ルールを同封した。

パートナーシップの成長

バフェット・パートナーシップはスタートしてから信じられないほどの好成績を記録した。最初の5年間（1957〜1961年）は、ダウ・ジョーンズ工業株価平均が75％上昇した期間だ。パートナーシップは251％上昇した（このうち181％分がパートナーたちの受け取り分）。バフェットは1年だけダウを10％上回るという目標を達成できなかったが、5年間の年平均はダウを35％も上回った。

バフェットの成果を聞きつけて、さらに投資家が殺到した。1961年にはバフェット・パートナーシップの投資資金は720万ドルになり、グレアム・ニューマン社の管理していた資金の最高額を上回った。この年の末時点でパートナーシップの資金のうち100万ドルはバフェット自身の資金だった。彼は31歳になったばかりだった。

その後もさらに多くの投資家が加わり、多数のパートナーシップが組成された。1962年にバフェットはこれらを再編成して一つのパートナーシップにまとめることを決めた。その年にパートナーシップの事務所を自宅からオマハのキーウィット・プラザにあるオフィスに移した。以来、今日に至るまで、彼のオフィスはそこにある。

さらにその翌年の1963年にバフェットは最も有名な投資の一つを行った。その投資は既に高くなっていた彼の評判を一層高めることになった。

1960年代で最も忌まわしい企業スキャンダルが発生した。アライド・クルード・ベジタブル・オイル社のCEOだったティノ・デ・アンジェリスは会社のサラダオイルの在庫を担保に借り入れが可能だと知った。油が水に浮くという単純な事実を使って、彼は不正操作を行った。

ニュージャージーにオイルの精製所を作り、大豆油を蓄えるための5階建ての貯蔵タンクを建設し、そして水を入れ、上澄み部分に数十センチだけサラダオイルを入れた。担保となるオイルの在庫を確認する検査員が到着すると、アライド社の社員がタンクの最上部によじ登り、計測器を突っ込み、地上にいる検査員に不正な数字を告げた。

スキャンダルが明らかになったとき、バンク・オブ・アメリカ、バンク・レウミ、アメリカン・エキスプレスや、国際的な商社が裏付けのないローンに保証を付けていたことが判明した。

サラダオイル・スキャンダルとして知られることになるこの事件の最大の犠牲者はアメ

リカン・エキスプレスだった。同社は5800万ドルの損害を受け、株価は50％以上も下落した。

バフェットは同社の経済的な損失は把握したが、アメリカン・エキスプレスの顧客はどう見ているのかと考えた。彼はオマハのレストランのレジに出向き、有名な緑色のクレジットカードが今までどおり使われていることを確認した。近くの銀行をいくつか見て回り、同社のトラベラーズチェックの販売もまったく影響を受けていないことを知った。

オフィスに戻ると、直ちにパートナーシップの資産のなんと25％に当たる1300万ドルを投じてアメリカン・エキスプレスの株式を買った。2年後に株価は3倍になり、パートナーたちはネットで2000万ドルの利益を手にした。

ダウに勝つ

バフェットはダウ・ジョーンズ工業株価平均を着実に上回り続けた。10年後にはバフェット・パートナーシップの資産は5300万ドルを超える規模に成長し、バフェットの持ち分は1000万ドル近くになった。

パートナーシップは目覚ましい成果を上げていたが、難しさも大きくなっていた。バリュー投資の基準に合う銘柄を見つけるのがとても難しくなってきたのだ。1956年のパートナーシップ初期以来、バフェットがベン・グレアムから学んだバリュー投資理論が市場を主導していた。

しかし、１９６０年代半ばに新しい時代の幕が開こうとしていた。「イケイケ」の時代、つまり成長株が台頭してきたのだ。貪欲が市場を支配し始めた。猛スピードで成長する株式を追い求めて、あっという間に利益が生まれ、またあっという間に失われていった。

しかし、市場を支配する心理が変化する中で、バフェット・パートナーシップは目覚ましい実績を上げ続けていた。１９６６年末の時点で、１１５６％（うち７０４％がパートナーの取り分）の利益を得て同じ時点のダウ平均の１２３％上昇を打ちのめした。

１９６８年にはダウの８％に対してバフェット・パートナーシップのリターンは59％だった。この年の成績は年ベースでバフェット・パートナーシップ史上最高だった。

しかし、現実主義のバフェットはこの結果を「極めて稀だと考えるべきです。ブリッジのゲームで13回連続スペードを引いたようなものだと考えてください」とパートナーたちに書いた。

その中で、バフェットは以前よりも不安を強く感じるようになっていた。株式市場で新たに奏でられるドラムのリズムがバフェットには意味をなさないものに聞こえた。市場の投機性が高くなり、バリュー投資を行う価値のあるものが少なくなってきた。

そして1969年に、ついにバフェットは彼の投資が大成功を収めている最中に投資パートナーシップを終わらせることを決意した。バフェットはパートナーたちに、彼が市場環境と合わなくなったことを率直に伝えた。

「ただし、一つだけはっきりしておきたいことがあります。私は、ロジックをしっかり理解しているこれまでの手法を放棄するつもりはありません。簡単そうに見える大きな利益を見逃すことになるとしても、私が十分に理解しておらず、実践してうまくいったわけでもなく、結局大きなキャピタル・ロスにつながるかもしれない手法を採用することはできないのです」

バフェット・パートナーシップを終了するに当たり、すべてのパートナーたちがその後どうすべきかをきちんと理解できるように心を砕いた。彼は三つのオプションを説明した。引き続き株式市場で投資したい人には、かつてのクラスメートでグレアム・ニューマンでの同僚でもあるビル・ルーアンを紹介した。バフェット・パートナーシップから2000万ドルがルーアン・カニフ・アンド・スタイアに移り、これによりセコイア・ファンドが生まれることになる。

二つ目のオプションは、地方債への投資だ。その後10年間の株式市場の見通しは、免税特典がありリスクが比較的少ない地方債と同じくらいだとバフェットは見ていた。完璧な教育者でもあったバフェットは免税債券購入の仕組みを説明した100ページの文書をパートナー一人ひとりに送った。

三つ目のオプションとして、パートナーシップの資産の多くを投資していたバークシャー・ハザウェイの普通株式に投資する方法もあると伝えた。

パートナーシップが解散したとき、多くの人々は、これでバフェットの時代は終わったと考えた。実際には彼の時代は始まったばかりだったのだ。バフェットはいつも率直で明快だ。バフェット・パートナーシップにある彼自身の資金はバークシャー・ハザウェイに投資するつもりだとパートナーたちに話していた。

バフェット・パートナーシップは当初の10万5000ドルから1億400万ドルまで成長した。その中でバフェットは2500万ドルを稼いだ。その彼が資金をバークシャー・ハザウェイに移して会社の経営を掌握するとパートナーたちに話しているのだ。バフェット・パートナーシップの初期からの忠実な投資家の一人、ドクター・エンジェルが語ったとおり、「少しでも脳みそを持っている人なら誰でも、それこそが聞かなくてはならない言葉だった」。

複利で成長するコングロマリット

バークシャー・ハザウェイの前身は1889年に設立されたバークシャー・コットン・マニュファクチャリングである。設立から40年後に紡績会社数社と合併してニューイングランドの大企業に成長した。

バークシャーはこの頃全米の綿の25％を生産し、ニューイングランドの電力の1％を消費していた。1955年にハザウェイ・マニュファクチャリングと合併してバークシャー・ハザウェイとなった。

バフェット・パートナーシップの初期に、バフェットはバークシャー・ハザウェイの株式を取得し始めた。7ドル50セントの株価に対して運転資本が10ドル25セントあり、簿価は20ドル20セントあった。典型的なベン・グレアム流の投資だった。

残念ながら、合併後の業績は振るわず、10年経たずに純資産は半分になり、事業の損失は1000万ドルを超えた。アメリカの繊維産業が外国からの安い輸入品との競争で厳しい状況にあることは十分承知していた。

それでもバフェットは「もう一度だけ吸える葉巻の吸い殻を拾う」ことの誘惑に抵抗できなかった。「葉巻の吸い殻」理論は、事業の活力はほとんど残っていないが、明らかに割安な資産を買うケースを強調するためにグレアムが名付けたものだ。

手元の現金と有価証券があり、限定的ではあるが今後も事業から利益を上げる力もあるので、バークシャー・ハザウェイを買って失敗することはあまり考えられず、利益を上げる可能性はあるとバフェットは考えたのだ。

1965年にはバフェット・パートナーシップはバークシャー・ハザウェイの発行済普通株式の39％を保有していた。バフェットは会社を買収し、不適任な取締役を解任して資本配分に長けた人物と入れ替えるために、同社の取締役会に対して委任状争奪戦を仕掛けた。

騒ぎが収まると、バフェットは戦いに勝ったが、そのためにバフェット・パートナーシップの運用資産の25％を経済的に沈没しかかっている船に格別の出口戦略のないまま注ぎ込んだことに気づいた。「私は扱い方を知らない自動車を捕まえた犬になった気分です」と話した。

歴史上最も優れた投資パートナーシップを運営していたのに、その資産を死にかけのメーカーの事業に注ぎ込むところまで来てしまうとは、ギリシア悲劇を彷彿させるほどだ。

バフェットは何を考えていたのだろうか。

バフェットが何を「考えていなかったか」は、はっきりとわかる。彼は、事態を完全に好転させる明快な見通しは持っていなかった。また、ベンジャミン・グレアムの教えは常に耳に残っていたが、バフェットはうまく運営できない人間にバークシャー社を売り渡すこともまったく考えていなかった。

そもそも、75年の歴史を持ち、低収益で大きな資本を必要とする、人手のかかる前世紀的なニューイングランドの背広用生地メーカーを買う人などいるはずがなかった。バフェットの頭の中にあったのは、もっと大きな基本原則、彼の投資哲学の中心にある長期にわたる複利的拡大だったのだ。

ずっと若い頃からバフェットは複利の効用を教えられてきた。さまざまな事業を行い、仕事で得た利益を事業に再投資することで、身をもって複利の仕組みの意味を体験していたことが重要だ。1紙の新聞配達をやってお金になるなら、2紙やるほうがもっと稼げる。ピンボールマシンを1台持って稼げるなら、3台あればなおよい。子供の頃からバフェットは稼いだお金をすぐに使う人ではなかった。

バフェットが子供の頃に取り組んださまざまな事業はコングロマリットのようなもので、ある事業から別の事業に損失なく資金を移したり、さらに資金を最良の事業に戻したりしていた。20年後にまたバークシャー・ハザウェイでコングロマリットを運営していたのだ。このことを理解していた人はほとんどいない。

ほとんどの人は、完全に競争に敗れた繊維産業を材料にバフェットが博打を打ったと考えていたのだが、彼が大胆に一歩踏み出してバークシャー・ハザウェイという企業を所有し、その会社が繊維会社を所有していたということは見逃されていた。

彼の考えは明確だった。バークシャー・ハザウェイの事業から得られる現金をすべて絞り取り、別のもっとよい事業に再配分するのだ。

幸い、バークシャーという繊維事業は十分な現金と短期有価証券を保有していたので彼は他の事業を買収することができ、これから見ていくとおり、それらは繊維事業よりはるかに明るい展望を見せることになる。繊維メーカーだけだったバークシャー・ハザウェイがさまざまな事業のポートフォリオを保有するコングロマリットへの変身を完了するのに長い時間は必要なかった。

２０１４年のバークシャー・ハザウェイのアニュアルレポートに、バフェットはコングロマリットを所有することのメリットについて株主に簡単に説明する文章を書いた。

「コングロマリットの形を賢く運営できたら、それが長期的に投資資本を最大化させる理想的な方法なのです」

コングロマリットは、資本を最小のコストで合理的に配分するのに最適で完璧な方式であると彼は説明した。しかも、さまざまな異なる事業を持つコングロマリットが最も理想的だと言う。

「投資の機会が少なくなった事業からより大きな成長が見込める事業に、税負担やそのほかの費用をほとんど発生させずに大きな資金を移せます」

バークシャー・ハザウェイを買収する決定を行ったことで、バフェットがベンジャミン・グレアムの教えた株式選択手法から距離を置いたことに読者はお気づきだろう。長期的なキャピタルゲインの最大化はグレアムの戦略ではない。

グレアムの手法は、確実な資産を持っているのに、価格が安く価格の下落リスクが限定的な株式に焦点を絞り込む。株価が適正価格を反映した水準になったら直ちに株式を売り、次の投資機会を探す。株式を保有してそのポジションを数年にわたり複利的に増やす考え方は、グレアムの計算の中にはない。実際のところ、複利という言葉は著書『証券分析』と『賢明なる投資家』のどこを探しても見つけることができない。

一方、バフェット・パートナーシップの初期の頃から、バフェットは「複利の楽しみ」について文章を残している。

1963年のバフェット・パートナーシップのパートナーたちへの手紙で、クリストファー・コロンブスの航海の保険リスクをイザベラ女王が3万ドルで請け負った逸話を伝えた。もしあの投資が年4%の複利で500年間増え続けたら、今では2兆ドルになっているというのだ。バフェットは毎年パートナーたちに複利の驚くべき姿を教育していった。

複利計算の考え方は３００年前の１６８３年にスイスの数学者ヤコブ・ベルヌーイが見つけ出したもので、10万ドルの投資を年４％で複利運用すると、30年後には22万４０００ドルになっているが、もし年16％で運用できたら、30年後の資産は８４８万４９４０ドルになると彼は言う。バフェットからのアドバイスはこれだ。

長生きして、高い利率で資産を複利運用しなさい。

いずれにしても、パートナーシップの時代と当時グレアムの影響を受けたことは、バフェットの物語に不可欠のパーツであることを忘れてはならない。バフェットはベンジャミン・グレアムの株式選択手法を完璧に実行することによって、バフェット・パートナーシップの資産を成長させた。

その成功によって、バフェット自身の資産を増やしたうえ、毎年の運用実績に基づくボーナスの上乗せも手にした。これで彼の家族の経済的基盤を築いた。しかし、経済的な安定を得ると、次に何をするかという問題が生まれた。

パートナーシップの継続が選択の一つ。引き続き毎年株式を売買し、税金と取引手数料を支払い、過熱した株式市場の荒れた局面を乗り切る。別の選択肢は、船を乗り換えて新たな旅に出ること。

２０２３年時点で、かつてニューイングランドの地味なメーカーだったバークシャー・ハザウェイは、時価総額７４４０億ドルの世界で９番目に大きな企業になった。１９６２年に7ドル50セントで購入した普通株式は現在51万７９１７ドルで取引されている。

この株価の驚くべきことは、ここまでになったのが、爆発的に売れる新薬の発見や新しいＩＴの技術開発によるのではなく、17世紀に生まれた複利で増やすというアイデアを完璧に遂行したことによるという点である。

第 2 章

The Education of Warren Buffett

バフェット投資哲学の源流

バフェットを成功に導いた土台

投資は考えるゲームだ。体力勝負とは違う。あなたの腕力の強さや速く遠くまで走れることとは関係がない。投資の世界をどのように理解して、その中で自分の役割を見つけられるかがたいへん重要だ。

別の言葉でいえば世界観だ。あなたの生来の気質とこれまでの人生経験、あなたがどう対処し、そこから何を学んだか。教育だけでなく、読んだ書物、人生で出会った思い出深い人物。これらのすべてがあなたの複雑な心を形成し、それが人生の哲学となる。それはあなたの根本にあるもので、あらゆる局面で登場する。ここでは、その中の一つの面だけに焦点を当てようと思う。投資哲学だ。それはあなたの意思決定にどんな影響を与え、また、あなたの意思決定からどんな影響を受けるのだろうか。

投資哲学の実践的な定義は、「金融市場がどのように機能し、その仕組みを投資目的に利用するには何が必要かについて、信念と洞察を組み合わせて考えるもの」といえるだろう。よい定義に共通することだが、コンパクトで簡潔だ。そして、その意味を完全に理解するには、分解して細かい部分をよく考える必要がある。

まず、「信念と洞察を組み合わせて考えるもの」という部分を考えてみよう。この言葉があなたに問いかけてくるのは「自分が信条とするものは何か、金融市場がどう機能していると考えているか」といったことだ。この部分についてバフェットは簡潔な答えを持っている。「株式市場は多くの場合効率的だが、いつもそうではない」。これが金融市場についての彼の考え方だ。

次に、「市場を利用するには何が必要か」という部分。これはより複雑な質問だ。手法と個人の資質というまったく別の二つの要素を考えなければならないからだ。これに関して、バフェットは次のように指導してくれる。

事業の本質に集中する考え方に立ち、将来のフリーキャッシュフローを割り引いて現在価値を求めるモデルに基づいて企業価値を評価して株式を選択し、絞り込んで集中したポートフォリオを少ない売買回数で運用すべきだと。

これこそバフェットが市場に勝つために用いる手法だ。個人の資質について、バフェットは投資家の気質や気性というべきものが重要だと説く。具体的には、株価の変動を投資家がどう捉えるかということだ。

あなたの市場の見方、手法、投資家としての気質など数多くの要素があなたの投資哲学全体の姿に反映されてくる。

バフェットの哲学を理解しようとするとき、利用できる情報はいくらでもある。しかしほとんどの場合、私たちはバフェットの手法の分析に時間をかけすぎて、長い年月をかけて手に入れ、手法を成功に導いた哲学的な土台の部分をほとんど評価してこなかったと思う。本章では、バフェットが長きにわたって学んだ手法と、若い頃に身につけ、投資の意思決定を強化してきた哲学的枠組みの概要を記す。

バフェットが投資哲学を形成することに大きく貢献した重要な影響について深く見ることから始めよう。まず取り上げるのは、大きな影響を与えたが、これまで十分に認識されていなかった人物、バフェットの父親だ。父が彼にどれほど大きな影響を与えたかがわかれば、バフェットの哲学のルーツをよりよく理解できるだろう。その哲学が彼の人生と投資への取り組み方の指針となったのだ。

ハワード・ホーマン・バフェット――最初に受けた影響

自分の成功は、最適なときに最適な場所で生まれたことに大きく起因していると、バフェットはためらうことなく誰にでも話す。彼はそれを「卵巣のくじ引き」と呼ぶ。

「私はこの世界でとてもよい時間を過ごしてきました。私が1930年にアメリカで生まれる確率は50分の1でした。私が母のお腹から出たとき、チャンスがはるかに限定されていたかもしれないほかの場所ではなく、アメリカで生まれたことで、私はこのくじ引きで勝利したのです」

私は、これに加えて、ネブラスカ州オマハのバフェット家に生まれたこともくじ引きに勝ったことになると思う。

第1章で述べたとおり、１８６７年にシドニー・ホーマン・バフェットはニューヨークを離れて馬車の御者となってオマハに向かった。オマハに着くとそこに留まることを決め、食料品店を開いた。

これは実に好都合なタイミングだった。町は活気づいていた。わずか15年前に近くのアイオワ州カウンシルブラフスの土地投機家たちが、ローン・ツリー・フェリーという渡し船（ちょうどルイス・クラーク探検隊が１８０４年に通り過ぎたその場所）でミズーリ河を越えて入植したというオマハのパイオニア時代の始まりと考えられている頃だ。

ネイティブアメリカンと26に上る個別契約を結び、現在のネブラスカ州の東部から中央部がアメリカの土地となった。１８６２年にはエイブラハム・リンカーン大統領がオマハをユニオン・パシフィック鉄道の東の終点に指定した。ここから大陸横断鉄道に接続する。まもなくオマハはアメリカの西部開拓の新たな経済拠点となっていった。

この頃のアメリカの歴史は広く知られているが、ここでは開拓者たちの生活を想像してみたい。給料も確実な雇用もないまま、故郷を離れて見知らぬ土地に移っていった人々だ。移動する間は、焼け付くような暑さや激しい雨に耐え、沼にはまり、洪水で命を落とす人もいた。熊や狼の群れ、ガラガラヘビに襲われて最愛の人を失った人もいる。治療の機会のないまま病気で命を落とした人も数知れない。

そうまでしてなぜ西に行ったのか。彼らを西部へと駆り立てたものは何だったのか。それは自由だ。あらゆる意味の自由であり、自分のビジネスチャンスを追求し、家族のために経済的に安定した未来を確保する自由ももちろんその一つだ。

全米経済研究所（ＮＢＥＲ）によれば、アメリカの経済は１８５４年から１９１３年までの間に15回の不況を経験した。４年に一度の頻度であり、その多くが厳しいもので、１８７３年からの不況は１８７９年まで続いた。

その原因はいくつでも挙げることができる。天候不順、将来への不安、近代社会のイノベーション、新しい産業機械が開発されて労働者の就業機会を奪ったこと、貯蓄増大とそれに続く大量の過剰生産の循環、銀行の破綻や大企業の不正行為。

しかし、そのすべてが一つの要因に集約できる。政治権力だ。ワシントンＤＣとそこに強く結びついたニューヨーク市がアメリカ経済の運営に長い間失敗してきた。西部を目指したパイオニアたちは、政府と関わり合いたくないと思い、政府の間違った決定に縛られずに新たなスタートを切りたいと願ったのだ。

ハワード・バフェットが父の経営する食料品店を避けて、販売員として保険、次に証券を売り、そこから自分の証券会社を始めたことは既に述べた。ハワードは家族のために猛烈に働き、事業は成功した。しかし、彼はお金を際限なく稼ぎたいとは思わなかった。

彼の情熱は政治と宗教に向かった。オマハの教育委員会で働き、サンデースクールで教えた。根っから誠実かつ率直な人物だった。飲酒も喫煙もしない。顧客の資産の運用成績が芳しくないときは申し訳ないと感じてしまい、彼自身の勘定で資産を買い戻したこともある。

子供たち、ウォーレンと妹二人、ドリスとバーティには、神に仕えると同時に、社会に対しても責任を負うようにいつも言い聞かせていた。「すべての重荷を背負う必要はないが、自分の責任を放り投げることも許されない」

政治的なルーツ

1942年にハワードは、連邦下院議員選挙のネブラスカ第2選挙区で共和党から立候補した。彼のスローガンは「あなたのお子さんに自由でいてほしいと思いますか」である。

新聞の広告には妻と子供たちの写真を載せて、こう約束した。
「勝手気ままな政治家が私たちの政府を混乱させていることに飽き飽きしているのなら、また、戦争を遂行しようとする企みに政治を関わらせたくないとお考えなら、私と一緒に進みましょう。生粋のアメリカ人であるあなたと私が協力して、子供たちに自由を保障するアメリカを守りましょう」

事前には敗北が予想されていたが、彼は人気があり、自由を守るというメッセージはパイオニア精神に溢れるオマハの人々の共感を得た。1942年の選挙で勝利した後、1944年、1946年、1950年に再選された。

現在ハワード・バフェットは政治家としては、自由主義者、共和党の「オールド・ライト」メンバーの一人として記憶されている。オールド・ライトはアメリカにおける保守主義者の一つの類型を指す非公式な名称で、共和党と民主党の両方を含み、海外での軍事介入や金本位制廃止、またルーズベルト大統領のニューディール政策などに反対することが共通点だ。

ハワード・バフェットは、政府、とりわけルーズベルト政権の政策は人間の想像性を束縛し、国家を滅ぼすと固く信じていた。彼は経済学者マレー・ロスバードの親友でもあった。ロスバードは、政府の行うあらゆるサービスは民間に任せたほうが効率的に提供できると信じていて、自由主義の発展を支持していた。

政治家になったハワードは、再びジャーナリストになる夢を復活させ、政治に関する記事を量産した。1944年にオマハ・ワールド・ヘラルド紙に書いた「政府は人間のエネルギー活用を阻害する」と題した記事では、「電気を発見し、サルファ剤やペニシリン、そのほか私たちの役に立っている多くのものを作り出したのは人間のエネルギーだ。人類の歴史は6000年ほど前にさかのぼれる。そのうち5800年ほどの間、政府がエネルギーを自由に使うことを妨げてきた。アメリカ革命で歴史上初めて人間のエネルギーが解放された。その結果、100年前には王様でも知らなかった便利さや快適さを日雇い労働者が手にしている」と書いている。

自由主義は自由を支持することを根本に置く政治理念だ。政治的自由だけでなく、選択の自由も含んでいる。その中心にあるのは「個」の尊重だ。国家より個人。国家の権威には疑いの目を向ける。アメリカにおける自由主義の歴史はジョン・ロックまでさかのぼれる。彼が1689年に書いた『人間知性論』は自由主義政治理論の基礎を築いた。

トマス・ペインは政治論文「コモン・センス」（1776年）で自由主義を支持し、植民地の独立を訴えた。詩人で博物学者でもあるヘンリー・デビッド・ソローも初期に自由主義に影響を与えた一人だ。自給自足と簡素な生活を勧めた著書『ウォールデン　森の生活』（1854年）にも自由主義が反映されている。

しかし、何といっても最も大きな影響を残したのは、アメリカの哲学者であり随筆家、詩人でもあるラルフ・ウォルドー・エマソンである。著名な文学研究者ハロルド・ブルームの言葉を借りれば「エマソンの心は、すなわちアメリカの心である」。

ロジャー・ローウェンスタインは名著『ビジネスは人なり　投資は価値なり』でラルフ・ウォルドー・エマソンとハワード・バフェットとの結びつきを初めて指摘し、そしてエマソンのウォーレン・バフェットへの影響を明らかにした。ローウェンスタインはこう書いている。

「バフェットのトレードマークになっている自立は、彼が父親から学んだエマソンの美しい独立心と結びついている」

哲学的なルーツ

エマソンは個人主義の信奉者であり、個人の思考に社会が対抗しようとすることを批判していた。1841年に出版された『自己信頼』は最も有名なエッセイと言われている。その中で彼は三つの大きなテーマを掲げた。最初が「孤独と共同体」だ。エマソンは、共同体は個人の成長の妨げになると警鐘を鳴らす。もっと多くの時間を静かに内省することに使うべきだと言う。

二つ目は「同調しないという感覚」。「人間は誰でも体制に従わないという考え方を持っている」と言う。ほかの人がどう考えようとも、一人ひとりが正しいことを行わなくてはならないとエマソンは主張する。

最後の、そして最も重要なテーマは「精神性」だ。真実は自分自身の中にあり、組織や体制の考えに依存すると、個人の精神的成長が妨げられると言うのだ。

『自己信頼』を読めば、エマソンの哲学とウォーレン・バフェットの投資行動との間につながりがあることが容易に理解できるはずだ。バフェットを体制に従わない人と表現することは可能だろうか。誰もが知っているバフェットの投資手法とモダン・ポートフォリオ・セオリーを並べてみよう。モダン・ポートフォリオ・セオリーは金融業界を支配している理論である。もう答えはおわかりだろう。

また、エマソンはこうも書いている。「私は私が興味あることを行う。人々が考えていることをするのではない」。株式市場について、ほかの人が話していることを人々が必死になって聞こうとすることをバフェットはいつも不思議に思っている。バフェットが投資や市場について考えないのではない。いつもほかの人の話を聞きたいという考え方がバフェットには理解できないのだ。

「ほかの大勢の人々が何を考えているかを聞きたいとは思いません。事実をたくさん知りたいと思うばかりです。私は自分のお金を他の人に委ねることはしないのです」。エマソンは、一人で何かを行うことは容易ではないと注意深く指摘する。

「あなたが何をすべきかを、あなたよりもよく知っていると思い込んでいる人が常に存在しているので、容易ではありません。社会で世間の言うとおりに生きていくことはやさしい。一人でいて自分の考えで生きることもやさしい。しかし、真に偉大な人は、群衆の中にいながら、しなやかに個人の自立を維持しているのです」

投資家が直面するもっと困難な課題は、常にあなたの気を惹くことをやめないメディア環境の中で、自立した孤独を維持することだ。しかしウォーレン・バフェットは、しなやかな独立を守り、維持することの大切さを早いうちに学んでいた。

自立していることは自信と言い換えることができるが、それはバフェットの考え方の強固な特質である。それを育てるには、一人であることと内省することの二つが必要だ。

しかし、それだけではない。自立して考え行動するという精神的な強さが株式市場での成功をもたらすと理解することが重要だ。市場を上回ろうと思うのなら、市場と足並みを揃えて歩いていてはいけない。市場の価格が不適正であることを利用して市場を上回るために求められる前提条件は、市場と異なる行動をする能力である。

そこに難しさがある。有価証券を売買する注文を実行するとき、投資家はその最終判断を一人で行う。間違わずに投資を成功させることとは、つまり自立しているということだ。これはバフェットの投資手法の最も重要な肝だ。自立している人はうまくやれる。そうでない人は苦しむことになる。エマソンの思想はハワード・バフェットを経て息子のウォーレンにつながっているのだ。

ウォーレン・バフェットと父との強い結びつきは有名だ。ウォーレン・バフェットが子供の頃、親子は切っても切り離せなかった。ハワードは息子を「火の玉ボーイ」と呼び、息子はひたすら父の真似をしようとした。

ずっとあとになってバフェットは「父親が靴のセールスマンだったら、私も靴のセールスマンをしていたかもしれない」と語った。バフェットは父が人生最高の教師だったとよく話していた。彼に読書の喜びを教えてくれたのだと。バフェットが毎日多くの時間、一人静かに読書していることはよく知られている。それはエマソンもよいことだと認めてくれるだろう。

さてここで、憧れる父とともにオマハの家で成長することが若いバフェットにとって何を意味していたかを考えてみよう。父が最近の話題について自由主義者の立場で議論するのを毎日聞いている。夕食のときも政治の話題になることが多く、そこに登場する判断基準はいつも「人間の自由に対してプラスかマイナスか」であった。

明らかにバフェットは父から国を愛する気持ちを受け継いだ。同時に、正直で誠実であること、道徳的に正しい行動が最も大切だということも学んでいた。「私が父から学んだ最大のアドバイスは、よい評判を築くには20年かかるが、20分で失ってしまうということです。その言葉を覚えていれば、行動が変わります」

連邦下院議員を務めたハワード・H・バフェットは1964年4月30日に亡くなった。彼は56万3292ドルの財産を遺し、そのうち33万5000ドルをバフェット・パートナーシップに投資していた。妻リーラと二人の娘ドリスとバーティのために信託を組み、ウォーレン・バフェットが受託者に指名された。

若干の思い出の品物を除き、ウォーレン・バフェットには何も遺されなかった。ハワードの説明によれば、「私がウォーレンに何も遺さないのは愛情がないからではない。彼自身が既に大きな資産を持っていて、しかも何も遺さなくてよいと彼から言われていたのだ」。

形あるものとしての遺産は少なかったが、ウォーレンが父から受け継いだ目に見えない資産がはるかに大きな価値を持っていたことには疑う余地がない。エマソンはこう言った。「あなた自身以外に平穏をもたらせるものはない。道理が通ること以上に平穏をもたらすことはない」。それが父から彼に遺された最大の贈り物だった。

過去の誰かと話ができるとしたら誰を選ぶかと質問されたとき、ウォーレン・バフェットはためらわず、父だと答えた。

ベンジャミン・グレアム――投資手法の開発

ベンジャミン・グレアムは１８９４年にロンドンで、オーストリアやドイツから陶器やアンティークを輸入するユダヤ人の家庭に生まれた。１８９５年に一家はニューヨークに移り、アメリカで支店をオープンさせたが、ベンジャミンの父は35歳という若さで亡くなり、お金のない母親が一人でベンジャミンと二人の兄弟を育てることになった。

経済的には苦しかったが、母親は家族をしっかり守った。ベンジャミン・グレアムはブルックリンの名門男子高校からコロンビア大学に進学した。とても賢く、ギリシア語やラテン語の古典をこなしながら、数学と哲学の教授法を学んだ。

彼の古くからの友人であるアービング・カーンは「グレアムは頭の回転がとても速く、彼が複雑な問題を聞いた途端に解けるのはなぜかとみんな不思議に思っていた」と話し、「記憶の広さと深さも人並み外れていた」と続けた。

グレアムはギリシア語、ラテン語、ドイツ語、スペイン語を読むことができた。それらの言語を正式に学んではいなかったが、「スペイン語の小説の英語翻訳がプロ級で、アメリカの出版社が採用したこともあった」という。

グレアムはコロンビア大学をクラスで2番の成績で卒業し、すぐに哲学、数学、英語を教える仕事を得た。しかし学者の初任給が低かったので、コロンビア大学の学長フレデリック・ケッペルに相談すると、学長はグレアムの人柄を理解していたのだろう、ウォール街での仕事を紹介した。

1914年にベンジャミン・グレアムはニューバーガー・ヘンダーソン・アンド・ローブ証券の債券部のアシスタントになった。

しかし、彼はすぐにじっとしていられなくなった。事務員として入社し、次にセールスマンとして訓練を受けることになったが、彼が本当にやりたかったのは債券を売ることではなく、書くことだった。

経済学や会計学について正式な訓練を受けていなかったが、グレアムは独学で鉄道会社、特に鉄道債券について調べて調査レポートを書き始めた。

その中の一つ、ミズーリ・パシフィック鉄道に関するレポートがニューヨークの著名な証券会社であるJ・S・バーチェのパートナーの目に留まった。すぐに彼は50%高い報酬と統計担当としての仕事をオファーされた。

グレアムはニューバーガー証券に対して、会社への忠誠心はあるが、セールスマンとしてのモチベーションはないと伝えた。ニューバーガー証券は彼の報酬を上げることで対抗した。昇給は50％ではなかったが、グレアムが自分の統計部門を立ち上げてよいというおまけが付いていた。グレアムは同社に残り、同時に執筆活動を行うことにした。

１９００年代初頭において、本格的な投資資金は債券の購入のみに向かっていて、株式投資は財務データではなくインサイダー情報に基づいて行う投機的なゲームだと考えられていた。それでもグレアムは「ザ・マガジン・オブ・ウォールストリート」というニュースレターに株式と債券両方の投資をアドバイスする記事を書き始めた。すぐにファンがついた。

続いてグレアムは「投資家のための教訓」と題したパンフレットを出版した。その中で「株式の市場価値が本質的価値よりも大幅に低い場合、その株式は価格が上昇する見込みが非常に高いはずだ」と主張した。「本質的価値」という言葉が金融メディアに登場したのは、このときが初めてである。

投資家として初期の頃

グレアムは1923年にニューバーガー証券を退社し、自分の投資会社を設立した。2年後に彼はジェローム・ニューマンを雇い、グレアム・ニューマン社を設立し、1956年まで彼に続けた。グレアムの初期の投資成績は優秀だった。

彼のポートフォリオの多くはヘッジしていたか裁定取引を行っていたため、1929年に株式市場が大暴落した際にも、その損失を抑えることができた。しかし1930年、グレアムは株価が底を打ったと信じてヘッジなしで株式市場に戻ったところ、株式市場は再び暴落し、グレアムは人生で2度目の破産に近いところまで追い込まれてしまった。

しかし、すべてが失われたのではなかった。暴落前の1927年にグレアムは母校で投資に関する夜間授業を始めていた。コロンビア大学のカタログには、ウォール街の投資専門家が月曜日の夕方、シャーマーホーン・ホールの305教室で証券分析の上級編を教えると書かれていた。

授業内容は「投資理論を実際の市場でテストする。価格と価値との間の不一致の発生と発見」とある。グレアムはこのクラスで証券分析という言葉を作り出し、ウォール街での統計担当という職種を証券アナリストという新しい名前に変えた。

グレアムはこの授業を担当するに当たり、一つだけ条件をつけた。それは詳細なメモを取る人を指名することだった。ペンシルベニア大学で理学士、コロンビア大学で理学修士の学位を取得したばかりの若いファイナンスの教授デビッド・ドッドが志願した。ドッドの記録は彼らの代表的な著書『証券分析』の材料となった。

この本が１９３４年に出版されたとき、ニューヨーク・タイムズのルイス・リッチは「この本は学問的な探求心と実践的な洞察力の賜物であり、充実かつ成熟していて、細心の注意が払われ、称賛すべきものである。この本が影響力を発揮すれば、投資家の関心は市場ではなく証券に向かうことになるだろう」と書いた。

『証券分析』の意義が永続的である要因の一つはそのタイミングにある。この本は１９２９年の株価暴落のすぐ後に登場した。この大暴落は世界を一変させた出来事で、グレアムに大きな衝撃を与え、彼の考え方にも強い影響を与えた。ほかの学者たちがこの経済事象を説明しようとしているとき、グレアムは人々が経済的基盤を立て直し、利益を得る行動に進めるように手助けしたのだ。

１９２９年の危機は、投機が投資の仮面をかぶろうとしたのではなく、むしろ投資が投機に変身したのだと彼は説明した。過去の経験に基づいた楽観主義が蔓延していて危険だとグレアムは記している。過去の経験に力を得て、人々は成長と繁栄の時代が将来も続くと予想し、価格に対するバランス感覚を失い始めていた。グレアムは言う。「人々は数字に裏付けられた見通しを持たないまま、株式に資金を投じている。楽観的な市場が言うままの価格で株式が取引されていた。狂気がピークを迎えたとき、投資と投機の境界線は曖昧になった」

グレアムとドッドは『証券分析』の中で投資と投機の正確な定義づけを試みた。「投資は徹底的に分析したうえで元本の安全と満足できるリターンを確保する行為。この条件に合わない行為が投機である」

投資を定義する

『証券分析』は高く評価されているが、グレアムとドッドの投資と投機の定義に読者は満足しなかった。これは後年『賢明なる投資家』の中で彼が認めている事実である。「私たちはこの定義に固執してきたが、この時期に投資家という言葉の使い方に根本的な変化が起きたことは注意しておくべきである」。グレアムはこの「投資家」という言葉が株式市場に参加している人々すべてに広く使われていることを心配していた。

新聞が「投資家」をこのような使い方をしたのは、ウォールストリート流のわかりやすい言葉で言えば、証券を売り買いする人なら誰でも投資家になるからだ。その人が何をどんな目的でどんな価格で、また現金で買うか信用取引かにはまったく関係ない。グレアムは残念な思いで眺めていた。

「株式取引で投資と投機を区別することはどんな場合でも意味があり、その区別がなくなることは大いに気がかりである」

投機という危険な行動への対抗手段としてグレアムは彼の言葉で「安全マージン」に基づいて株式を選別する投資手法を提案した。株価が本質的価値を下回っている場合には株式に安全マージンが存在すると彼は説明する。

となると、次の疑問は当然、本質的価値をどうやって見極めるのかである。グレアムの答えは、生真面目な定義づけから始まる。本質的価値は「事実に基づいて決定される価値」である。事実とは、企業の資産、利益、配当、つまり、定量的な要素である。

グレアムは定性的な要素が当たり前のように重視されることを非難した。投資家が実質を伴う資産を忘れて無形のものに関心を移せば移すほど潜在的に危険な考え方を呼び込んでいることを、彼は経験から確信していた。経営者や事業特性についての見解は定量化が難しく、定量化が難しいものは誤って測られる可能性がある。

しかし、定量化された要素で企業の本質的価値を考える割合が高いほど、投資家が損失を被るリスクは限定的になるとグレアムは考えていた。固定資産は数字で表せる。配当も、また現在及び過去の利益もそうだ。これらの要素のそれぞれが数字で表され、実際の経験に基づく論理の源泉になるのだ。

グレアムはかつて、記憶力がよいことは重荷になると言ったと伝えられる。人生において2度経済的に破綻したことの記憶によって、価格が上昇する可能性よりも下がることへの防御をより重く考える投資手法を採ることになったからだ。

投資には二つのルールがある。一つは損をしないこと。二つ目は最初のルールを忘れないことだ。彼は株式を買うときにこの「損をしない」という哲学を彼の安全マージンを確保する二つの具体的なガイドラインに結びつけた。⑴純資産価値の3分の2より低い価格で買う、⑵株価収益率（ＰＥＲ）が低いことに注目する。

安全マージンは完璧な防御と考えられるが、いつも完璧とは言い切れない。将来の成長について魅力的な予測が実現しない場合、たとえ経済的なリターンが少ないとしても、現在の資産に焦点を当てて考えるほうがはるかによい。事業が振るわなくても、誰かがどこかで何らかの方法でまともな利益を絞り出すことがあるかもしれない。もちろん、これは不調な企業でも簿価で買い取る人が必ず現れることを前提としている。

バフェット・パートナーシップからバークシャー・ハザウェイに乗り換えるとき、ウォーレン・バフェットはＰＥＲが低く簿価が高い企業を買うグレアムの方法が確実ではない理由を自分の身で学んだ。現金収入をほとんど生まない企業を簿価で売って受け取る価格は期待をはるかに下回ることが多かったのだ。

企業の普通株式を買うグレアムの投資手法を用いて、バフェットは新たに再建したバークシャー・ハザウェイのためにいくつかの事業を集めた。パートナーシップを運営していた頃は、不振の企業を安く買うことは、主に素早く売却して次に進むことができたからこそうまくいっていたが、バークシャーのために不良企業の安い資産を買って持っておく戦略は失敗だとバフェットは理解するようになった。

「私は罰を受けて、小規模な農業機器メーカー、三流デパート、ニューイングランドの繊維メーカーの経営を学ぶことになった」とバフェットは言った。

農業機器メーカーはデンプスター・ミル・マニュファクチャリング、デパートはホクスチャイルド・コーン、そして繊維メーカーがバークシャー・ハザウェイだった。

バフェットはこれらの企業を完全に所有することにより資本配分を担当できるメリットはあったが、これら平均以下の事業の経済的リターンは、みじめの一言に尽きた。これらは新生バークシャー・ハザウェイのためにバフェットが持とうとしたコイン体重計にはならなかった。

のちにバフェットはこう説明した。資産価値１０００万ドルの企業を８００万ドルで買った場合、資産をさっさと売れたら結構な利益が出る。しかし、事業の収益性が低くて企業の売却に10年かかったら、仕上がりのリターンは平均以下になるだろう。「時は優良企業の友達だが、二流の企業にとっては敵になる」とバフェットは学んだ。業績の悪い企業をさっさと清算して企業の資産の時価と買収コストとの差額を手にできない場合、企業がやっている事業の不振と同じ結果になるのだ。

デンプスター・ミル、ホクスチャイルド・コーン、そしてバークシャー・ハザウェイへの投資が失敗に終わったことでバフェットはベン・グレアムの教えに背を向けたと思った人がいるかもしれない。

しかしそうはならなかった。むしろまったく逆だった。『賢明なる投資家』の第8章「投資家と市場の変動」と第20章「投資の中心概念である安全マージン」に込められた極めて貴重で永遠に続くグレアムのアドバイスに注意を払うようにとバフェットは今でも投資家に強く勧める。これら二つの章には哲学的な知恵の珠が含まれているのだ。

バリュー投資

『賢明なる投資家』の最終章にグレアムはこう書いている。「健全な投資の秘訣を短い一言で表現しろと言われたら、思い切って安全マージンだと答える」

１９９０年のバークシャー・ハザウェイのアニュアルレポートの中でウォーレン・バフェットは「これを読んでから42年が過ぎ、今でもこの答えは正しいと思う」と語った。本質的価値より低い価格で投資を行うという安全マージンの概念は昔もそしてこれからもバリュー投資の基礎となるものなのだ。

ウォーレン・バフェットがグレアムと違う意見を持っているのは、安全マージンのある株式だけを買うという考え方ではなく、長期的な本質的価値をどう考えるかという点だ。業績が悪く確実な資産の価値より低い株価が付いていて株価収益率も低い企業を投資家が買ったとすると、それはグレアムの安全マージンにまさに当てはまるケースだ。

しかし、資産の適正価値に近い価格に株価が修正されると、買った投資家にはつまらない企業の低い業績だけが残ることになる。

バークシャーの初期にバフェットが学んだのは、優良企業が高い収益率で利益を複利拡大できることを知ってしまった以上、本質的価値について違う考え方が必要だということだった。もはや確実な資産を安く買うゲームではなく、長期的によりよいキャッシュリターンを生み出し複利で拡大する企業の適正価値を理知的に考えるゲームになっているのではないか。

グレアムの株式の選び方は、複利拡大しているコングロマリットのためにバフェットが所有したい種類の事業を探し出すものではなかったが、バフェットの投資哲学に影響を与えたのは、何よりもグレアムの気質だった。特に重要なことが二つある。市場に当然に備わっている変動をどう考えるか、そして投資と投機との違いを理解することだ。

『賢明なる投資家』の第8章「投資家と市場の変動」において、ベン・グレアムは読者に「ミスター・マーケット」を紹介した。バフェットはミスター・マーケットの話を引き継いで1987年のアニュアルレポートでバークシャーの株主たちに伝えた。

「私の友人であり恩師でもあるベン・グレアムが市場の変動に対するメンタルな姿勢を描いています。私はこれこそ投資で成功することに最も役に立つものだと確信しています」。バフェットはさらに続けて、

「ミスター・マーケットというとても親切な人がいて、市場の相場を教えてくれる状況を思い浮かべてください。彼はあなたの個人事業のパートナーです。一日も欠かさず毎日現れて、あなたの会社の株式を買うか、または同じ価格で彼の会社の株式をあなたに売るかという提案をしてきます」

「二人の会社は事業特性が似ていて、どちらの事業も安定しているのですが、ミスター・マーケットが出してくる相場はまったく違っています。残念ながら、このかわいそうな人

は深刻な感情的な問題を抱えています。非常に興奮して事業に好ましい要素だけを見る日があります。そんなときは、とても高い価格を出します。彼はあなたが彼の利益を横取りして莫大な利益を奪い取ることを恐れているのです。別の日には、彼は落ち込んで、ビジネスや世界の未来に問題しか見えません。こんなときには、彼はとても低い価格を提示します。あなたがあなたの持ち分を彼に押し付けることを恐れるからです」

そしてバフェットは、グレアムのメッセージの中心、市場の動向をどう考えるかということに話を進める。

「ミスター・マーケットにはもう一つ、愛すべきところがあります。彼は無視されても気にしないのです。彼が出す価格にあなたが興味を示さなくても、次の日にはまたやって来て、別の価格を出します。取引するかどうかは完全にあなた次第です。こんな条件の下では、彼の行動に躁鬱の度合いが高ければ高いほど、あなたは有利になります」

次にバフェットは、彼自身の投資と市場についての考え方に深く結びついている自主独立ということに関連する形でミスター・マーケットの話を構成する。

「ミスター・マーケットはあなたを導くのではなく、あなたに仕えるために存在します。

役に立つのは彼の知恵ではなく財布です。彼がやって来て格別に愚かな状態だったら、あなたは彼を無視してもいいし、利用しても構いません。しかし、彼に影響されてしまうとひどい目に遭います。あなたが十分状況を理解していてミスター・マーケットよりもずっとうまく会社の価値を判定できると確信を持てなかったら、あなたはこのゲームに向いていません。ポーカーでは、30分やってみて誰が騙されやすい人かわからなかったら、騙されやすいのはあなただと言われています」

バフェットの結論はこれだ。

「適切なビジネス判断を行うことと、市場に渦巻いている感染力の強い感情から自分の思考や行動を隔離することの二つを組み合わせたときに、投資家は成功します。隔離することを伝えるのにベンのミスター・マーケットの話をしっかり心に刻み込んでおくと、とても役に立ちます」

バフェット独特のやり方で、ベン・グレアムとの深い結びつきが、安全マージンという数学的な概念だけでない、つまり株価収益率（ＰＥＲ）や株価純資産倍率（ＰＢＲ）が低い会社を買うという手法だけではなく、もっと哲学的なものであることを伝えているのだ。

ウォーレン・バフェットがベン・グレアムに心酔していることはよく知られているとお

りで、75年も続いている。二人が共有している信条や価値は、その奥にある投資哲学の観点からより深掘りすると、明確なつながりがあることがわかる。父親によってウォーレン・バフェットの哲学的な基盤は既に作られていたが、父から学んだこととグレアムの書物に書いてあることとを結びつける自然なつながりがあったのだ。

ロジャー・ローウェンスタインはこう説明する。

「ベン・グレアムがドアを開き、バフェットに個人的に語りかけたようなものだ。ベンはバフェットに市場の多様な可能性を探求するためのツールであり、また彼の教え子の気性に合った手法を与えたのだ」

その結果、「グレアムのテクニックで武装し……そして手本となるグレアムの人格によって鍛えられて、バフェットのトレードマークである自主独立のスタンスで仕事を遂行することが可能になったのだろう」。

しかし、彼とベン・グレアムとのつながりはさらに深いものだった。グレアムの投資手法も哲学もしっかりマスターしていたが、「バフェットはグレアムを父親と同じように英雄として偶像視していた」。事実、バフェットはかつてこう言ったことがある。「ベン・グレアムは本の著者や教師を超えた存在です。父を除いて、ベンほど私の人生に影響を与えた人はいません」

バフェットは「一生涯を通して投資を成功させようと考えるとき、天才的なIQは必要ありません。必要なのは、意思決定を行える健全な考え方と、その考え方を感情が蝕むことを許さない能力です」と教えてくれる。

ベン・グレアムは市場について賢く考えるための哲学的な枠組みをウォーレン・バフェットに与えた。バフェットにとって、さらに学ぶ必要があるのは、事業についての判断を磨くことと、よい事業の特質を理解することだった。

フィリップ・フィッシャー——よい事業を見定める

1958年にフィル・フィッシャーは初めて投資に関する本を書き、ニューヨーク・タイムズのベストセラーリストに載った。『株式投資で普通でない利益を得る』である。フィッシャーはファンダメンタル分析に基づいて見つけたグロース株のバイ・アンド・ホールドの手法を支持していた。

さらに彼は、投資家に少数銘柄に絞り込んだポートフォリオを構成し、売買頻度（回転率）を低くして運用することを勧めた。「株式を買ったときに事業が適切に運営されていたら、その株式を売るべきときはまず来ない」というわけだ。

ウォーレン・バフェットはこの本を読むと著者を探し出した。「彼に会ったとき、彼のアイデアだけでなく、彼自身に感銘を受けました。ベン・グレアムと同様に、フィッシャーは気取らずおおらかで、人に教えることがたいへん優れていました」

ベン・グレアムとデビッド・ドッドが『証券分析』を執筆していた頃、フィリップ・フィッシャーは投資コンサルタントとしての道を歩み始めたところだった。スタンフォード大学のビジネススクールを卒業し、サンフランシスコのアングロ・ロンドン・アンド・パリ・ナショナルバンクでアナリストとして働き始めた。

２年足らずで統計部の責任者になった。この安全な場所から彼は１９２９年の株式大暴落を目撃した。その後短期間地元の証券会社で過ごしたあと、自分自身の会社を始めることを決めた。１９３１年３月31日にフィッシャー・アンド・カンパニーは顧客勧誘を始めた。

１９３０年代初めに投資コンサルティングの会社を始めるのは無謀に見えるかもしれないが、フィッシャーには二つの成算があった。まず、大暴落の後でもまだ資金がある投資家は、おそらく誰もが取引のあった証券会社に不満を持っているはずだということ。もう一つは、大恐慌のただ中にあって、ビジネスパーソンたちにはフィッシャーと話し合う時間がたっぷりあるということだった。

スタンフォードに在学中、サンフランシスコの証券会社に教授が定期的に出かけるお供をするという課題があった。証券会社の人々に業務を説明させ、教授がその場で問題解決を手伝うのだ。大学に戻る車の中でフィッシャーと教授はその会社と出会った従業員たちについて気づいたことを話し合った。「あの毎週1時間は最も役に立つトレーニングだった」とフィッシャーはのちに語った。

フィッシャーは自らの経験を踏まえて、秀でた潜在能力を持ち、優秀な経営陣が運営する企業に投資することで、大きな利益を得られるのだと考えるようになった。その条件に合う企業を抽出するために、フィッシャーは事業の状況と経営者の特性に基づいて企業を見極める「15ポイント・システム」を開発した。

(1)その会社の製品・サービスの市場が拡大する潜在力を持っていて、少なくとも数年間は企業の売上高を大きく伸ばせるか

(2)経営者は現在高い評価を得ている製品・サービスの成長の潜在力が尽きようとするときに、さらに売上高を伸ばす可能性のある製品・サービスを開発し続ける決断を行えるか

⑶企業規模と比較して研究開発の努力は効果的に行えているか
⑷平均より優秀な営業組織を持っているか
⑸投資するに値する利益率を達成しているか
⑹利益率を維持向上させるためにどんなことを行っているか
⑺従業員と極めて良好な関係を築けているか
⑻経営陣の間の関係は良好か
⑼経営陣の層は厚いか
⑽コスト分析や会計管理は適切に行われているか
⑾競合他社と比較して企業がどれほど優れているかを判定する手がかりになる業界特有かもしれないその他の要素はあるか
⑿短期と長期の収益性の見通しはあるか
⒀将来成長していくために大規模な増資が必要になり、その後の成長から得られる利益では既存株主の一株当たり利益を維持するには不十分になることはないか
⒁経営陣は、事業がうまく行っているときは投資家と忌憚なく話せるが、問題が起きあるいは不振に陥ると口を閉ざすということはないか
⒂経営陣はゆるぎない誠実さを持っているか

フィッシャーが最も重要だと考えたのは、売り上げと利益を長期間にわたって業界平均を上回るレベルで成長させていけるかどうかだった。それを可能にするには、市場が拡大する潜在力を持っていて数年間は企業の売上高を大きく伸ばせる製品・サービスを持っていることが必要だというのだ。

毎年売り上げが伸び続けることにはあまりこだわらない。数年間のスパンで企業の成功を評価していた。ビジネスのサイクルが変化して売り上げや利益に大きな影響を与えることがあると理解していた。しかし、長い期間において平均以上に成長する企業には2つのタイプがあると考えていた。一つは「運がよくて能力がある」企業、もう一つは「能力があるから運がいい」企業だ。

アルコア社は前者のタイプだと言う。創業者たちが非常に有能な人々だったので、企業は能力がある。アルコアの経営者は製品の将来性を見抜き、市場を育成し売り上げを増やそうと頑張った。同社は「運もよかった」。経営者のコントロールできない出来事が企業と市場にプラスに働いたからだ。

具体的には、急速に発展する航空機産業がアルミニウムの売り上げを急増させたのだ。このおかげでアルコアは経営陣が当初考えていた以上の業績を上げることができた。

デュポンは「能力があるから運がいい」代表例だと言う。もし当初の製品である火薬にこだわっていたら、鉱山会社として並の企業になっていたはずだ。

しかし、火薬製造で得た知識をうまく利用したことで、デュポンはナイロンやセロファン、ルーサイト（アクリル樹脂）などの新製品を生み出し、巨額の収入を得た。同社の研究開発力が並外れた成長の大きな力になったとフィッシャーは記している。

もちろん、アルコアとデュポンのいずれにおいても、研究開発に力を入れたことが長期的な成功につながったことは明らかである。技術色の強くない企業でも、よりよい製品やより効率的なサービスを生み出そうと研究開発に努力を惜しまないことが必要だ。

フィッシャーは次に企業の営業組織をチェックする。優れた製品やサービスを開発できても、商品化がうまくいかなければ、売り上げにつながらない。顧客に商品やサービスの素晴らしさを伝えるのは営業組織の責任だと彼は説明する。

営業には、顧客の購買行動をモニターし、ニーズの変化を読み取れるようになることも求められる。営業は市場と研究開発との間の懸け橋となるのだと彼は言う。

利益の重要性

しかし、市場シェアだけでは十分ではない。平均以上の売り上げの伸びがあっても、株主に利益をもたらさなければ投資としては合格ではない。「世界中で売り上げが伸びていても、利益が長期間にわたり売り上げに伴って増えなければ、適正な投資対象ではない」

こう考えてフィッシャーは最も低コストのメーカーやサービス提供者であり、しかもそれを維持しようと努力する企業を探す。損益分岐点が低く利益率が高い企業は、不景気の中で生き残れる。弱い競争相手は消えていき、利益の高い企業のポジションはさらに強化される。

生産プロセスごとのコストを把握し分析できる企業でなければ、収益性を維持できないと彼は言う。そのために、企業は適切な会計管理とコスト分析を備えなければならない。このコスト情報があれば、収益性の最も高い製品・サービスに資源を配分することが可能になる。

さらに、会計管理によって事業に潜む問題を浮き彫りにできる。非効率な運営に早期に対処すれば企業全体の収益性を維持できるのだ。フィッシャーが収益性にこだわるのは、それが、資本市場からの追加資金なしで企業が成長を続けられるかという問題に関連するからだ。

企業の成長に増資が不可欠となれば、大量の株式が発行されることによって株主が将来の成長から得られるはずだった利益が帳消しになってしまう。企業の収益性が高ければ、より多くの内部資金を成長に投入でき、株主の権利を薄めることなく成長を維持できる。

しかも、設備投資や運転資金について適切なコスト管理ができていれば、キャッシュのニーズを管理でき、増資を避けることができる。

経営者の重要性

優れた企業は事業内容が優れているだけでなく、同様に重要なこととして優れた経営能力を持つ経営者が率いていることにフィッシャーは気づいていた。優れた経営者は現在の製品やサービスが古くなってしまうよりずっと早くから新製品の開発に余念がない。

数年間成長を続けられそうな製品ラインアップを持つ企業は多いが、10年や20年にわたって利益を維持できる戦略がある企業は稀だ。「目先の利益を第一と考えず、より大きな長期的利益を達成させる経営方針が必要だ」とフィッシャーは指摘する。

ただし、目先の利益を第一に考えないといっても、目先の利益を犠牲にすると誤解しないでほしい。優れた経営者なら、現在の事業をきちんと遂行しながら、同時に長期的な計画を実行できるはずだ。

フィッシャーは経営者に不可欠なもう一つの特性も強調する。その企業の経営者は忠誠心があって誠実だろうか。株主のために責任ある行動を取れるか、自分自身の利益だけを考えているように見えないか。

これを確認するには株主への接し方を見るとよいと、フィッシャーは言う。よい企業もダメな企業も、思いがけない苦難を経験することはある。事業が好調なときに経営者が自由に話すのはよくあることだが、調子が悪くなると、困難を語らず黙ってしまう経営者がいる。困難な場面での行動を見れば、企業の将来を担う人物をよく理解できるのだ。

フィッシャーはさらに話を進める。事業を成功させるには、経営者とすべての従業員との間に良好な関係を築かなくてはならない。働く場所は従業員が気持ちよく過ごせる場所であるべきだ。工場では労働者が正当に扱われていると感じ、管理者はえこひいきでなく能力で評価されていると感じられる職場である。

経営陣の層の厚さにもフィッシャーは注目する。CEOは優秀なチームに支えられているか。事業運営について適切な権限委譲が行われているか。

最後にフィッシャーが注目するのは、企業全体の素質である。事業内容とその経営が同業他社と比較してどうか。フィッシャーは、他社との比較においてある企業の優位を彼がどう理解するようになったかのヒントを教えてくれている。

財務レポートを見るだけでは投資をするには不十分だ。慎重に投資をするには、企業をよく知る人々からできる限りの情報を仕入れることが不可欠だ。これは何でも集めることで、中には噂やゴシップも含まれることをフィッシャーは認める。情報ネットワークといってもいいだろう。噂もうまく扱えば、投資家が素晴らしい投資をする重要な手がかりを与えてくれるものだと彼は言う。

この調査のためにフィッシャーはできるだけ多くの人に会う。顧客や仕入れ先、元従業員やその企業に雇われたことのあるコンサルタント、大学の研究者や官僚、業界団体の幹部など。競合先でも話を聞く。自社のことは話したがらない経営者も、競争相手について言いたいことが山ほどあるものだ。「その企業と何らかの関係がある人々から話を聞くと、企業の強みも弱みもくっきりと浮かび上がってくることには、本当に驚かされる」

フィル・フィッシャーが企業を理解するために必要だと考える時間と労力は、ベン・グレアムのバリュー投資の基礎となる利益や簿価の比率を計算することに比べれば、間違いなくはるかに多い。

グレアムは財務諸表を調べ、フィッシャーは企業と人を調べた。ファンダメンタル分析は定量的分析より手間がかかるのは当然だ。企業の長期的な本質的価値を判定するためには深く考えることが必要で、それは企業の現在の一瞬における価値を映し取るよりはるかに難しいことなのだ。

情報ネットワークを構築し、人の話を聞くことには時間がかかる。今の投資家は、投資を考えている無数の企業について噂を再現する作業は考えただけでうんざりするだろう。

しかしフィル・フィッシャーが助けてくれる。彼は作業量を減らす簡単な方法を見つけた。ポートフォリオで保有する企業の数を減らしたのだ。

ベン・グレアムはさまざまな産業に広く分散した多数の株式を勧めたが、通常フィル・フィッシャーは精々10社しか保有せず、そのうち総額の75%を3社か4社に投じていた。「まずまずの投資を数多くやるのはいやだ。素晴らしい投資を少数だけやりたい」

能力の範囲で

投資で成功するために投資家が行う必要があるのは、ごく少数のことをうまくやることだというのがフィッシャーの信念だ。自分が理解できる企業に投資することがその一つだ。彼が若い頃に失敗した投資について、「自分の経験を超えてしまったことが原因だった。自分が徹底的に理解したと考えた産業を超えて、それと同じくらい背景を理解していなかったまったく異なる分野と状況にある業界に投資を始めてしまった」と語った。

フィッシャーのこの言葉は、ウォーレン・バフェットが投資は自分の能力の範囲内に留まってこそ成功できると気づいたこととまったく同じである。自分が理解していない産業や企業に迷い込まないことだ。

1969年の雑誌フォーブスでのインタビューでバフェットはこう記している。「私の

15％はフィリップ・フィッシャー、85％はベンジャミン・グレアムでできています」。この当時は、グレアムの影響が大きいのは無理もない。

バフェットは、まず本の読者、次に学生、そして社員としてグレアムと接した後に一緒に働く関係になり、最終的には同志となったのだ。未経験だったバフェットの考え方を形成したのはグレアムだった。しかし、バフェットがグレアムのみによって作り上げられたと考えるのはフィル・フィッシャーの影響を軽く見すぎている。

バークシャー・ハザウェイを運営した初期の投資の失敗から、バフェットはグレアムの厳格な教えとは距離を置き始めた。「私は変わりました。しかし、猿から人間、あるいは人間から猿にきれいに一貫した形で変わったのではありません」。困難さは何十年も前にイギリスの経済学者ジョン・メイナード・ケインズが指摘していた。「難しいのは、新しいアイデアを採用することではなく、古い考え方から離れることだ」

バフェットは言う。「私の場合、離れるのに時間がかかりました。同じ先生からずっと学んでいた、そして今も学んでいることの多くがとても貴重だったからです」。しかし、「最終的には、ビジネスの直接、間接の経験の中で、大きな『のれん』と呼ぶべき無形の資産、価値の要素、つまり簿価を上回る事業の本質的価値を持っていて、有形資産の比重が小さい企業を強く望むようになったのです」。

1983年のバークシャー・ハザウェイのアニュアルレポートでバフェットは株主にこう伝えた。

「私自身の投資の考え方は35年前に大きく変わりました。当時私は有形の資産を重視して、経済的価値の多くを無形の価値によっている企業を避けるように教えられていました」。

のちにバフェットは考え方を変えた。

「企業の価値を形成しているものを理解することにかけてはフィルがすべてです。私はフィルのアイデアと驚くほど同じ意見なのです」

しかし、安い株式を買うグレアムの定量的手法から優れた企業を見つけ出すフィッシャーの定性的なアプローチに移ることは支持する学説を変えるような簡単なことではなかった。そのためには、新しく見つけた友人であり投資仲間、そしてまもなくバークシャー・ハザウェイの副会長になるチャーリー・マンガーの影響が必要だった。チャーリー・マンガーは他の誰よりもバフェットの投資の考え方を深めてくれた。

「私が『葉巻の吸い殻』の癖をやめて、バークシャー・ハザウェイのビジネスを大きなサイズと十分な利益を両立させる道に進めていけたのは、チャーリー・マンガーのおかげです。私から見てチャーリーの最大の功績は現在のバークシャーのデザインを構築してくれたことです。彼が引いた設計図はシンプルです。普通のビジネスを高いお金を出して買うことはやめて、素晴らしいビジネスを正当な対価を払って買うことです」

チャーリー・マンガー——知的な視点

１９５６年にウォーレン・バフェットが投資パートナーシップを始めたとき、自分の資金は10万ドル強だった。したがって新たな投資家の勧誘が重要な仕事だった。ある日バフェットはいつものように近所の医師エドウィン・デイビスに詳しい説明を行っていると、デイビスが話をさえぎって、いきなり10万ドルを預けると言ってくれた。理由を尋ねると、「君を見ているとチャーリー・マンガーを思い出すのだ」と答えた。

世間は狭いもので、チャーリー・マンガーは１９２４年1月1日にネブラスカ州オマハで生まれ、バフェットの現在の住居からわずか２００メートルほどの場所で育った。彼はアーネスト・バフェットの食料品店で働いたこともあったのだが、年齢が違ったため、子供の頃二人は会ったことがなかった。マンガーはオマハを離れ、ミシガン大学で学び、さらにカリフォルニア工科大学に進学した。しかし、第二次世界大戦で学業が中断され、陸軍航空部隊の気象観測士官として従軍した。学部を卒業していなかったが、戦後、ハーバード・ロースクールに入学を許され、1948年に卒業した。

二人はオマハで育ち、共通の知人も多かったが、二人が初めて会ったのは1956年になってからだった。当時、マンガーは南カリフォルニアに住んでいた。父親が亡くなってオマハに戻っていたとき、デイビスが二人を引き合わせようと食事に招待した。これが二人の長い付き合いの始まりだった。

マンガーの父親は弁護士、祖父は連邦判事で、彼自身も弁護士としてロスアンゼルスで活躍していたが、株式に強い興味を持っていた。初めて会った二人は株式の話題で盛り上がり、とても話が合うと感じた。それから連絡を取り続ける中で、バフェットはマンガーに弁護士を辞めて投資に専念するよう、しつこく誘った。「法律はよい趣味ですが、彼にはもっといいことができると私は言ったのです」

マンガーは弁護士稼業と投資の二足のわらじをしばらくはき続け、1962年にバフェットと同じように投資パートナーシップ（チャーリー・マンガー・パートナーシップ）を作った。投資は3年間成功を続け、マンガーは弁護士を辞めることを決意した。ただし、彼の名前を冠した弁護士事務所は今もその名前を変えていない。

ロスアンゼルスで運営していた彼のパートナーシップとバフェットがオマハでやっていたものとは投資手法がよく似ていた。本質的価値よりも低い価格で株式を買い、その結果、投資実績はどちらもずば抜けていた。

保有した銘柄がある程度共通していたのも不思議なことではないだろう。どちらも１９６０年代後半にはブルーチップ・スタンプの株式を買い始め、マンガーは同社の会長に就任した。ブルーチップ・スタンプは１９７８年にバークシャーと合併し、マンガーはバークシャー・ハザウェイの副会長になった。

マンガーは財務だけでなく、法律の見識でも貢献している。さらに、バフェットとはまったく異なる視点を提供する。彼の趣味の対象は科学、歴史、心理学、哲学、数学と幅広い。マンガーは、投資判断やビジネスでは、これらの幅広い識見を活用できるし、するべきだと考えていた。

財務や法律の知識、そのほか多くの分野で学んだものを組み合わせて、マンガーは自分の投資哲学を育て、それがバフェットの投資哲学をさらに豊かなものにした。バフェットは断固としてベンジャミン・グレアムの教えに従い、安値の株式を探し続けたが、マンガーはむしろフィリップ・フィッシャーの考え方に傾いていった。

マンガーがどのようにしてバフェットをそれまでの超バリュー手法からより良質な企業への投資に乗り換えさせたのだろうか。その答えはシーズ・キャンディーズのチョコレートの箱の中にある。

1921年に71歳だったメアリー・シーがロスアンゼルスで手作りチョコレートの小さな店を開業した。息子や同僚と頑張っているうちに事業は少しずつ成長し、カリフォルニアで小規模のチェーンを展開するまでになった。大恐慌を乗り越え、第二次世界大戦中の砂糖の配給制にもめげず、競争相手にも負けなかったのは、製品の質で絶対に妥協しないという一貫した信念があったおかげである。

創業後50年ほどで、シーズ・キャンディーズは西海岸でナンバーワンのチェーンになり、メアリーおばあちゃんの後継者たちは第二の人生を考える時期を迎えていた。そこで、勤続30年のチャック・ハギンスに同社の買い取り先を探す役割が与えられた。いくつかの話が出たものの、どれも実を結ばなかった。

1971年になると、ブルーチップ・スタンプの投資アドバイザーがシーズ・キャンディーズの買収を提案した。このとき、ブルーチップ・スタンプの大株主はバークシャー・ハザウェイであった。提示額は4000万ドル。

ただし、シーズ・キャンディーズは現金を1000万ドル持っていたので、実質的なコストは3000万ドルの買い物だった。しかし、バフェットはこの話に乗らなかった。簿価ベースの純資産の3倍に当たる値段だったからだ。グレアム流のバリュー投資では許容できない高値だった。

高そうに見えるが実はよい買い物だと、バフェットを説得したのはマンガーだった。バフェットは２５００万ドルの買収価格を提示し、シーズ・キャンディーズはそれを受け容れた。

これはバフェットにとって、グレアム流の哲学に従わずに行った最初の大型買収である。これを機に、バフェットの考え方に地殻変動ともいえる大きな変化が起こった。バフェットはこれをマンガーの影響だと言った。

マンガーはのちにこう語っている。「私たちが企業のクオリティに価値を認めたのは、あれが最初だった」。それから10年後、バフェットはシーズ・キャンディーズを１億２５００万ドルで買いたいというオファーを受けた。１９７２年の買収金額の５倍である。だが、バフェットはそれを断った。

シーズ・キャンディーズのクオリティはバークシャーにとってコイン式体重計となっただろうか。２０１４年のバークシャー・ハザウェイのアニュアルレポートにおいて、ウォーレン・バフェットはバークシャーの株主にとっての経済的リターンを振り返った。

会社を保有して22年以上を経て、シーズ・キャンディーズという小さなコイン式体重計は19億ドルの税引前利益を生み出したが、設備投資のための追加投資は４０００万ドルだけだった。言い換えれば、毎年１８０万ドルの追加投資をしただけで、毎年８６００万ドルの税引前利益を生み出した計算になる。

ウォーレン・バフェットはこの機会を捉えて複利の重要性を強調する。「シーズはバークシャーが他の企業を買収するための巨額の資金を供給し、そのおかげでバークシャーは大きな利益を株主のために生み出すことになりました。ウサギが次々と生まれる様子を想像してみてください。さらに、私はシーズの事業を見ることによってブランドの大きな価値を学び、利益を上げる他の投資機会に目を開くことができました」

ずっと後になってバフェットがコカ・コーラやアップルに投資することになる大きなきっかけになったのはシーズを保有した経験だと考えられている。

博識者の貢献

ウォーレン・バフェットがチャーリー・マンガーに最初に惹かれたのは、マンガーがベン・グレアムを思い出させたからだと言われてきた。どちらも自立した考えを持つという信念を大切にしていて、「素晴らしい人格者で客観的で現実的であることを第一に考える」ことで有名だった。

そして、二人は歴史、文学、科学に深い興味を持ち、熱心な読書家だった。グレアムは古典的な文学に大きな興味を示し、マンガーはたくさんの伝記を次々と読み漁るという違いはあったが、二人はともにベンジャミン・フランクリンを尊敬していて、フランクリンの生涯学習の教えを身につけていた。

チャーリー・マンガーは博識者だった。彼の知識は圧倒的な広がりを持ち、知らないことは何もないようだった。そしてグレアムと同様に、あっという間に結論を導き出す様《さま》には魅了されるものがあった。

「チャーリーは世界で最も高速の頭脳を持っています。初めから最後まで一足飛びです。あなたが文章を読み終える前に彼はすべてを見通してしまいます」とバフェットが語ったことがある。彼の成し遂げた多くのことは書物にするに十分値する。ありがたいことに、『プア・チャーリーズ・アルマナック』など数冊が彼の偉大さを伝えている。

マンガーの知識という深い井戸の中を調べるとしたら、三つの異なるバケツが必要になる。「世俗的な知恵の追求」「失敗の研究」「合理性を受け容れるための道徳的な規律」だ。

チャーリー・マンガーの知識の泉が初めて人々の前に噴き出したのは、1994年4月、南カリフォルニア大学マーシャル・スクール・オブ・ビジネスにおけるギルフォード・バブコック博士の学生投資セミナーで、彼が記念すべき講義を行ったときだった。学生たちは、マンガーの株式市場に対する考えを聞き、投資のヒントを得ることを期待していた。

しかし、マンガーは学生をからかった。直接投資について話すのではなく、「世俗的な知恵を磨く技としての株式選別」を話そうというのだ。それからの1時間半、マンガーは学生たちに、市場、金融、経済を個々のテーマとしてではなく、物理学、生物学、社会学、数学、哲学、心理学なども含めた大きな学問の集合体として考えるように呼びかけた。

それはマンガーがヒーローとして憧れる一人の人物が実践していたことにほかならない。

1749年、印刷屋B・フランクリンと自称するベンジャミン・フランクリンは「ペンシルベニアにおける青年の教育に関する提案」と題したパンフレットを発表した。彼は高等教育の基本的な目的について自分の考えを述べ、その考えに基づいたアカデミー設立を提案した。それは驚くほど過激なものだった。

当時の高等教育機関は聖職者を養成するためのものだったが、フランクリンの構想はもっと広かった。彼は、ビジネスや政府でリーダーシップを発揮できる若者を育てることが必要不可欠であり、そのためにはさまざまな分野の知識を身につけるべきだと考えていた。また、その教育は、当時キャンパスの大半を占めていた上流階級の学生だけでなく、労働者階級の学生にも提供されるべきだと考えていた。

自分の理想を実現するためにフィラデルフィア市民のリーダーたちの支持を慎重に集めていき、1751年にペンシルベニア州のアカデミー・アンド・チャリタブル・スクール（現在のペンシルベニア大学）が開校した。

フランクリンの思想がどれほど画期的であったかは、いくら強調してもしすぎることはない。ペンシルベニア大学の人文・科学学部の元学部長リチャード・ビーマン博士は、ベンジャミン・フランクリンを一般教養教育の創始者と呼ぶ。

フランクリンは、学生が読み書き、算術、体育、スピーチといった基本的な技術を習得したあとは、幅広い知識のつながりを発見することに目を向けさせるべきだと考えていた。ビーマン博士は、フランクリンがある種の心の習慣を身につけさせたと表現する。

ベンジャミン・フランクリンの「心の習慣」からチャーリー・マンガーの「世俗的な知恵」へと一直線につながっていることがわかる。マンガーによれば、世俗的な知恵を身につけるために、すべての分野の専門家になる必要はなく、それぞれの分野の主要な考え方の基本を理解できればよいという。

そうすれば、投資に関する一般教養としての教育を受けたことになり、世俗的な知恵の驚くべき効果を享受できるのだ。それでは、投資における一般教養教育とはいったいどんなものだろうか。

世俗的な知恵の確立

物理学の分野では、必ずアイザック・ニュートンを学ぶ。ニュートンは『自然哲学の数学的諸原理』で運動の三法則を説明した。そのうち三つ目の法則は「すべての行動には等しく反対の反応がある」というもので、これは経済学の確立された原則、主に需要と供給の原則に直接結びついている。需要と供給がバランスしていれば経済は均衡している。

しかし、生産や消費の事故によってこの均衡が崩れると、経済は同等の強さの対抗力によって均衡のバランスを取り戻す。不均衡は長くは続かない。ニュートンを学ぶと、この普遍の真理を理解する助けになる。

しかし経済や株式市場を物理学的な観点から見ていない人も多い。そんな人々は生物学と結びつけるほうが自然だと思うかもしれない。その場合マンガーは、生物のシステムが学習し、進化し、適応し、予期せぬ変化を遂げることを教えてくれたチャールズ・ダーウィンを読むことを勧めるだろう。

市場が呼吸する生きたシステムであることは疑いない。これは十分予測可能で同じ行動を何千回もほぼ正確に繰り返す原子物理システムの正反対といえる。原子物理システムがほとんどの場合完全な平衡状態で機能している一方で、生物システムは非平衡的な特性を持ち、小さな効果が大きな結果をもたらすこともあれば、大きな効果が小さな結果に終わることもある。

物理学では、負の反応がシステムを予測どおりに平衡状態に戻す。しかし、生物学では正の反応がループしてシステムを予想外の新しい方向に押しやることがある。株式市場でもよく似たことが起こる。

社会学からは別の思考法が学べる。最適で最も効率的な社会組織は、最も多様化した社会組織だということだ。しかし、多様性が崩壊して構成員が一つの考え方になってしまうと、システムは不安定になり、株式市場と同じように好況と不況を繰り返すことになる。

数学では、パスカルやフェルマーが提唱した確率論を学べる。さらに、18世紀の長老派教会の牧師トーマス・ベイズの定理は、最初に考えていたことを更新し、その確率を修正するための数学的手順を教えてくれる。

パスカル、フェルマー、ベイズの三人は、企業の将来のフリーキャッシュフロー、つまり投資の本質的な価値を正しく推定するための道筋を与えてくれる。さらに、確率論はポートフォリオにおける株式の最適構成を考える助けにもなる。

哲学の分野では、ルネ・デカルト、フランシス・ベーコン、イマニュエル・カント、デビッド・ヒュームといった近代の哲学者を学ぶことになるだろう。彼らはこの章の後半に再登場する。

また、オーストリア生まれの哲学者で、論理学、数学、言語哲学などを研究したウィトゲンシュタインを読むことになるだろう。彼からは「意味」とは出来事の説明文を作るために使う言葉のことだと学ぶ。そして、結果を説明できないのは、適切な記述がなされていないためであることが多いことを知る。

哲学を学ぶうえで、ラルフ・ウォルドー・エマソンとウィリアム・ジェームズを読まずには終われない。エマソンについては、この章の前半で紹介した。エマソンはハワード・バフェットに影響を与え、それがハワードの息子ウォーレン・バフェットに伝えられた。ジェームズを少し説明しよう。彼はプラグマティズムというアメリカ独自の哲学を創始した一人とされているが、バフェットがグレアムの資産中心の評価方法から、マンガーが明確化したよりよいビジネスの将来におけるフリーキャッシュフローの推定に移行したのは、プラグマティズムのおかげだったのだ。

しかし、一般教養の視点で投資を学ぶには、心理学への深い理解が不可欠である。話はチャーリー・マンガーの二つ目の知識である「失敗の研究」に入ることになる。うまくいくことを研究するのは重要だが、うまくいかないことを研究するのは絶対に必要であるとマンガーは考えている。

そして、失敗の根本原因を探る出発点は心理学なのだ。なぜなら、私たちの失敗や間違いは、ほぼ例外なく心理的なミスを含んだ思考の誤りから始まるからだ。

マンガーは、標準的な思考エラーに常に興味を持っていたという。大学生の頃から、意思決定の心理学を理解したいと思っていたが、正規のカリキュラムはほとんど役に立たなかった。そこで１９４８年に法学の学位を取得した直後から、マンガーは、彼自身の言葉によれば「自分が考えていた解を求めるのに最も機能しない部分を取り除くための長い闘い」を始めたのだ。

１９４８年であることに注意しよう。マンガーが意思決定の心理を理解しようとしたのは、心理学と投資の関連性についてほとんど何も発表されていない時代だったことを理解することが重要だ。今日、行動ファイナンスとして一般的に知られている学問は、１９５０年代、１９６０年代、さらに１９７０年代には研究分野として存在していなかった。

ダニエル・カーネマンとエイモス・トヴェルスキーによる最初の本格的な著作『不確実性の下での判断：ヒューリスティックとバイアス』が発表されたのは実に１９８２年のことで、そのときも学問の世界の奥深くに埋もれていた。翌年にロバート・チャルディーニが『影響力の武器』を出版し、この本はマンガーお気に入りの一冊となった。

マンガーが75年前に始めたメンタルな誤りを理解しようとする試みは、40年経った今でも続いている。つまりマンガーは、世界中の人々がこの問題に名前を付けるずっと前から、認知における失敗を回避するための自分自身のロードマップを描いていたのだ。

マンガーが意思決定を改善するためのロードマップを自ら構築することで、「心理的無知から脱却する闘い」の主導権を握ったことは驚くには当たらない。

１９９４年のマーシャル・スクール・オブ・ビジネスでの講演の直後、マンガーはケンブリッジ大学行動学研究センターで同年の秋と１９９５年の春の２回、立て続けに講演を行った。「人間の判断ミスの心理学」と題して、彼は「心理学的に判断を誤りやすい傾向とその対策」を示した。

「報酬と罰の反応傾向」から「ロラパルーザ傾向－特定の結果に有利に働く心理的傾向が集まって極端な結果を導く傾向」まで、25の傾向を紹介した。それぞれの傾向について、思考の誤りの詳細と、今後失敗を回避するための対策を示した。25の傾向とその対処法は、「プア・チャーリーズ・アルマナック」に書かれている。

例えば15番は「社会的証明の傾向」と呼ばれている。これは、周囲の人々の信念や行動を、その価値を検討せずに採用するという、ごく一般的でとても人間らしい傾向を表している。結局は、自分に自信を持つことである。マンガーは、人の行動が過度に単純化されるのは、「自分の周りで起こっている考えや行動をそのまま、自動的に考え、実行してしまうとき」だと警告する。

他人の行動に引きずられて投資家が誤った行動をしてしまう危険性があるのだ。また、同じように危険なのは、まさしく行動が必要なときに、行動しなくなってしまうことだ。対策は簡単だ。「他人が間違っているときに、他人のその事例を無視する方法を学ぶのです。これほど価値のあるスキルはありません」

チャーリー・マンガーが「人間の判断ミスの心理学」の傾向として、一つや二つではなく、25の傾向を書いたことに注意してほしい。そして、25の対策を示すことで、絶えず自分の状況を見直すように投資家に求めたのだ。

マンガーは「この傾向のリストに書いた思考システムは現実の世界でどう役に立つのか」と問いかける。彼は自分自身の質問にこう答えている。「ここに書いた心理学的な思考システムは、適切に使用されれば、知恵とよい行いを広め、災厄に見舞われることを回避するのに役立つ」

ここでは、マンガーのメインテーマである世俗的な知恵を身につけ、失敗を避けることを学び、知的に行動することがすっきりとまとめられている。最後の「よい行い」が、自然な形で三つ目のバケツである「合理性の追求」に私たちを導いてくれる。

合理的な思考

バフェットの伝記作家であるロジャー・ローウェンスタインは「バフェットの天才とは

主に忍耐、規律、合理性といった特性のものであった」と述べている。マンガーにも間違いなく同じことがいえる。「バークシャーは合理性の神殿のようなものだ」と言ったのはマンガーである。

ただし、彼にとって合理性とは単なる一時的な定義ではなく、すべてを導く道徳上の羅針盤である。彼にとって合理的であることは、人が応えることのできる最高の使命なのだ。そのため、マンガーの思考を形成するうえで最も重要な心のバケツとなり、私たちはその意味を完全に解き明かさずにはいられないのだ。

合理主義という言葉は、長い間、さらっとわかったような気にさせる言葉の一つであった。合理主義という哲学的概念は、純粋な意味では、人間がどのようにして知識を得るかについての理論を意味する。この理論（ここでは簡略化しているが）では、合理主義者は考え分析することによって、つまり演繹的な推論と頭の力によって物事を学ぶ。これを「アプリオリ（演繹的）」な知識という。

これに対して、経験主義と呼ばれるものは、人間が知識を得る唯一の方法は手触り感のある経験を直接（帰納的に）観察することであるとする。経験主義者にとっては、見たり聞いたり、味わったりできなければ、何も真実ではない。もちろん、現実の生活では、状況に応じて両方のアプローチを使い分けることができるし、一般的にそうしている。どちらか一方だけではない。

しかし、普段の会話の中では、合理的という言葉をもっと緩く使うことが多い。誰かが「あなたは合理的でない」と言ったとき、それはたいていの場合、論理的でない、思慮深くない、理路整然としていないという意味だ。

ウォーレン・バフェットもチャーリー・マンガーも、この合理性という概念を使う。すぐにわかるように、彼らはほかのすべてのメンタルモデルよりも合理性を重視する傾向がある。だから、彼らが合理的であることの重要性を語るとき、私たちは耳を傾けるべきなのだ。

しかし、これらが何を意味しているのか、私たちは本当にわかっているだろうか。彼らはこの言葉を、論理的であること、分別があることといったカジュアルな意味で使っているのかもしれない。あるいは、二人は二つの学派間の古典的な議論を思い浮かべているのかもしれない。

実際には、この二つが交じり合ったものだろうと私は考える。ウォーレン・バフェットとチャーリー・マンガーは、何年もかけて重要な概念を読み、考え、多くの情報源から自分たちの真実の感覚を作り上げてきた。このバークシャーの人たちならではともいえる合理性へのアプローチにつながるさまざまな哲学的な筋道をじっくりと探っていくことには大きな意味がある。

近代哲学を代表する二人、フランシス・ベーコンとルネ・デカルトは、正反対の考え方を示している。16世紀後半から17世紀半ばにかけて同時代に活躍した二人は、それぞれが受け継いだ中世の大学の教えを否定したが、次に何をすべきかについては意見が一致しなかった。

フランシス・ベーコンは経験主義者で、すべての知識は実際の経験に由来するか、あるいは経験によって検証可能でなければならないと主張した。彼は、建築家、大工、農民、船乗り、そして望遠鏡や顕微鏡を持った科学者が身につけたような実用的な知識の価値を信じていた。彼の考えでは、物事がどのように存在するかを想像するのではなく、実際にどのように存在するかということを哲学的な探求に結びつけている。

合理主義者であるデカルトは、真の知識はほかのものから推論できない第一原理や自明の理を考えることによってのみ得られるという反対の立場の典型だった。経験主義者と合理主義者の間の緊張関係は非常に深刻で、人生の課題を解決するための個人的な哲学を求める人にとっては、どちらもほとんど役に立たなかった。

一世紀後の啓蒙主義の時代に、新たな考え方が生まれた。歴史的に偉大な哲学者イマニュエル・カントが合理主義者と経験主義者との間の行き詰まりを、両者の概念を統合することで解消したとされる。

１７５５年から40年間、カントは当時の東プロイセンにあった彼自身の出身校であるケーニヒスベルク大学で教鞭を執った。彼の講義は、物理学、天文学、数学、地理学、人類学、心理学など、驚くほど幅広い分野に及ぶ、まさに世界の知恵と呼ぶにふさわしいものだった。

合理主義者と経験主義者の論争を解決しようとしたカントは、スコットランドの哲学者、経済学者、歴史学者のデビッド・ヒュームに注目した。ヒュームは論争を避け、心の動きを理解することに関心を持っていた。

ヒュームの代表的な哲学書は『人間本性論』（１７３９年）である。その後、彼はこの名著を『人間知性研究』（１７４８年）と『道徳原理の研究』（１７５１年）の２冊に分けて書き直した。

『人間本性論』では、私たちは「考えを結びつける心の習慣」を形成しているとして、Xについて考えると、頭の中では直ちにそして自動的にYについて考えることになり、それがほとんど必然的に起こるので、この二つの考えは結びついているに違いないと思い込むのだという。

ヒュームの「心の動き」に関する考え方は、カントが合理主義者と経験主義者の両方のアプローチを一つの知識に組み合わせるためのメタ理論を開発するのに必要な洞察であった。のちにカント主義と呼ばれるようになったカントの新しい視点では、どちらも正しく、どちらも間違っている。

イギリスの哲学者・哲学史家であるA・C・グレイリングは、このようにまとめている。「経験主義者が感覚的な経験がなければ知識は得られないと主張するのは正しいが、心が白紙であるというのは間違っている。合理主義者が私たちの心が提供する演繹的（アプリオリ）な概念があると主張するのは正しいが、演繹的な概念がそれだけで世界を知るのに十分であるというのは間違っている」

合理的な投資

では、投資の視点から各説を考えてみよう。ベンジャミン・グレアムは、ルネ・デカルトの思想を受け継ぐ合理主義者である。グレアムの知識はシンプルな精神的ステップの積み重ねによって構築され、それぞれのステップは連鎖が完了するまで慎重に検討される。

彼のアプローチは数学的で、自明の理に基づいている。例えば、グレアムの価値の推定は、彼が買った会社の経営者としての経験ではなく、演繹的な推論に基づいている。グレアムの関心は、株価収益率と株価純資産倍率が低い安価な銘柄に向けられることが多い。

つまり、実際の経験ではなく調査によって得られるデータを好む傾向があった。

チャーリー・マンガーはフランシス・ベーコン陣営に座っている。マンガーにとっての真実とは、知識を得るための証拠となる観察可能な事実と個人的な経験に基づいている。１９６２年に自分の投資パートナーシップを始めたとき、マンガーはグレアムの教えを知っていたが、完全には納得していなかった。マンガーは、自分の投資方法として、単に価格が安いというのではなく、その企業の事業内容をすべて観察し、分析することで優良企業を見極めることを重視していた。

バフェットの投資哲学を調べてみると、カントの考え方が働いていることがわかる。一方バフェットは合理主義者である。グレアムの「安い株価、企業の本質的な価値よりも価格が安いことが安全性の確保につながる場合にのみ株式を買う」という手法に忠誠を誓っている。

しかし、彼は企業を所有する経験から得られる教訓も重視しており、そこから彼は経験主義者であるともいえるのだ。実際にビジネスを所有することで得られる手触り感のある経験は、バフェットの投資に対する理解を大いに深めている。

「ビジネスマンであるからこそよい投資家であり、投資家であるからこそよいビジネスマンである」とバフェットが言っているのを聞くと、マンガーがバフェットのために哲学的な橋渡しをしてくれたことがよくわかる。

ヒュームなら、バフェットが株式銘柄(X)を検討しているとき、彼は自動的に事業(Y)について考えていて、事業(Y)を考えているとき、株式銘柄(X)について考えていると説明するだろう。

ある夜の晩さん会でチャーリー・マンガーは「成功の秘訣を一つ挙げるとしたら何でしょうか」と聞かれ、「私が合理的であることです」と答えた。「それが答えです。自分が合理的だと言う人は、物事がどのように機能するのか、何が機能して何が機能しないのか、そしてその理由を知っているはずです」と付け加えた。これは一時の思いつきではなく、彼にとって根本的な考え方である。「自分ができる限り合理的であることは、道徳的な義務である」がマンガーの口癖だ。

ありがたいことに、心理学は学ぶことができる。「合理性の向上は、選ぶとか選ばないということではありません」とマンガーは言う。「合理性を高めるのは長期間のプロセスです。それはゆっくりと得られるものであり、その結果はさまざまです。しかし、これほど重要なことはありません」

チャーリー・マンガーがウォーレン・バフェットの隣に座ってきた時間は、バフェットが父ハワード・バフェットと過ごした時間よりも、また師匠ベン・グレアムと過ごした時間よりも長くなった。二人は１９５９年に出会い、すぐに友人になった。チャーリー・マンガーが自らの投資パートナーシップを１９６２年に始めたときから彼らは投資仲間になった。

そして、１９７８年にマンガーはバークシャー・ハザウェイの副会長になり、彼らの50年間に及ぶビジネスパートナーの関係を強固なものにした。二人には65年間の友人関係があり、62年間にわたって投資に対する熱意を共有し、そしてバークシャー・ハザウェイを世界有数の強大で偉大な企業に押し上げた45年間にわたる共同経営者の関係があった。

二人の仕事上の付き合いはパートナーシップ契約に基づくものではなく、長い間に築き上げられたもっと密接で象徴的といえるものになっていた。マンガーがバークシャーの取締役会に加わるより前から、二人は投資における多くの決断を一緒に行い、毎日のように話し合い、そのビジネスの関係は固く深く結びついていった。

チャーリー・マンガーはあらゆる意味でバフェットが認めた共同経営パートナーであり、もう一人の自分であった。二人がどれほど強く結びついていたかがわかる言葉がある。「これをやった、あれを決めた、またこれを信じ、あれを調べ、こう考えた」、そのすべての主語は「チャーリーと私」なのだ。まるで「チャーリーと私」という一人の人間が存在しているようであった。

第 3 章

Business-Driven Investing

バフェット
12の投資原則

事業の視点で投資を行う

「事業（ビジネス）の視点から行うとき、投資は最も理にかなった行為となる」。ベン・グレアムの記念碑的な書物『賢明なる投資家』を一言でまとめると、この言葉になる。「これこそ、投資について書かれた最も重要な一言です」と言ったのは、グレアムの最も著名な弟子であるウォーレン・バフェットだ。世界最高の投資家が、グレアムの一言こそ投資について書かれた最も重要な言葉であると言ったのだ。

私たちは、この言葉が意味するものに注目して、正確に読み取るために大きな関心を持つべきである。事業の評価に関するグレアムの手法は過去のものとなったとはいえ、株式を事業としてどう考えるかについてのアドバイスは今でも有効であり、この上なく貴重だとバフェットは説明する。

話は1917年までさかのぼる。グレアムがマガジン・オブ・ウォールストリートに初めて文章を載せたとき、隣の誰かが彼の株式をどう扱うかを推測するよりもよい投資の方法があると固く信じていた。

グレアムのアドバイスの中心にあるのは、投資の世界ではビジネスパーソンの資質が投機家よりもはるかに優れているという認識だ。とはいえ、「事業を行って成功するうちに得た健全な規範をすっかり忘れて、ウォールストリートで仕事をしようとするビジネスパーソンがあまりにも多い」と失望もしていた。

グレアムは企業の株式を買った人は二つの立場を手にしていて、どう行動するかを好きなように選べると考えた。自分を「会社の少数株主」と位置づけ自分の利益は企業が獲得する利益、あるいは使用している資産の価値の変動によって決まると考えることができる。また、株券と印字され、刻々と価格が変わり、財務諸表上の価値とかけ離れている場合もある価格で瞬時に売却できる紙切れを持っているだけだと考えることも可能だ。つまり、事業のオーナーになるか、株式の投機を行うかを選択できるのだ。ウォーレン・バフェットにとって、企業全体を直接買収することと、その企業の株式を買うこととの間に本質的な違いはない。

バフェットは二つのやり方のうち、企業全体を所有することを好んでいた。そのほうが企業の最も重要な課題である資本配分に影響を与えることができるからだ。株式を買う方法には企業を支配できないという大きな弱点がある。

しかし、その弱点を補う利点が二つある。一つは、誰かに支配されていない企業を選別する市場、つまり株式市場が巨大であること。もう一つは、株式市場では時として、誰の支配下にも入っていない素晴らしい業績を持つ企業の株式を、企業の経営権を取得する交渉では出ない驚くほど低い価格で取得するチャンスが巡ってくることがある点だ。

いずれにしても、バフェットの戦略は同じだ。まず自分が理解できる企業の中から、長期的な将来性があり、誠実で有能な経営者によって運営されていて、そして最も重要なことだが魅力的な価格で購入できる企業を探すのだ。

ほとんどの投資家は株式市場を分析し、経済を予測することに多くの時間を使い、相互に関連していない幅広く分散されたポートフォリオを作り上げ、四六時中売買を繰り返すという無益な行為によって市場よりよい成績を上げようとする。

バフェットはくじ引きを信じない。「投資において、私たちは市場やマクロ経済、あるいは証券のアナリストではなく、企業のアナリストであるべきです」。バフェットは何よりも事業を行う者の立場でのみ分析し行動する。彼は事業の全体を見ようとする。事業の定量・定性両面、また経営者、財務面、そして購入する価格を分析し検討する。

バークシャー・ハザウェイのアニュアルレポートを１９６６年までさかのぼり、同社に一貫して流れる特徴を探してみると、ウォーレン・バフェットの判断の指針となったいくつかの基本原則が見つかる。この原則を抽出してじっくり見ると、四つのカテゴリーに分けることができる。

・事業に関する原則：事業自体の基本的特性に関する三つの原則
・経営に関する原則：経営者たちが発揮すべき三つの重要な資質
・財務に関する原則：企業が維持しなくてはならない四つの重要な財務指標
・価値に関する原則：購入における相互に関連する二つの指針

これらの原則は、企業を完全に買収する場合だけでなく、市場で株式を購入する場合にもバフェットが頭に置いていることである。

「バフェットの法則」12の原則

事業に関する原則
(1)シンプルで理解できる事業か
(2)安定した事業実績があるか
(3)長期的に明るい見通しがあるか

経営に関する原則
(4)経営者は合理的か

(5) 株主に率直に話せる経営者か
(6) 同調圧力に屈しない経営者か

財務に関する原則

(7) 一株当たり利益ではなく、自己資本利益率に着目する
(8) 本当の価値を示す「オーナー利益」を計算する
(9) 利益率の高い企業を探す
(10) 利益を1ドル留保したら、企業の市場価値も1ドル以上上がるように心がける

価値に関する原則

(11) 事業の価値はどれくらいか
(12) その事業を価値よりもはるかに安い金額で買収することは可能か

事業に関する原則

バフェットにとって株式は事業を抽出したものである。株式市場の理論、マクロ経済、セクターのトレンドなどとは関係がない。企業が行っている事業に基づいて判断するだけだ。事業の本質ではなく表面的な情報に乗って投資する人は、一度よくない兆候が出ただけで怖くなって逃げ出し、多くの場合、その過程で損をするとバフェットは考えている。バフェットは検討している企業の事業に頭脳を集中させる。彼の関心事は次の三つだ。

・シンプルで理解できる事業でなくてはならない
・安定した事業実績を持っていなくてはならない
・長期的に明るい見通しを持っていなくてはならない

シンプルで理解できる事業か

投資家が自分の投資内容をどれだけ理解しているかで、成功するかが決まるとバフェットは考えている。事業に軸足を置く投資家が短期売買で利益をさらっていく人々と違うことをはっきり示す原則である。

長い年月の中で、バフェットは多種多様な分野の企業を所有してきた。経営を完全に支配した企業もあれば、少数株主に留まっているケースもある。しかし、バフェットはどのケースでも、事業がどう運営されているかをしっかりと見ている。バークシャーが所有するすべての企業について、売上高、費用、キャッシュフロー、価格の柔軟性、資本配分など、あらゆる面をバフェットは理解している。

バフェットがバークシャーの事業を常に深く理解できている理由は、彼の資金と理解力の及ぶ範囲に投資対象を意図的に絞り込んでいるからである。バフェットの考え方には説得力がある。企業あるいは株式を所有していても、その企業が属している産業を十分に理解していなければ、事業展開の是非を判定できず、正しい意思決定を行えないだろう。

投資の成功という点からいえば、どれだけ知っているかよりも、自分がどれだけ知らないかをはっきりさせるほうが重要である。バフェットのアドバイスを見てみよう。「自分の能力の範囲で投資しなさい。その範囲が大きいかどうかは問題ではありません。境界をどれだけはっきりと引けるかが重要です」

安定した事業実績があるか

複雑なものに手を出さないバフェットは、非常に難しい課題を抱えている企業や、これまでの事業計画がうまくいかず事業を大きく変えようとしている企業も対象から外す。過去の経験から、同じ製品やサービスを長年提供している企業に投資すれば最も高いリターンが得られることを知っているのだ。大きな事業転換は、ビジネスにおける大きな間違いを犯すリスクが高いのである。

バフェットが考察した結果は「大きな変更を行うことと際立った投資利益を得ることは一致しない」。その逆が正しいと勘違いしている投資家が多いのは不幸なことである。多くの投資家は、大きく変化している産業に属する企業や、事業再構築中の企業に惹きつけられる。「理由はまったくわかりませんが、将来生まれるかもしれないことに夢中になって、目の前の現実を忘れてしまう投資家が多い」とバフェットは語る。

バフェットは市場で脚光を浴びている株式にほとんど興味を示さない。興味を持つのは長期的に成功するだろうと自分で確信した企業への投資だ。将来成功することを予測するのは確実ではないが、着実に実績を積んできたことはある程度信頼できる。長年同じ種類の製品で安定した実績を上げている企業はその実績が今後も継続すると考えても、あながち間違ってはいないだろう。

バフェットは難局を乗り切ろうとしている企業にもあまり手を出さない。経験上、企業再生はうまくいかないことが多いと考えているのだ。難しい局面の企業を安く買うよりも、好調な企業を適切な価格で買うほうが大きな利益を得る可能性が高い。

「チャーリーと私は事業の難問を解決する方法を学んでいません。私たちが学んだのは、そのような企業に手を出さないことです。私たちが成功してきたのは、２メートルのハードルを跳び越える能力があったからではなく、簡単にまたげる30センチのハードルを見つけることに集中したからです」とバフェットは述べている。

長期的に明るい見通しがあるか

バフェットはビジネスの世界を二つに分けて考える。たいへん優れた少数の企業と、大多数を占める買う価値のない企業だ。バフェットは前者を「フランチャイズ」と呼び、それは①社会で必要とされ、望まれる存在であり、②代わりになるものを簡単には見つけられず、③政府の規制がない分野にいる企業のことだと言う。

これらの条件が揃えば、販売数量が減少したりマーケットシェアを奪われたりすることを心配せずに、製品の価格を維持し、場合によっては、引き上げることも可能である。このような価格決定力の柔軟性は優れた企業が必ず備えている強みの一つであり、平均以上の資本利益率をもたらす。

バフェットはこう語る。「投資に対して高い利益を上げる株式を求めています。しかも、それが今後も続く可能性が高いというのが前提です。私が興味を持つのは、長期的に他社に対する競争優位を維持していけるかどうかです」

このような優れた企業は、他社とは明確に異なっていて、簡単には参入を許さない優位性を作り出している。バフェットはその優位性を「堀」と呼ぶ。大規模な堀があれば競争力は強固になる。堀は大きいほど、また長く持続するほど好ましい。

バフェットは「投資のポイントは企業の比較優位性を判定することです。その優位性をどれだけ維持できるかが特に重要です。深くまた広く長続きする堀に囲まれた製品やサービスは投資家にリターンを生み出します。私が重視するのは、事業を取り囲む堀がどれだけ大きいかという点です。大きな城を大きな堀が取り囲み、その堀にピラニアとワニがいれば最高です」と説明する。

逆に、ダメな企業の製品は、競争相手の製品と区別がつかない。汎用品である。莫大な広告費を注ぎ込んでも製品の差別化ができない。一般的に汎用品事業は利益率が低い。利益を阻害する主要因になる。

他社の製品と区別できなければ、価格で勝負するしかないため、当然利益率が下がる。汎用品事業を成功させるには、低コスト生産を実現するしかない。それ以外で利益を出せるのは、需給がタイトな状況だけだが、その到来を予測するのは非常に難しい。

バフェットによれば、「汎用品事業の長期的な利益を決めるのは、需給がタイトな期間と需給が緩い期間との比率」だと言う。ただし、この比率は著しく低い。バフェットの結論は「自分が理解できる分野で強みを持ち、それが長く続くと確信できる企業が好ましい」ということである。バフェット特有の締めの一言はこうだ。「優れた企業とは、25年から30年にわたって優れた状態でいる企業のことです」

経営に関する原則

新規の投資や買収を検討する際、バフェットは経営者の質を徹底的に見る。バークシャー・ハザウェイが購入する企業を経営・管理するのは、誠実で能力のある経営者で、バフェットが信頼できる人物でなければならないと語る。

バフェットはこうも言っている。「すごいと思えない経営者には仲間に加わってほしくありません。事業の見通しがどんなに素晴らしくても同じです。ダメな人間と組めば、どんなによい案件もうまくいくことはありません」

素晴らしいと認めた経営者に対して、バフェットは称賛の言葉を惜しまない。バークシャーのアニュアルレポートにある会長からの手紙には、毎年バフェットからバークシャー傘下の企業の経営者に温かい言葉が贈られている。彼が所有する企業の経営について彼は徹底しているのだ。

バフェットが経営者について検討する際、次の三点を重視している。

- ・経営者は合理的か
- ・株主に率直に話せる経営者か
- ・同調圧力に屈しない経営者か

経営者に贈るバフェットの最大の賛辞は、その経営者が企業のオーナーのように堅実に考え行動したという言葉である。オーナーの立場で行動する経営者は、株主にとっての価値という企業の最終目的を念頭に置いていて、それを遂行するために合理的な意思決定を行おうとする。また、株主に誠実に報告する責任を果たし、「同調圧力」という横並び意識に盲従しない経営者をバフェットは高く評価する。

経営者は合理的か

経営者の最も重要な意思決定は資本の配分である。結局は、それが株主にとっての企業の価値を決めるからだ。利益を事業に再投資するか、株主に還元するか。これこそ論理と合理性が試される問題だとバフェットは考える。

キャロル・ルーミスはフォーチュン誌にこう書いた。「合理性こそバークシャーのスタイルであり、ほかの企業に欠けている資質だとバフェットは考えている」

利益をどこに配分するかという問題は、企業がライフサイクルのどこに位置するかと深く関わっている。企業の一生の間に、成長率、売上高、利益、キャッシュフロー、自己資本利益率などは大きく変化する。立ち上がりの時期には、製品開発や市場獲得のために資金は流出する。

次の急成長期には、収益性は上がるが、成長が速いため利益はすべて留保する必要がある。最後の衰退期には、売上高も利益も減少するが、必要以上の資金の流入は続く。企業のライフサイクルにおける後半の余剰資金をどう配分するかが大きな課題となる。

事業の利益率が資本コストよりも高ければ、企業は利益をすべて内部に留保して事業に再投資すべきだ。論理的にそれが唯一の方法である。逆に、事業の利益率が資本コストよりも低い場合には、内部留保に振り向けるのはまったく合理的ではないのだが、これは世の中でしばしば目にすることである。

事業の投資リターンは平均以下であるが、余剰資金が生まれている場合は、方法が三つある。①課題に目をつぶり、収益性の低い事業に再投資を続けるか、②成長している事業を買うか、③株主に還元するかである。

バフェットは特にこの場面で経営者が行う意思決定に注目する。これこそ、経営者が合理的に振る舞うか不合理な決定をするかの分かれ道なのだ。

収益性の低い事業に再投資する経営者は、その状況が一時的なものに過ぎないと考えている場合が多い。経営者の手腕で収益性を回復可能だと信じ切っている。そして、株主は経営者が示す将来の回復した姿を信じてしまう。この状態を放置していると、資金は十分に活かされず、株価は次第に下落する。

収益性は低いが余剰資金がある企業で、株価が低いとなると、企業は乗っ取り屋の絶好の餌食となる。もはや経営陣の命は燃え尽きようとしているのだ。自分の身を守るために、ほかの企業を買収して成長を買う道を選ぶ経営者は多い。

買収を発表すれば、株主は喜び、乗っ取り屋は引き下がる。しかし、バフェットは成長するために買収をしなければならない企業に懐疑的である。買収が実は高すぎる投資になりがちだからだ。また、新旧の事業を統合して新たなビジネスモデルを構築する必要があり、そのとき株主にとって高くつく失敗をする可能性が大きいのがもう一つの理由だ。

バフェットにとって、平均以上の利益率を上げる企業に余剰資金を投資できないなら、株主に還元するのが合理的、かつ責任ある行動だ。これには二つの方法がある。配当を行うか、株式を買い戻すかである。

配当を受け取った株主は、その現金を別のより利益率の高い対象に投資できる。これは一見よさそうに思えるので、配当を上げる企業は業績がよいと考える人が多い。しかし、バフェットはこう考える。配当を上げるのが正しいのは、企業が内部に留保して事業に使うよりも株主が配当をほかで投資したほうが高い収益を得られる場合に限られる。

配当の本当の意味が理解されていないと、自社株買いの意味はさらにわかりにくいだろう。株主に対する効果は間接的でわかりにくく、即効性もないからだ。

企業が自社の株式を買い戻す場合のメリットは二つあるとバフェットは考える。本質的価値よりも株価が低いと、買い戻しは合理的な意味を持つ。株価が50ドル、本質的価値が100ドルだとしよう。企業が株式を買い戻すと、1ドルで2ドルの本質的価値に相当する株式を買い戻せる。自社株買いに応じないでそのまま持ち続ける株主にとってたいへんよい取引である。

しかも、市場で活発に買い戻しを行うことは、経営者が闇雲に規模拡大に走っているのではなく株主の利益を第一に考えているという姿勢を広く知らせることになる。

このような姿勢は、株主の利益を考えている企業、経営のしっかりした企業を探している投資家を惹きつける。こうして買い戻しによって、株主は二つのメリットを受ける。市場での買い戻しで自分の投資の価値を上げ、さらに他の投資家を惹きつけて株価によい効果をもたらすのである。

株主に率直に話せる経営者か

バフェットが高く評価するのは、企業の財務状況をもれなく報告し、成功だけでなく失敗も明らかにする経営者だ。彼らは株主に対して常に誠実な経営者である。特に、企業の実績をＧＡＡＰ（一般に公正妥当と認められた会計原則）の陰に隠れることなく報告できる経営者を高く評価する。バフェットは次のように述べている。

「報告する必要があるのはデータです。ＧＡＡＰであれ、それ以外であれ、財務がわかる人間は次の三つのことを知りたいのです。①その企業にはおおよそどれくらいの価値があるのか、②将来、借入金をきちんと返済できるか、③経営者は与えられた資源でうまく経営できているかです」

バフェットは、失敗したときに、それをオープンに話せる経営者を高く評価する。長い間には、どの企業でも大小何らかの過ちを犯す。しかし、正直に話さず、よいことだけを報告する経営者が多すぎるとバフェットは思っている。そのときの自分自身の利益は考えても、関係者の長期的な利益など考えていないのだ。

バフェットは、ほとんどのアニュアルレポートはまがい物だと言い切る。だからこそ、彼自身はバークシャー・ハザウェイのアニュアルレポートの中で、企業と経営者の実績について、よいことも悪いことも実にオープンに報告している。バークシャーが直面した繊維と保険の事業が困難な状況もそれを認めていたし、それらに関する自分の経営の失敗も報告した。

１９８９年のアニュアルレポートでは、自分の犯した過ちをリストアップまでしている。「最初の25年間に犯した失敗（集約版）」である。２年後には「本日の失敗」とタイトルを変えた。バフェットは失敗したことだけでなく、うまく行動しなかったために逃したチャンスについても、「行動しなかったことによる失敗」と題したセクションで明らかにしている。

バフェットの持ち株比率が非常に高くて、失敗を明かしてもクビになる心配がないからこそできるのだと批判する人もいる。確かにそのとおりだ。しかしバフェットは、率直に話すことを通じて、管理報告の新しいアプローチを生み出しているのだ。

率直になることは、株主だけでなく、経営者自身にとってもメリットがあるとバフェットは確信している。「公の場で人を欺くＣＥＯは、いつの間にか自分自身を欺くことになりかねない」とバフェットは指摘する。人の成功だけでなく失敗からその人を評価することを教えてくれたのはチャーリー・マンガーだとバフェットは語る。

同調圧力に屈しない経営者か

失敗を表に出すことで、経営者は失敗から多くを学び、自分自身への信頼も得られるというのに、アニュアルレポートの多くは成功ばかり謳い上げるのはなぜだろうか。資本配分はシンプルで論理的なものなのに、実際の資本配分がひどいのはなぜだろうか。

その理由は、バフェットが「同調圧力」と呼ぶ見えない力が働くからだ。他人の行動がどんなに馬鹿げていて合理的でなくても、それを真似してしまうレミング（タビネズミ）のような習性である。

それはバフェットがビジネスキャリアを積む中で最も驚いた発見だった。大学では、経験を積んだ経営者は誠実で賢く、当然合理的な意思決定を行うものと教えられた。ところが、実際のビジネスの現場では、「同調圧力が表に出てきて、合理性が後ろに下がることが多い」ことがわかった。

同調圧力は、次のような深刻な事態の原因になっているという。

「①組織が従来の路線を変えることに抵抗する、②空き時間があると必要のない仕事で埋めるのと同様に、余剰資金を使うためにプロジェクトや買収計画を作り出す、③どんなに馬鹿げていても、リーダーのお気に入りの事業は、部下が利益率や戦略を細かく分析してサポートする、④事業拡大、企業買収、役員報酬決定など、同業他社の行動を何でも無批判に模倣する」といった状況だ。

バフェットは早くからこれに気づいていた。バークシャーが１９６７年に買収したナショナル・インデムニティ保険の経営者のジャック・リングワルトは頑固者らしい行動をした。多くの保険会社が利益の小さな保険や損失が出るとわかっている保険を販売していたとき、彼は新規の保険の販売をやめてしまった。

バフェットは彼の判断の正しさを見抜き、それを支持した。今でもバークシャーの保険各社はこの方針を堅持している。みんながやっているというだけでそれが正しいとは限らないのだ。

多くの企業が従ってしまう同調圧力はどこから生まれるのだろうか。それは人間の本性である。同業他社が利益を出しているのに、自分だけが損失を発表して無能だと思われたくないのだ。たとえ全員がレミングのように海に向かっていこうとしているのがわかっていても。

従来と異なる意思決定や方向転換は決して容易ではない。しかし、強力なコミュニケーション能力を駆使して、経営者は短期的な利益をあきらめてでも、長期的によい方向へ転換することを株主に納得させなければならない。

同調圧力に抵抗できないのは、企業のオーナーよりも経営者が根本的な変化を受け容れられないときに多く見られる。このことにバフェットは気づいた。また、経営者が大きな変換の必要性を理解しても、計画の遂行は難しくてできないことが多い。現状の問題を直視することを避け、企業買収などの誘惑に負けてしまうのだ。

なぜそうなってしまうのか。経営者の行動に最も大きな影響を与える三つの要件をバフェットは見つけた。

①多くの経営者は何か行動したいという願いを抑えられない。その欲求のはけ口を企業買収に見出すことが多い

②多くの経営者は自社の売上高、利益、役員報酬を同業他社や他業界と常に比較している。比較していると、何かやりたくなるものだ

③多くの経営者は自分の能力を過信している

もう一つの問題は、資本配分の能力が乏しいことである。ＣＥＯに昇りつめた人は、総

務、開発、営業、製造など、どこかの分野で優れた能力を発揮してきた。資本配分の経験が乏しいと、スタッフやコンサルタント、投資銀行などに相談してしまう。

そこで意思決定に同調圧力が入り込んでくるのだ。CEOが企業を買収しようと考え、それを正当化するには15%の投資リターンが必要だと言う場合、部下は直ちに15・1%の投資リターンが期待できるという報告を上げてくるのがおもしろいとバフェットは指摘する。

同調圧力が問題であることを示す最後のポイントは、愚かな模倣だ。例えば、D社のCEOはこう考える。「A、B、Cの三社が同じことをしているのなら、私たちも同じようにするのが正しいに違いない」

これらの企業は必ず失敗する。その理由は、金勘定や愚かさではない。同調圧力が作用して、愚かな行動を抑えられなかったからである。ノートルダム大学の学生への講義でバフェットは投資銀行37社のリストを見せて、環境はよかったのに、このすべてが破綻したと説明した。

ニューヨーク証券取引所の取引量は15倍に膨らんだこと、どの企業の経営者もIQが高く働き者で、成功したいと強く望んでいたことを話し、それでも失敗したのだと述べた。部屋を見渡してバフェットは厳しい口調で言った。「考えてみてください。どうしてこんな結果になったのか。無批判に同業者の真似をしたからです」

経営者を評価する

合理的か、誠実か、自分の頭で考えているかなどの観点から、経営者を評価することが財務実績の評価より難しいことを認めたのは、バフェットが最初だろう。やはり、人間は数字よりも複雑なのだ。

多くのアナリストは、人間の行動を測るのは曖昧で正確性を欠くため、エクセルで計算するようには経営者を評価できず、それは無駄な作業だと信じている。小数点を使わなければ何も測れないと言っているようなものだ。一方、経営者の評価は、売上高、利益率、自己資本利益率などの業績数値にすべて反映されているので、さらに経営者を評価することは二重にカウントすることになると考える人もいる。

どちらの意見もそれなりの説得力はあるが、私にはどちらもバフェットの考えを上回るとは思えない。経営者を評価する理由は、その後の財務の実績を早く察知する警告を発してくれるからである。財務データは既に発生した結果である。経営者を評価すれば、これから起こるかもしれないことに気づかせてくれる。

経営陣の行動をつぶさに観察していれば、企業の財務諸表や新聞の株式欄で知るよりはるかに早く、経営者の価値を評価する手がかりを得られる。少々作業が必要なので、怠け者にはやる気が出ないだろう。だから、怠け者は損をし、あなたは得をすることになる。必要な情報を集める手がかりはバフェットが教えてくれる。2、3年前のアニュアルレポートにさかのぼり、特に将来の戦略に関する経営者の説明を読み、その計画とその後の実績を比較するのだ。計画はどれだけ実現されたか。

また、2、3年前と現在の戦略を比較してみる。考え方はどのように変化したか。その企業のアニュアルレポートを同業他社と比較することもバフェットは勧めている。完璧な同業といえる企業はないかもしれないが、ある程度類似した企業との比較でも得られるものは多い。

ただし、経営者の質がよいだけで、バフェットが興味を持つわけではない。経営者がいかに印象的でも、バフェットは投資をしない。賢くて有能な経営者にも救えない難局があることを知っているからだ。

バフェットはアメリカの実業界で最も優れた経営者とともに仕事をしてきた幸運な人間だ。キャピタル・シティーズ／ＡＢＣのトム・マーフィーとダン・バーグ、コカ・コーラのロベルト・ゴイズエタとドナルド・キーオなどである。

しかし、「これらの優れた経営者に、馬車の鞭を作る会社で働いてもらっても、大した違いは出せないでしょう。優秀な経営者に、本質的に不振な企業を経営してもらっても、企業の質の悪さが勝ってしまうものです」とバフェットは言う。

もちろん、企業を活躍させることのできる有能な経営者が率いる素晴らしい企業を所有していれば最強の組み合わせである。

財務に関する原則

バフェットが経営者の質と業績を評価するときに使う財務に関する原則は、いかにもバフェットらしい基準に基づいている。一つは、彼が1年ごとの業績をあまり気にしない点である。

彼が注目するのは5年平均だ。高い収益性も、太陽の周りを回る地球の動きといつも同じであるとは限らないとバフェットは言う。また、手品を使ったように飾られた期末の数字が素晴らしく見えるけれどそこに何も価値はないという会計上のカラクリも容赦しない。その代わりに、次の四つの原則を掲げている。

①一株当たり利益ではなく、自己資本利益率に注目する
②本当の価値を示す「オーナー利益」を計算する
③利益率の高い企業を探す
④利益を1ドル留保したら、企業の市場価値も1ドル以上上がるように心がける

自己資本利益率

アナリストは、企業の年間業績を一株当たり利益（ＥＰＳ）で判定するのが一般的だ。前年より増えているか。予想を上回っているか。自慢できるほど高い水準か。

バフェットは一株当たり利益を、煙幕で実態をごまかすものだと考えている。多くの企業は、資本増強のために前期の利益の一部を内部で留保する。したがって、ＥＰＳを見て喜ぶ意味はない。

ＥＰＳが10％上昇しても、同時に自己資本も10％増加していたら、実質は何も変わらない。銀行口座に預金をして、わずかな金利を稼ぐのと同じだ。だから配当が低い場合、時計が止まっていても時が進んでいるように見えるのだ。単に利益が資本に流れ込んでいるだけだ。

企業の業績を判断するには、自己資本利益率（ただし、過度の借入金や会計上のごまかしを外したうえで）を見るのがよいとバフェットは言う。経営者や証券アナリストが一株当たり利益とその毎年の推移を重視することをやめれば、株主も一般の人々も、多くの企業の実態を理解しやすいと思う。

この比率を使うには、若干の調整が必要である。まず、有価証券は市場価格ではなく、原価で評価する。市場価格だと、株式市場全体の価値が個別企業の自己資本利益率に影響を与えてしまうからだ。例えば、１年で株式市場が急上昇した場合、企業が素晴らしい業績を上げても、大きく上昇した市場と比較すれば、その業績は見えなくなる。逆に、市場の株価が下落すれば、ありきたりの業績でも、実態よりずっとよく見えてしまう。

次に、通常発生しない項目を考慮して利益を見る必要がある。バフェットは資産売却損益や特別損益を除いた営業損益で考える。事業そのものの実績を切り出して見たいからである。与えられた資本を使って、経営者が事業でどれだけの利益を生み出せたかを知りたいのだ。それこそが経営者の実績を判断する最良の指標だという。

さらにバフェットは借入金に頼らずに高い自己資本利益率を達成すべきだと考えている。負債比率を高めれば、自己資本利益率を上げることができるのは周知のとおりだが、それではバフェットは喜ばない。

「事業や投資の判断が正しければ、借入金の助けを借りなくても、十分満足できる成果を上げることができます」と語っている。しかも、借入金が多い企業は、景気が悪化する局面で不安定になる。たとえ収益性が低くなっても、借入金の増加によるリスクでバークシャーの株主の利益を損なうよりはマシだと考えている。

借入金の適正レベルについて、バフェットは何も言っていない。これはもっともなことである。企業によってキャッシュフローなどの状況はさまざまなので、管理できる借入金の水準も違ってくる。ただしバフェットは、優良な企業は借入金なしで十分な自己資本利益率を上げることができるはずだとだけ言っている。借入金に頼って高い自己資本利益率を上げている企業は疑ってかかるべきである。

「オーナー利益」

「まず理解すべき点は、利益の生まれ方はどれも同じではないということです」。利益に対して資産規模が大きな企業の利益は、作り物である傾向がある。資産が大きい企業は、インフレによって実は負担を負わされることになるので、そのような企業の利益は蜃気楼のように実体がない。会計上の利益は企業の予想キャッシュフローを計算するアナリストの役に立つに過ぎない。

しかし、そのキャッシュフローも価値を測る道具として完璧ではないし、投資家の誤解を招くこともあるとバフェットは警告する。キャッシュフロー分析が役立つのは、初期投資が大きく、その後の追加支出が少ない企業の場合だ。不動産、ガス田の開発、電話などの事業である。一方、継続的に設備投資が必要な製造業では、キャッシュフローだけを見ても正しい価値を把握できない。

キャッシュフローは、税引後の純利益に減価償却費とその他の現金支出を伴わない費用を加えたものと定義される。この定義の問題は、設備投資という重要な項目が落ちているところだとバフェットは言う。現在の業界内の位置や生産量を維持するために、今年の利益のうちどれだけを機械設備の更新や工場の改善などに使わなければならないかという点である。

バフェットによれば、アメリカの企業のほぼすべてが、減価償却費と同じ程度の設備投資をする必要があるという。1年程度は先に延ばせるだろうが、必要な設備投資を行わなければ、長期の間に企業は必ず衰退する。設備投資は人件費や水道光熱費と同様に必要なのだ。

レバレッジド・バイアウト（LBO）が隆盛になって、キャッシュフローが脚光を浴びた。キャッシュフローによって企業買収で支払われる途方もない金額が正当化されたからである。キャッシュフローの数字は「企業買収の仲介屋が、とても正当化できない買収金額を正当化するために、つまり売れるはずのないものを売るために使われた」とバフェットは考えている。

ジャンクボンドの元利払いや不当に高い株式買収の支払いに対し、利益が不十分なとき、キャッシュフローを中心に置くことが非常に便利だったのだ。しかし、必要な設備投資を差し引かずにキャッシュフローだけを見るわけにはいかないとバフェットは言う。

バフェットは、キャッシュフローよりも「オーナー利益」という考え方を好んで使う。「オーナー利益」とは、純利益と減価償却費から設備投資と予想される追加運転資金を差し引いたものだ。

ただし、「オーナー利益」はアナリストが欲しがるような正確な数字ではないとバフェットは認めている。将来の設備投資額は推定するしかない。それでもバフェットは、発表されたGAAPに基づく収益を、現金支出を伴わない費用と設備投資推定額で修正するほうが、純利益だけに頼るよりはるかにマシであると言う。

高い営業利益率

フィリップ・フィッシャーと同様にバフェットも、売り上げを利益に結びつける能力が経営者になければ、優良企業への投資も惨憺たる結果に終わることを理解している。利益を上げることに難しい秘密はない。コスト管理がすべてだ。バフェットの経験上、高いコストに慣れた経営者はコストを増やす方法を考え、低コストで事業を行う経営者は常にコストを削減する方法を見つけてくるものだ。

バフェットはコスト上昇を放置する経営者を許さない。そのような経営者がコスト削減のためのリストラを計画し、売り上げに見合ったコストにしようとすることがしばしば起こる。企業がコスト削減計画を発表するたびに、バフェットはその経営者が株主にどんな負担を与えるか理解していないことを知るのだ。バフェットは言う。

「本当に優れた経営者は、朝目を覚まして、今日こそはコストを削減するぞと思ったりはしません。それはまるで、目を覚まして、今日こそ息をするぞと言うようなものです」

バフェットは、飽くなきコスト削減に取り組む優れた経営者の例としてキャピタル・シティーズ／ABCのトム・マーフィーとダン・バーグを挙げる。彼らは「必要以上の人員を抱えることを非常に嫌い、過去最高の利益のときも、コスト削減のプレッシャーが強いときも、常に同じくらい精力的にコスト削減に取り組んできました」。

バフェット自身もコストや不必要な出費については厳格である。企業の運営に適正な人員数を理解していて、売上高１ドル当たりで、適正な費用のレベルが頭に入っている。バフェットはバークシャー・ハザウェイの利益率についてたいへん厳しい。

バークシャー・ハザウェイはユニークな企業だ。法務、広報、IRなどの部署を持たない。MBA取得者が集まってM&A戦略を練る戦略企画部もない。一般管理費は営業利益の1%未満である。バークシャーほどの規模の企業なら普通は10倍の費用をかけている。

1ドル利益のルール

株式市場は、大まかに言えば、企業の価値を反映していると言える。ある企業がどれだけの価値を持っているのか。長期的に良好な展望が見込まれる企業があり、株主のことを考える経営者が運営していれば、市場における企業の価値は上昇していくとバフェットは確信している。

留保利益についても同じだという。留保利益を長期間無駄に使う（つまり、資本コストよりも低いリターンしか生み出さない）と、市場は正しく株価を低く評価するようになる。逆に、与えられた資本で平均以上の利益を達成した企業は、株価が上昇する形で市場が評価する。

長期的に見れば、株式市場が価値を正当に反映しているのは確かだが、ある1年だけを見ると、長期的な本質的価値以外の理由で株価が大きく変動することがある。そこで、バフェットは企業の経済的な価値と経営者の目標達成度を素早く判定する指標を編み出した。それが1ドル利益のルールである。

留保利益1ドルに対して市場における価値が1ドル以上上昇していればよいというルールだ。バフェットは「株式市場において利益を1ドル留保すれば、株価を1ドル以上上昇させることのできる企業を選び出すのが、私たちの仕事です」と語った。

価値に関する原則

ここまで見てきた原則のすべてをたどれば、企業の株式を買うか買わないかというところに到達する。ここで誰もが考えなければならないことが二つある。この企業に十分な価値があるか、そして買うタイミングは今なのか、つまり株価は魅力的かということである。

株価は市場で決まる。価値は、アナリストが企業の事業、経営、財務について知り得たすべての情報を評価して決まる。株価と価値は必ずしも一致しない。

株式市場が常に効率的であれば、情報によって価格は瞬時に調整されるが、そうならない、あるいは少なくともそうならないときがあることを私たちは知っている。株価はさまざまな理由で、価値より高かったり低かったりする。理由のすべてが論理的とは限らない。

理論的には投資家の行動は株価と価値の違いで決まる。株価が一株当たりの価値よりも安ければ、合理的な投資家は株式を買う。逆に、株価のほうが高ければ投資家は買うのを見送るだろう。

企業がそのライフサイクルをたどる中で、アナリストは随時株価と対比しながら企業の価値を再評価し、それに応じて株式を売ったり持ち続けたりする。最終的に、合理的な投資には次の二つの原則がある。

①事業の価値はどれくらいか

②その事業を価値よりもはるかに安い金額で購入することは可能か

価値の計算方法

シーズ・キャンディーズを買ってから20年を経た1992年のバークシャー・ハザウェイのアニュアルレポートで、バフェットは初めて、バリュー投資について彼が考え方を見直したことをはっきりと記した。

「バリュー投資という言葉自体がうまく意味を伝えていません。お金を投じるだけの価値（バリュー）を求めないとしたら、その行為を投資と呼べるのでしょうか。計算したバリューよりも高い資金を意図的に投じて株式を買い、さらに高い価格で売れることを期待するのは投機と呼ぶべきでしょう（これは違法でも不道徳でもなく、私たちの考えでは資産を太らせるものでもありません）」

次に彼は、長く続いてきたバリュー投資とグロース投資の議論に入っていく。「人はどうやって何が魅力的かを決めるのでしょうか」とバフェットは問いかける。

「ほとんどのアナリストは、バリューかグロースかという通常まったく対極にあるものだと考えられている二つの手法のどちらかを選ばなくてはならないと感じています。投資のプロたちは両者を混合することは行ってはならないと考えています。そして、私たちは混合するのは曖昧な考え方だと思っています（私も少し前まではそう考えていたとお伝えしなくてはなりません）」と続けた。

「ところが、現在私たちは、この二つの手法は一心同体だという意見を持っています。グロース（成長）は常にバリュー（価値）の計算の要素であり、あるときは無視できるほど小さかったり、またあるときは大きな影響を与えたりする変数、しかもその影響はプラスもマイナスもあり得る、そのような存在だと考えているのです」

そしてバフェットはより詳細な議論を展開します。「適切なことかどうかわかりませんが、バリュー投資という言葉は広く使われています。典型的な例としては、PBRやPERが低い、あるいは配当利回りが高いなどの特徴を持つ株式の購入を指します。残念ながら、それらの特徴を組み合わせてみると、投資家が投資に見合う価値を持つ投資を行っているか、したがって投資において正当な価値を手に入れるという原則に沿った行動と本当に言えるかを決定する要素だとは到底考えられないのです」

彼の指摘は深い意味を持っている。しかし、バフェットがその次に書いたことは、バリュー投資を行う者たちを根底からひっくり返すような大騒ぎを引き起こすものだった。「したがって、まったく逆の特徴、つまりPBRやPERが高いこと、配当利回りが低いことは、バリュー投資の手法に沿わないともいえないのです」

結論として、バフェットはジョン・バー・ウィリアムズをバークシャー・ハザウェイの株主に紹介した。ウィリアムズは1938年に『投資価値理論』を著した。グレアムとドッドが『証券分析』を書いた4年後である。

バフェットが今受け容れているウィリアムズのバリュー投資の定義は、「株式、債券、事業などあらゆるものの価値は、資産の存続する期間に発生すると考えられるキャッシュフローの入り払いを適切な割引率で割り引いて決定するものだ」ということである。ある株式の株価が価値より高いか低いかはPBRやPERで決まるものではないとバフェットは説明する。

ウィリアムズが提唱した将来のフリーキャッシュフローを割り引いた現在価値は、配当割引モデル、あるいは割引現在価値モデルと呼ばれている。計算方法は債券の価値の計算とよく似ているとバフェットは言う。債券は利札（クーポン）と満期日の元本支払が将来のキャッシュフローになる。利札を足し上げた合計額を適切な割引率（債券の利回り）で割り戻すと債券の価格が明らかになる。

事業の価値を決定する場合、アナリストはクーポン、つまり将来一定の期間において事業が生み出すオーナー利益を推測し、すべての期間の利益を現在価値に割り戻す。バフェットにとって事業の価値を決定することは比較的やさしい。

もし、キャッシュフロー流入と適切な割引率という変数に正しい数字を入れることができるならば、将来のキャッシュフロー予測をすることは債券におけるクーポンと同じくらい正確にできるとバフェットは考えている。

もし事業がシンプルで理解できるものであれば、また、事業が安定した利益を上げることができれば、バフェットは将来のキャッシュフローを高い確率で決定することができる。もしできない場合、彼は企業を評価しようとはしない。これが彼の手法の特徴だ。

次に考えなくてはならないのは、適切な割引率とは何かである。答えを簡単に言えば、資本コストである。それでは、ある企業の資本コストはどうやって求めるのか。借入金のコストの計算は明確だ。現在の借入金残高に対する利率の加重平均である。しかし、資本のコストを求めるには、さらに考える必要がある。

学者たちは、キャッシュフローを割り引くモデルで使う適切な割引率はリスクフリーの利率（つまり、10年物米国国債の利率）に、その企業の将来におけるキャッシュフローについての不確実性を反映させたリスク・プレミアムを乗せたレートだという。

しかし、後でさらに考察するが、バフェットはこの自己資本に関するリスク・プレミアムを採用しない。なぜならそれはキャピタル・アセット・プライシング・モデル（CAPM）における「作り物」であり、それは株価のボラティリティ（変動率）をリスクの判定基準として計算されたものだからだ。一言でいえば、株価のボラティリティが高いほど資本コストにおけるリスク・プレミアムは高くなるというのだ。

バフェットから見れば、価格のボラティリティをリスクの指標と考えること自体がまったくのナンセンスである。安定して予測可能な利益を出す企業に対象を絞り込めば、事業のリスクはゼロにすることはできなくても、下げられる。

「確実なものに重点を置くのです。そうすれば、CAPMでいうリスク・ファクターはまったく何の意味も持ちません。リスクは自分が何をやっているかがわかっていないことによって生まれるのです」とバフェットは言う。企業の将来のキャッシュフローが予測できれば、債券における利札と同じような確実性を持つとバフェットは考えているのだ。

１９９４年に『株で富を築くバフェットの法則』が出版されたとき、バフェットは株式の割引にはリスクフリーレートである10年物米国国債を使うと説明していた。１９９０年代の10年間、10年物国債の平均利回りは８・55％だった。

私たちは、バフェットがリスクフリーレートを使い、事業のリスク度に応じて購入価格、つまりは安全マージンを調整していたと書いた。しかし、最近10年間の10年物米国国債の利率は５％を下回っていて、バフェットもこの状況では別の割引率を考えることが必要になった。

バフェットとマンガーには解決策があるようだ。バフェットは「私たちは手持ちの資金で最も賢明なことをしたいと考えています」と語る。マンガーは「すべてのことを選択肢に照らし合わせて判断しています。重要なのは、何を選択肢とするかです」と言う。

マンガーは代替案について語ることで、機会費用の問題だと捉えている。株式市場に投資する人は、少なくとも１９００年以降の株式の平均収益率である10％以上の収益を期待している。したがって、株式市場に資金を「貸す」投資家の資本コストは10％といえる。

逆に、株式市場に投資しないと決めた人は、年率10％のリターンを見送ったことになる。つまり、「すべての資本には機会費用がある」のだ。これらの議論をまとめると、リスクフリーの利回りが10％を下回っている状況においては、株式の本質的価値を計算する際には10％を割引率として使うのが適切であると私は考えている。

事業の本質的価値は、事業の将来のキャッシュフローを現在価値に割り戻して算出する経済計算の結果だとバフェットは説明する。本質的価値を計算する人は必然的に、将来のキャッシュフローの見積もりが修正されたり、金利が変動したりすることで変化する非常に主観的な数値を算出することになる。

しかし、その曖昧さにもかかわらず、本質的価値は非常に重要であり、投資や事業の相対的な魅力を評価する唯一の論理的な方法なのだ。

本質的価値を捉えどころのない概念として認識しているのは、バフェットだけではない。ベン・グレアムは、現在価値に割り引くモデルを適用していなかったが、本質的価値は正確な見積もりではないと警告していた。

『証券分析』は、証券の本質的価値を正確に決定するものではなく、その価値が債券を保護するのに、あるいは株式の購入を正当化するのに十分であるかのいずれかを立証するために必要なだけである。このような目的には、本質的価値の不明確で近似的な尺度で十分である。

セス・クラーマンも同じように考えている。彼の著書『安全マージン』の中で「多くの投資家は曖昧な世界にあって正確さを求め、投資の正確な価値を確定したいと言うが、事業の価値は正確には決められない」と書いた。バフェットもグレアムとクラーマンと同様に、「本質的価値とは、正確な数値ではなく推定値だ」と述べている。

目標価格や一点推定にこだわるウォール街の中で、バフェットが本質的価値の計算が正確さを欠いていることを認めたことは異常なことに聞こえるが、実は極めて論理的なことである。バフェットは確実なものを安く買いたがるが、実際には事業のリターンは変動する。そのため、ビジネスアナリストは、さまざまなシナリオが起こり得ることを十分に理解したうえで、可能性のレンジを考えなければならない。

では、バフェットはどのようにしてさまざまな結果を考察するのだろうか。「利益の確率と考えられる利益の大きさとを掛け合わせたものから、損失の確率と考えられる損失の大きさとを掛け合わせたものを差し引きます。不完全ですが、そういうものなのです」

このように、期待される本質的価値とは、起こり得る結果の分布の加重平均値である。

ウォーレン・バフェットは、ジョン・メイナード・ケインズの言葉を引いて、「正確に間違うよりも、おおよそ正しいほうがいい」とよく言っている。

魅力的な価格で買う

わかりやすい事業を行い、利益が安定していて、経営者が株主を重視する企業を選ぶだけでは、投資が成功するとは限らないとバフェットは指摘する。有利な価格で買い、企業が期待どおりの業績を上げることが必要になる。

過ちを犯すとすれば、①価格が高すぎたか、②経営者を見誤ったか、③事業の将来性を読めなかったかのどれかだ。最も間違いやすいのは、将来性だとバフェットは書いている。

バフェットが目指しているのは、平均以上のリターンを上げる企業を見つけるだけでなく、その企業を価値よりも安い価格で買うことである。価格と価値の間に安全マージンといえるだけの十分な差があるときに買うことが重要だというのは、グレアムの根本的な教えである。

安全なマージンは、バフェットにとって二つの意味を持つ。まず、価格の下落に対する備えになる。価値が価格よりも少し高いだけなら、バフェットは購入しない。企業の価値が少しでも下がれば、遠からず株価も下がり、購入価格を下回る可能性があるからだ。価値と価格のマージンが十分に大きければ、本質的価値が下がってもリスクは小さい。

安全なマージンは非常に高い投資リターンを生むことがある。平均以上のリターンを生む企業を見つければ、それに従って、株価も長期的に安定して上がっていく。自己資本利益率が15％の企業の株価は、利益率が10％の企業よりも高くなっていく。

さらに、価値に対して大幅な割引価格で購入できたなら、市場の価格が価値に従って上がることで、大きなボーナスを得ることができる。バフェットはこう語る。

「株式市場は神と同じで、自ら助くるものを助く。しかし神と違って、自分が何をしているのかわかっていないものを許してはくれない」

賢明な投資家

ウォーレン・バフェットの原則の中で最も際立った特徴は、株式を所有することは、一枚の紙切れではなく、事業を所有することだと明確に理解している点である。企業の将来性や経営者、事業の収益性を理解しないで株式を買うことは、良心に反するとバフェットは言う。

投資家は企業のオーナーとして行動することもできるし、ゲームの参加者として証券の売買をするなど、企業の本質的価値と無関係に関与することもできる。

単に紙切れを所有していると考える株主は、企業の財務諸表とは無縁の存在だ。財務諸表などより、市場で刻々と変化する株価が株式の価値を正確に反映していると考えているようだ。彼らはトランプで遊ぶように株式を売買する。バフェットの目には実に愚かなことに映る。バフェットにとって、企業の所有と一株の株式の所有とには何の違いもない。バフェットが1956年にバフェット・パートナーシップを始めたとき、株式を買い、そののちに企業を丸ごと買収した。1969年にバークシャー・ハザウェイの経営権を完全に掌握したとき、企業を完全に買収することから始めたが、すぐに一部株式の保有もするようになった。

彼の頭の中では、企業を丸ごと所有することと一部の株式を所有することはまったく同じことなのだ。何の違いもない。そして、その考え方こそ、ウォーレン・バフェットの投資家としての優位性を形成しているのだ。企業所有もすれば、株式保有もするという経験がウォーレン・バフェットの目覚ましい成功にどれだけの力を与えているかを、多くの人々は理解していない。

企業全体を所有する立場にありながら、同時に株式市場での投資も行う投資家の数は限られているだろう。しかし、企業全体を所有していない投資家が、株式投資において、事業のオーナーとして考え、行動することを妨げるものは何もない。

第 4 章

Common Stock Purchases FIVE CASE STUDIES

5つの株式購入から投資原則を学ぶ

事例から原則をじっくり観察する

バフェット・パートナーシップがバークシャー・ハザウェイの経営権を握った１９６５年に、株主資本は半分に下落し、営業損失は１０００万ドルを超えた。バフェットと繊維事業の経営者ケン・チェイスは必死に立て直しを図ったが、結果は思わしくなく、自己資本利益率はなかなか2桁にならなかった。

憂鬱な日々の中で、一つだけ期待が持てる兆しがあった。保有する株式のポートフォリオの運営をバフェットが巧みに行ったことだった。バフェットが引き継いだとき、会社は２９０万ドルの有価証券を保有していたが、最初の1年でバフェットはこれを５４０万ドルに増やした。１９６７年には投資からの利益率は、10倍の資産を必要とする繊維事業全体の利益の3倍を稼ぎ出した。

さらに10年が経過すると、バフェットは現実を直視せざるを得なくなる。もはや繊維事業で自己資本に対して大きな利益を上げることは望めなくなっていた。同社の製品は汎用品で、他社との差別化が難しかった。安い労働力を有する海外の競合先に利益を奪われていったのだ。

また、この事業で生き残るには、改良のために大きな設備投資が必要だったが、インフレが予想される中で見通しは厳しく、もしそれで利益が出なければ命取りとなる。

バフェットは経営状況の厳しさを株主たちに隠さず伝えていた。この事業は地元で最大の雇用者だった。労働者たちは高齢化し、その技術は他の事業に応用できるものではなかった。経営陣はやる気があるし、労働組合も理解がある。そして、バフェット自身は繊維事業でまだ利益を出せると考えていた。

バフェットは、あまり資金を投入せずに繊維事業で利益を上げることへの期待を明確にした。

「大して儲からない事業をやめて、企業全体の利益を少しくらい上げても仕方がないと思っています。一方、どんなに利益を上げている企業でも、将来赤字を出し続けそうな事業に資金を投入するのは間違っています。アダム・スミスは一つ目の考えに納得しないでしょうし、カール・マルクスは二つ目の考えに反対するでしょう。その真ん中あたりがちょうどよいところだと思います」

１９８０年のアニュアルレポートは繊維事業の先行きを暗示するものとなった。それまで繊維事業は会長の手紙において、トップバッターの地位にあったが、この年の手紙ではその地位を失った。さらに翌年の手紙では、繊維事業について一言も触れなかった。そして、１９８５年7月に、バフェットは繊維事業の閉鎖を決め、１００年間続いた事業は終焉を迎えた。

この経験は悪いことばかりではなかった。バフェットは企業の立て直しについて多くを学んだ。うまくいくことは滅多にないということだ。また、繊維事業が好調だった頃に多くの余剰資金を確保し、それによって保険会社を買収していたが、これはとてもよい話であった。

1967年にバークシャー・ハザウェイは、オマハに本社を置く保険会社2社を860万ドルで買収した。ナショナル・インデムニティ社とナショナル・ファイア・アンド・マリン・インシュランス社だ。これがバークシャー・ハザウェイのサクセスストーリーの始まりとなる。繊維事業を行っていたバークシャー・ハザウェイがなくなり、それを包含する投資会社バークシャー・ハザウェイがまさに出発しようとしていた。

バフェットほどの株式選別の熟練者にとって完璧な状況だった。2年間のうちに新たに手に入れた二つの保険会社の株式と債券のポートフォリオを3200万ドルから4200万ドルに増やした。同時に保険事業自体も好調だったため、わずか1年でナショナル・インデムニティの純利益は160万ドルから220万ドルに増加した。

この状況を正しく理解するには、保険会社を所有することの本当の価値を理解しなければならない。保険会社はよい投資になることもあれば、そうでないこともある。しかし、保険会社は投資を行ううえでは素晴らしい道具になるのだ。保険をかけた人は保険料を払うことで継続的にキャッシュフローを流入させる。この資金をフロートと呼ぶ。猶予期間のある資金だ。バフェットの説明を聞こう。

「損害保険が魅力的な理由の一つは、ファイナンスにおける特徴にあります。損保会社は保険料を先に受け取り、請求に対する支払いは後から発生します。今集めて、後で支払うモデルはフロートと呼ばれる巨額の資金を会社に与えてくれます。この資金は後でほかの人に支払われるものですが、支払われるまでの間は保険会社が運用して利益を得られるのです。もし保険料が会社の費用や将来発生する損害に対する支払いを上回れば、引き受け利益が発生し、フロートの運用で生み出された投資利益に上乗せされます。このような利益が生まれると、私たちは無料の資金を利用できるうえ、その資金を保有していることでさらに報酬を得ることができます」

保険会社は毎年損害に対する請求に対応するため、現金と短期国債に投資した資金を別管理している。いつ請求が来るかを正確に知ることはまずできないので、高い流動性を維持するため、ほとんどの場合、資金は市場性の高い有価証券、つまりまず株式と債券に投資することを選ぶ。したがって、ウォーレン・バフェットは健全な保険会社を2社手に入れただけでなく、投資を運用する強力な道具を手にしたのだ。

その後の10年間にバフェットはさらに3社の保険会社を買収し、5社を設立した。その後も彼は手綱を緩めることがなかった。2023年時点でバークシャー・ハザウェイはアレゲーニー・コーポレーション、ジェネラル・リ、GEICOなど保険会社13社を所有している。

長い間にバフェットが株式を購入した実績はバークシャーの伝説になっている。成功も失敗もあったが、驚くには当たらないけれどバフェットの場合、三振よりも多くのヒットを打ち、特大のホームランも含まれていた。

投資の一つひとつにはそれぞれの物語がある。1973年のワシントン・ポストの買収は、1980年のGEICO買収とはまったく異なっている。1985年にキャピタル・シティーズの買収に投じた5億1700万ドルは、それによってトム・マーフィーがアメリカン・ブロードキャスティング・カンパニー(ABC)を買収することを助けたが、コカ・コーラに投じた巨額の投資とは別のストーリーだ。

これら四つの企業への投資に共通しているのは、それぞれが「死が二人を分かつまで」といえる永遠に保有し続ける状態になっていて、バークシャーが丸ごと所有している事業と同じレベルのコミットメントをしている投資になっていることだ。

これらの著名企業の株式保有に加えて、ウォーレン・バフェットの素晴らしい投資として歴史的に語り継がれると思われる、世界最大の時価総額を持つアップル社の５・９％の株式に３６００万ドルを投じた（現在の価値は１億６２００万ドル）事例も検討する。アップル社への投資は、それだけでバークシャー・ハザウェイの時価総額の約20％を構成している。

ウォーレン・バフェットの考え方をしっかり理解したいと願っている人々にとって、これら五つの株式購入のケースはどれもが一つのとても重要な特徴を持っている。これらを通して私たちは、バフェットの事業、経営、財務、そして価値に関する原則をじっくり観察することができるのだ。同時に、それぞれの企業が株式を買うに値する優れた企業特性を持っている。それらの特性を学ぶことにも大きな意味がある。

ワシントン・ポスト

1931年当時、ワシントン・ポストはアメリカの五大紙の一つに数えられ首都の読者を得ようと競っていたが、2年後に印刷する費用を払えなくなり、破産管財人の管理下に置かれた。その夏には、債権者を満足させるために競売にかけられ、大富豪の投資家ユージン・メイヤーが82万5000ドルで買収した。彼はその後20年にわたって同社が黒字になるまで支え続けた。

メイヤーの娘キャサリンと結婚したフィリップ・グレアムはハーバード出身の秀才弁護士で、その後彼が経営を受け継いだ。1954年にフィリップはメイヤーを説得してライバル紙のタイムズ・ヘラルドを買収した。さらに雑誌のニューズウィークとテレビ局2社を買収するが、1963年に悲劇的な自殺を遂げる。ワシントン・ポストを単独紙からメディアとコミュニケーション企業に変身させたのはフィリップの功績である。

フィリップの死後、キャサリンが経営を引き継いだ。企業経営は未経験だったが、すぐに困難な局面で優れた経営能力を発揮した。彼女が成功した理由は、ポスト紙を愛していたからだ。父と夫がポスト紙存続のために奮闘する様子を見ていて、経営に必要なのは管理人ではなく、意思決定を行う人間だと理解していた。「じっとしていてはいけない。意思決定をするのだと思いました」と彼女は言う。

そして、彼女は同紙に大きな影響を与える二つの素晴らしい意思決定を行った。ベン・ブラッドリーを編集主幹として招聘し、ウォーレン・バフェットを取締役に迎えたのだ。ブラッドリーは「ペンタゴン・ペーパー」を発行してウォーターゲート事件を追及することをキャサリンに提案した。ワシントン・ポストはこれによって表彰されるという高い評価を得た。

バフェットはキャサリンに事業を成功させるコツを教えた。バフェットがキャサリンに初めて会ったのは１９７１年のことである。当時バフェットは雑誌ニューヨーカーの株主だった。同誌を売却する話が出たとき、バフェットはワシントン・ポストに買う気があるかとキャサリンに尋ねた。売却は実現しなかったが、ワシントン・ポストの社主はバフェットに強い印象を残した。

ちょうどその頃、ワシントン・ポストは大きな転換期を迎えていた。ユージン・メイヤー夫妻が設定した信託の規定に基づいて、キャサリンとフィリップ・グレアムがポスト社の株主議決権をすべて保有していたが、フィリップの死後はキャサリンが全面的に支配した。

一方、ユージン・メイヤーが経営者だったときに、社員への感謝のしるしとして、議決権のない株式を数百人の従業員にプレゼントしていた。また、利益を従業員に配分するプログラムも設け、そこでも議決権のない株式を渡した。ポスト社は隆盛を続け、1950年代に一株50ドルだった株式は、1971年には1154ドルに上昇していた。

利益配分と従業員株主のために株価を維持する必要があり、利益を生まない資金を注ぎ込まなければならなかった。さらに、グレアム家とメイヤー家には巨額の相続税に対処する必要も生じた。

キャサリンは、1971年にワシントン・ポストの株式を公開する決意を固めた。そうすれば、自社株の株価を維持する負担を免れるし、相続についても有利だった。

ワシントン・ポストは2種類の株式を発行することにした。クラスA株式は取締役の過半数を選出する権利を持ち、クラスB株式は少数の取締役だけを選出できた。キャサリンはクラスA株式の50％を保有し、同社の経営権を確保した。1971年6月に同社はクラスB株式135万4000株を発行した。

驚くべきことだが、キャサリンは政府からの圧力をはねのけ、ブラッドレーが提案した「ペンタゴン・ペーパー」の発行を承認した。1972年の間に、クラスA、B株式はともに1月の24・75ドルから12月には38ドルへと着実に株価を上げた。

しかし、ウォールストリートの雰囲気は暗転し始めていた。1973年初頭にダウ平均が下落を始め、春には１００ポイント以上も下げて９２１ポイントになった。ワシントン・ポストの株価もこれにつられて落ちていき、５月の株価は23ドルになった。当時、ウォールストリートにはＩＢＭについての噂が飛び交っていた。

同社の株価は69ポイント以上下がり、２００日平均線の下に落ちてしまった。これは市場全体についての悪い前兆と見られた。同月に金価格は１オンス１００ドルを切り、連邦銀行が手形割引率（公定歩合）を６％に引き上げた。ダウ平均は18ポイント下げ、３年間で最大の下げ幅を記録した。

６月になると、手形割引率はさらに上がり、ダウ平均も下落して９００ポイントを割り込んだ。この期間に、バフェットはワシントン・ポストの株式を着々と買い進めていた。６月時点で46万７１５０株を平均コスト22・75ドルで購入した。総コストは１０６２万８０００ドルである。

これを知ったキャサリンは、当初は戸惑った。経営を支配されることはなくても、ファミリー以外がそれほど多くの株式を保有することに不安を感じたのだ。バフェットはキャサリンに株式保有の目的は純粋に投資であると伝えた。彼女を安心させるために、バフェットはバークシャーが持つ株式の議決権についてキャサリンの息子ダン・グレアムを代理人とすることを提案した。

ダンは1966年にハーバード大学で英文学と歴史を学び、極めて優秀な成績で卒業していた。彼はハーバード大学の新聞クリムゾンの編集者だった。1971年にダンはワシントン・ポストに地下鉄レポーターとして入社し、のちにニューズウィークの記者として10か月働いた後、1974年にワシントン・ポストに戻り、スポーツ記事の編集助手になっていた。

ダンにバークシャーの保有株式の管理を任せるというバフェットの申し出にキャサリンは納得した。1974年にキャサリンはバフェットを取締役に招くことで、これに応えた。ほどなくしてバフェットに同社の財務委員会の委員長就任を依頼した。

バフェットのワシントン・ポストでの功績はよく知られている。1970年に起きた記者のストライキのときには、キャサリンを支えた。息子のダン・グレアムにはビジネスを教え、経営者の役割とオーナーに対する責任を理解させた。

ダンは熱心にバフェットの教えを受け容れた。ずっとあとになるが、ダンは「株主、特に長期的に保有してくれている株主のために、企業の経営を続けること」を確約した。ダンは、「長期保有する株主は四半期や1年といった期間よりも長い目で見てくれるからです」と語っている。彼は常に「コストを厳しく管理し、キャッシュを有効に活用します」と言う。バフェットのレッスンは確実に効果があったのだ。

原則：シンプルでわかりやすい

かつてバフェットの祖父はネブラスカ州ウェスト・ポイントで「カミング・カウンティ・デモクラット」という週刊新聞のオーナー兼編集長をしていたことがある。祖母がタイプや印刷を手伝った。バフェットの父親はネブラスカ大学在学中に「デイリー・ネブラスカン」紙を編集していた。バフェット自身も「リンカーン・ジャーナル」の流通マネジャーだったことがある。

バフェットが投資の世界に行かなかったら、ジャーナリズムに進んでいただろうと思っていた人もいる。１９６９年に「オマハ・サン」とそのグループ紙を買収したのがバフェットの新聞所有の始まりである。バフェットは良質なジャーナリズムを尊重していたが、最初からずっと新聞を事業として捉えていた。

新聞のオーナーへの報酬は、影響力よりも利益であるべきだと考えていた。「オマハ・サン」のオーナーとして新聞事業を学び、ワシントン・ポストの株式を初めて買ったときには、既に4年間、実際に新聞社オーナーの経験を積んでいたのだ。

原則：安定した事業実績

ウォーレン・バフェットはバークシャーの株主に、最初に「ワシントン・ポスト」に出合ったのは13歳のときだと話している。父が連邦議会議員だった頃、バフェットは「ワシントン・ポスト」と「タイムズ・ヘラルド」の新聞配達をしていた。フィリップ・グレアムが「タイムズ・ヘラルド」を買収するはるか以前に2紙を統合（一緒に配達）していたという話はバフェットのお気に入りである。

バフェットは「ワシントン・ポスト」の豊かな歴史をしっかり認識しているし、「ニューズウィーク」は先を見通せるビジネスだと考えている。ワシントン・ポストは放送の世界でも輝かしい実績を残していて、バフェットもテレビ事業の価値をすぐに理解した。ワシントン・ポストについてのバフェットの個人的な経験と新聞を所有してきた輝かしい実績から、彼は同社が信頼できる実績を残せると確信している。

原則：長期的に明るい見通し

「地域独占的な新聞の収益性は素晴らしく、世界トップクラスです」とバフェットは1984年に書いている。これはインターネットの可能性が新聞とメディア産業に影響を及ぼすことが認識されるより10年も前だったことに留意する必要がある。

１９８０年代初めには、全米に新聞が１７００紙あり、そのうちほぼ１６００紙は競合相手を持たなかった。新聞の社主は、新聞の報道の質が高いから大きな利益を上げていると思いたがっていたとバフェットは書いている。

実際には、三流紙であっても、町に１紙しかなければ、十分な利益を出せる。質の高い新聞のほうが発行部数は大きくなるが、質が低くても、町の掲示板としては不可欠なのである。個人や企業がコミュニティに対して情報を発信したい場合、新聞は不可欠な存在だ。カナダのメディア王トムソン卿と同様にバフェットも、新聞社のオーナーになることは、その地域で広告を出したいと考える企業の信頼を得ることに等しいと考えている。

そのフランチャイズとしての特質に加えて、新聞には貴重な経済的な優位性がある。新聞の価値はその簿価つまり有形固定資産の価値よりも大きいのだ。新聞は設備投資のニーズが大きくないため、売り上げが上がれば利益を出しやすいという強みがある。

コンピュータ制御の新型印刷機を買い、電子機器の整った編集室を作っても、そもそもの固定費が低いので、すぐに回収できる。１９７０年代から１９８０年代には値上げもやりやすかったため、投下資本に対して平均以上のリターンを生み出し、インフレに対抗できていた。

原則：事業価値の判定

1973年時点でワシントン・ポストの株式の時価総額は8000万ドルだったが、「証券アナリストやブローカー、メディアの幹部の大部分は、4億～5億ドルの価値があると考えていたはずだ」というのがバフェットの見立てだった。この金額はどうやって導き出したのだろうか。バフェットの考え方に沿って数字を見てみよう。

まず、1973年のオーナー利益を計算すると、純利益1330万ドル＋減価償却費370万ドル－設備投資660万ドル＝1040万ドルとなる。この金額をアメリカの長期国債の利回り6・81%で割ると、ワシントン・ポストの価値は時価総額のほぼ2倍の1億5000万ドルになる。しかし、これではバフェットの言う金額には程遠い。

バフェットによれば、長期的に見ると新聞社の設備投資は減価償却費と同じレベルになるというので、純利益とオーナー利益とはほぼ等しくなる。この考え方に基づき、シンプルに純利益をリスクゼロの金利で割り引くと、価値は1億9600万ドルとなる。

ここで終わると、オーナー利益の将来の増加率をインフレ率と同じと想定していることになる。しかし、新聞は地域的に独占状態であるため値段を上げやすいという大きな強みがあり、インフレを上回れる力がある。ワシントン・ポストがインフレを勘案して価格を実質３％上げることができると仮定すると、企業の価値は３億５０００万ドルに近づく。

さらに、税引前利益率の過去の平均が15％なのに対し、この年は10％だが、キャサリンの経営によって以前の利益率に戻ることが十分に期待できた。税引前利益が15％に上昇すれば、企業の現在価値は１億３５００万ドル上昇し、４億８５００万ドルと計算されるのである。

原則：魅力的な価格で買う

最も堅く考えても、バフェットは本質的価値の半値でワシントン・ポストを買えたようだ。バフェット自身は４分の１以下で買えたという意見を変えない。いずれにしても、当時の市場価値よりもはるかに割安で購入したことは確かである。割安に購入することで安全なマージンを生み出すというグレアムの条件を満たしている案件だった。

原則：自己資本利益率

バフェットがワシントン・ポスト株を購入した当時の自己資本利益率は15・７％だった。新聞社の利益率はどこも同じくらいで、S&P５００インデックスより若干よい程度だった。しかし、５年後にワシントン・ポストの利益率は２倍になった。これはS&P５００

の2倍、平均的な新聞社の5割増の水準である。それから10年間、収益力は上昇を続け、1988年の自己資本利益率は36%という最高値に達した。

この間、同社が意識して借入金を減らしていたことを考えれば、収益性の高さはさらに称賛すべきものだ。1973年の長期負債比率（長期借入金÷自己資本）は37%と、業界で2番目に高かった。1978年にキャサリンが借入金の7割を返済したのは驚きだ。1983年には長期借入金は自己資本の2・7%に過ぎず、業界平均の10分の1になった。それでもワシントン・ポストは業界平均より10%も高い自己資本利益率を達成していた。

1986年に携帯電話会社とキャピタル・シティーズのケーブルテレビ会社53社を買収したとき、借入金は3億3600万ドルに膨れ上がったが、1年で1億5500万ドルにまで減らし、1992年になると、長期借入金は5100万ドルのみ、長期借入金の自己資本に対する比率は5・5%（当時の業界平均は42・7%）になった。

原則：利益率

ワシントン・ポストの株式が公開されてから6か月後に、キャサリンはウォールストリートの証券アナリストたちと面会し、事業の第一の使命は利益の最大化だと話した。テレビと「ニューズウィーク」の利益は伸びていたが、新聞の利益率は横ばいだった。この要因は、制作コスト、とりわけ人件費が高いことだと彼女は言った。「タイムズ・ヘラルド」の買収後、売り上げは急上昇したが、組合がストライキをするたびに、経営側は新聞の発行が止まるのを避けるため、組合の賃上げ要求を呑んできた。ストライキは１９４９年、１９５８年、１９６６年、１９６８年、１９６９年に行われた。１９５０年代から１９６０年代はずっと賃上げ問題が利益の足を引っ張った。この問題は遠からず解決するとキャサリンはアナリストに話した。

１９７０年代に入り、労働協約の有効期限が切れ始めたとき、キャサリンは組合と対決してきた労使交渉の専門家に協力を仰いだ。１９７４年に労働組合のストライキに勝利し、長い交渉を経て、印刷部門の従業員と新たな契約を交わした。

キャサリンの対決姿勢は１９７５年のストライキで明確になった。暴力的なストライキになったが、ストライキに入る前に記者室を破壊したことがわかり、労働者側への同情は失われた。経営側は組合と協議し、その協力を得てストライキを破った。４か月後にキャサリンは労働組合に未加入の従業員を採用することを発表した。会社側の勝利である。

１９７０年代初めには「ワシントン・ポストの収益性は、お情けでぎりぎり合格」と経済紙に書かれていたように、税引前利益率は１９６０年代の15％を大きく下回り、１９７３年は10・８％だった。しかし、労働問題を解決した後の業績は大きく改善し、

1988年には業界平均16・9%を上回る31・8%になった。このとき、S&P500の企業平均は8・6%である。

原則：経営者は合理的か

ワシントン・ポストは株主に潤沢なキャッシュフローを提供してきた。本業に再投資するのに必要な額以上のキャッシュフローを手にしたため、経営者としては、株主に返すか、利益の出る新事業に投資するかを選ぶ必要があった。

こうした場合、バフェットは必ず株主への還元を選ぶ。キャサリンが社長をしていたワシントン・ポストは、新聞社としては初めて大量の自社株買いを実施した。1975年から1991年までの間に同社は発行済株式のなんと43%を平均60ドルで買い戻した。

企業は増配によっても株主に返すことができる。1990年には巨額の現金が積み上がったため、同社は1・84ドルから4ドルへと117%増配を決めた。

原則：1ドルのルール

バフェットの目標は、1ドルの留保利益に対して1ドル以上の市場価値を創造することである。この原則は、経営者が資本を最大限活用していけるかを素早く判定するのに役立つ。留保利益を再投資した企業が平均以上のリターンを生み出せば、企業の市場価値は上がっていく。

１９７３年から１９９２年までの間に、ワシントン・ポストは株主のために17億５５００万ドルの利益を稼ぎ出した。この中から株主に2億９９００万ドルを支払い、14億５６００万ドルを留保して事業に再投資した。１９７３年における同社の時価総額は８０００万ドルだったが、１９９２年には26億３０００万ドルに上昇した。この20年間に、同社は留保した1ドルに対して１・75ドルの市場価値を株主のために生み出したのである。

キャサリンが率いる同社の成功は、別の方法でも確認できる。『破天荒な経営者たち』を書いたウィリアム・ソーンダイクは、同社とそのＣＥＯの実績評価を次のように示している。

「１９７1年の株式公開からキャサリンが会長を退いた１９９３年まで、同社の複利ベースでの年平均リターンは22・３%と非常に高く、Ｓ&Ｐの7・４%や業界平均の12・４%をはるかに上回る。当初の公開株式に投資した1ドルは１９９３年には89ドルになっていた計算である。同じ計算をすれば、Ｓ&Ｐは5ドル、業界平均は14ドルになる。キャサリンはＳ&Ｐの18倍、業界平均の６倍の成果を上げた。彼女は経営に携わっていた22年間を通じて、他を圧倒する最高に優れた新聞経営者だった」

１９９０年代初めに入って、バフェットは誰の予想よりも早く、新聞などメディア事業の利点が失われる運命にあると判断した。ほかにも安く消費者に訴えかけるルートができたのだ。ケーブルテレビ、ダイレクトメール、新聞折り込み広告、そしてなんといってもインターネットである。

「新聞、テレビ、雑誌はどれもフランチャイズの強みを持つ事業から、似た者同士の事業になってきました」と彼は話している。フランチャイズを持つ企業は、人々に求められる需要の高い製品・サービスを持っていて、特に重要なのは、それの代わりになるものがない点だ。

しかし、特にケーブルテレビとインターネットの出現によってこれが変わってしまった。バフェットは言う。

「情報と娯楽とを求める消費者はそれらを得る選択肢が大きく広がったことに喜んでいます。残念ですが、新しく提供されるメディアの拡大と同じようには需要は拡大していません。アメリカ人の5億の目玉と毎日24時間のすべてが対象になりました。その結果、競争は激化し、市場は細かくセグメント化され、メディアはフランチャイズの強みの一部を失いました。メディア業界の長期的な変化によって新聞の収益力は低下し、結果として新聞事業の本質的価値も下がりました。地方の新聞の多くが消えていきました。利益の減少を補うために合理化を目指して合併した企業もかなりの数に上ります。しかし、ワシントン・ポストは多くの新聞社よりも状況がよかった」

バフェットの説明によれば、まず長期借入金が少なかった（5000万ドル）ことに加えて、現金を4億ドル持っていたこと。同社は実質的に無借金で運営している唯一の株式を公開した新聞社だった。借入金によって資産が引きずられることがなかったため、同社の本質的価値の減少は他社よりも緩やかだった。

20年後の2013年に、アマゾンの創始者ジェフ・ベゾスが2億5000万ドルでワシントン・ポストを買収した。かつてであれば考えられない価格だ。後に残ったのは、テレビ局7社、ケーブル資産、そしてカプランという高等教育事業だった。これら残された事業はグレアム・ホールディング・カンパニーと改名された。

バフェットは2014年に残っていたグレアム・ホールディングへの11億ドルの投資をフロリダ州マイアミのテレビ局と交換し、BH・メディアグループとした。差額はグレアム・ホールディングが保有していた現金及びバークシャー・ハザウェイのクラスA株式2107株及びクラスB株式1278株で埋めた。こうしてバフェットのワシントン・ポストとの41年間にわたる関係は終了した。

バークシャーはワシントン・ポスト社に対して、当初1100万ドルを投じ、11億ドルの現金を得た。トータルの投資利回りはどうだっただろうか。答えは９９００％、複利計算で年平均11・89％の増加であった。同じ期間のＳ＆Ｐ５００インデックスは７２２８％、複利計算で年平均11・03％だった。

別の言い方をすれば、１１００万ドルをＳ＆Ｐ５００インデックスに投資して、バークシャーがワシントン・ポストを保有していたのと同じ期間保有していたとすれば、８億３００万ドルを得た計算になる。バフェットはワシントン・ポストに投資したことで、Ｓ＆Ｐ５００への投資よりも３億ドル多く稼いだのだ。

GEICO

ＧＥＩＣＯ（The Government Employees Insurance Company）は１９３６年にレオ・グッドウィンという保険専門の会計士が設立した企業である。リスクの低いドライバーだけを対象にした自動車保険を作り、それを郵送で受け付けるビジネスを考案した。

政府職員などの集団は一般よりも事故を起こすことが少ないことに彼は気づいた。これを郵送で直接販売すれば、代理店に支払う余計な費用が発生しない。通常、このコストとして保険料の10～25％が支払われていた。注意深いドライバーに限定し、直接販売でコストを抑えれば、きっとうまくいくと考えたのだ。

グッドウィンはテキサス州フォートワースで銀行員をしていたクリーブス・リーを仲間に加えた。グッドウィンが２万５０００ドルを出資して株式の25％を持ち、リーが７万５０００ドルを出して75％を握った。

１９４８年にＧＥＩＣＯはテキサス州から首都ワシントンＤＣに移り、その年にリーは自分の株式を売ることにした。彼はボルチモアで債券を販売していたロリマー・デビッドソンにその仲介を依頼し、デビッドソンはワシントンＤＣの弁護士デビッド・クリーガーに買い手の紹介を頼んだ。そして、クリーガーが声をかけたのがグレアム・ニューマン社だった。

グレアムはリーの持ち株の半分を72万ドルで買うことを決め、クリーガーとデビッドソンの仲間が残りの半分を買った。だが、グレアム・ニューマン社は投資ファンドだったため、証券取引委員会（ＳＥＣ）はその持ち分を10％までにするよう制限してきた。

そこでグレアム・ニューマンはファンドのパートナーたちにその株式を配分することにした。長い年月を経て、ＧＥＩＣＯの株式の価値は大きく上昇し、グレアムが所有していた株式の価値も巨額に膨れ上がった。

『証券分析』の中で彼が主張していた「負けない」テストをクリアしなかったのに、どうしてベン・グレアム個人がＧＥＩＣＯの株式を保有していたのかは謎だ。この点について書かれたものは少ない。

最も論理的な説明は、グレアムがＧＥＩＣＯの株式を保有することによる大きなリターンの可能性を正しく評価していたのだというものだが、保険会社の複雑さを分析することは難しく、簿価より高い株価で売買され、ＰＥＲが高い株式を買うと損をすることをグレアムは知っていたはずだ。

ＰＥＲが低い株式が簿価より低い株価で売買されているときだけ買えという彼が掲げた原則は、経営者を分析したり、企業の長期的な将来見通しを予測したりする必要のないシンプルな手法であった。また、『証券分析』で示された彼の数学的な株式選別の手法も、とても実用的でやさしかったからこそ、投資家の間で人気があったのだ。

ロリマー・デビッドソンは、グッドウィンに招かれてＧＥＩＣＯの経営陣に加わり、１９５８年から１９７０年まで会長を務めた。その間に同社は保険対象者の範囲を経営者、中間管理職、技術者などに広げ、当初は自動車オーナーの15%だったシェアは50%に上昇した。この新戦略は大成功だった。利益は急増した。

この頃が同社の黄金期だった。１９６０年代には規制当局はＧＥＩＣＯの成功に幻惑され、株主も株価の急騰に目を奪われた。保険会社が引き受けたリスク（引き受けた保険料）と保険金請求があったときに支払う原資（余剰金）を比較した比率は5：1に上がっていた。しかし、規制当局はGEICOの好調な業績のため、業界平均を超えたリスクと余剰金の比率に目をつぶっていた。

しかし、1960年代も終わりになると、GEICOの栄光にも陰りが出始めた。最初はほとんどの人は気づかなかったが次の瞬間にショッキングなニュースが飛び出した。1969年に同社は引当金が1000万ドル不足していることを発表した。当初は250万ドルの利益が出たと発表したが、実は損失を出していたのだ。翌年に利益を修正したものの、再び引当金が不足した。今度の不足額は2500万ドルである。1970年は大きな損失になった。

デビッドソンは1970年に引退し、デビッド・クリーガーが後を継いだ。日々の運営は社長兼CEOのノーマン・ギッデンが担当した。ギッデンは1969年、1970年と続いた引当金の不始末から抜け出して、企業を成長させようとした。1970年から1974年までの間に、年に11％のスピードで自動車保険の引き受けを増やしていった。これは、1965年から1970年までの平均7％より高い伸びである。さらに1972年に、巨額の設備と人に対する投資を行い大胆なオフィスの分散にも取り組んだ。

１９７３年には、競争が激化する中で、マーケットシェアを拡大しようとした。このときに初めて、工場労働者と21歳より若いドライバーを対象に加えた。これらは交通事故の問題の多いグループだった。同社が組織改編とシェア拡大を同時に行ったタイミングでそれまでの政府による価格統制が廃止されたため、自動車の修理代や医療費は爆発的に急上昇した。１９７４年の損失は膨れ上がった。

ＧＥＩＣＯの株価は、１９７２年に61ドルの史上最高値を付けたが、翌年には半値になり、１９７４にはさらに10ドルまで下がった。１９７５年に損失見込みであることを発表し80セントの配当をなくすと、株価は７ドルになった。

１９７６年３月に行われた株主総会で、ギッデンは経営者が不適任だったかもしれないと認め、取締役会に新たな経営者を探すための委員会を作ったことを報告した。株価は５ドルになり、さらに下を目指していた。

１９７６年の株主総会後、同社はトラベラーズ・コーポレーションでマーケティング担当役員だった43歳のジョン・Ｊ・バーンを次期社長にすると発表した。また、その直後に資本増強のため７６００万ドルの優先株発行も発表した。しかし、株主はもはや希望をなくしていて、株価は２ドルになった。

この時期、ＧＥＩＣＯの株価が下がり続ける中で、ウォーレン・バフェットは静かに、しかし断固としてＧＥＩＣＯの株式を買い続けていた。同社が破産すれすれの状態にあったときに、バフェットは４１０万ドルを投じて１２９万４３０８株を平均３・18ドルで買っていたのだ。

原則：シンプルでわかりやすい

バフェットがコロンビア大学に在学していた１９５０年に、指導教官ベン・グレアムはＧＥＩＣＯの取締役だった。バフェットは興味を覚えて、ある週末にワシントンＤＣにある同社を訪問したことがある。

バフェットは管理人に頼んで中に入れてもらい、土曜日にただ一人出勤していた幹部に会わせてもらった。それがロリマー・デビッドソンだった。バフェットは質問を続け、デビッドソンは5時間にわたってＧＥＩＣＯの特徴を説明した。フィリップ・フィッシャーが聞いたら大喜びするような出来事である。

オマハに戻ったバフェットは、父の証券会社に行き、顧客にＧＥＩＣＯの株式を買わせるべきだと勧めた。バフェット自身も所有する資金の3分の2にあたる1万ドルを投資した。これに対して抵抗を示す投資家は多かった。父親に「あなたの息子が代理店を持たない保険会社の株式を勧めている」と苦情が届いた。

苛立ったバフェットは1年後に同社の株式を売却して50％の利益を上げたが、その後バークシャー・ハザウェイのためにＧＥＩＣＯの株式を買った１９７６年まで同社の株式を買うことはなかった。

しかし、くじけないバフェットはその後も保険会社の株式を顧客に推奨し続けた。バフェット自身も、純利益の3倍の価格で生命保険会社のカンザスシティ・ライフを購入した。バークシャー・ハザウェイのポートフォリオでは、マサチューセッツ・インデムニティ・アンド・ライフ・インシュアランスを保有し、１９６７年にはナショナル・インデムニティを購入した後、ナショナル・インデムニティのＣＥＯジャック・リングワルトがバフェットに保険会社の経営の仕組みを教えた。

これでバフェットは保険会社が儲ける仕組みをしっかりと理解した。ＧＥＩＣＯの財務状況は不安定だったが、ＧＥＩＣＯを買うことを決断したのだ。

バフェットは、ＧＥＩＣＯの普通株式に対して１９７６年に４１０万ドルを投じた以外に、転換可能優先株式にも１９４０万ドルを投資した。バークシャーは2年後にこれを普通株式に転換し、１９８０年にはさらに１９００万ドルを注ぎ込んだ。

１９７６年から１９８０年までにバークシャーは通算４７００万ドルを投資し、ＧＥＩＣＯの株式を一株６・67ドルで７２０万株購入した。１９８０年時点で既に投資価値は１

23%上昇していた。その時点での時価総額は1億5000万ドルに上り、バークシャー・ハザウェイの最大の投資先になっていた。

原則：安定した事業実績

一見するとバフェットはこの原則を破ったと思うかもしれない。明らかに1975年とその翌年のGEICOの事業は安定とは程遠かった。バーンが社長になって最初の仕事は、会社の立て直しだった。立て直しは滅多にうまくいかないとバフェットは知っていたのに、なぜGEICOを買ったのだろうか。

1980年のバークシャー・ハザウェイのアニュアルレポートにバフェットは理由を説明している。

「これまでのレポートで、事業の立て直しに投資して運営しても失望する結果に終わることが多いと書いてきました。文字どおり、長い年月の間に多くの産業において何百もの立て直しのケースが語られてきました。私たちはそれらに参加したり、観察する立場にいたりして、予想に対してどうなるかを追いかけてきました。私たちの結論は、いくつかの例外はあるものの、優秀だと定評のある経営者が劣悪な財務状況に挑んだ場合、結局そのビジネスの評価は変わりませんでした」

バフェットは続ける。

「ＧＥＩＣＯは倒産すれすれだった１９７６年の状況から立ち直った例外と見えるかもしれません。再生に優秀な経営者が必要なのは、そのとおりでしょう。その年にやってきたジャック・バーンはその能力を十分発揮してくれました。しかし、過去に大きな成功をもたらしたＧＥＩＣＯの持つ根本的な優位性は、財務、事業のトラブルの中で沈没しそうになっても、無傷で残っていたのです」

バフェットはバークシャー・ハザウェイの株主に語った。

「自動車保険の巨大な市場において、ほかの会社がマーケティングの組織の構造上参入できない低コスト営業を行うのがＧＥＩＣＯの事業コンセプトでした。そのコンセプトどおりに運営することで、顧客に大きな価値を提供し、自らは大きなリターンを得ていたのです。何十年にもわたって同社はこのやり方で事業を続けてきました。１９７０年代半ばの苦境は、この根本的な優位性が劣化したり、失われたりしたことが原因ではなかったのです」

そしてバフェットはおもしろい比喩を持ち出した。

「ＧＥＩＣＯの当時の問題は、１９６４年のサラダオイル・スキャンダルの後のアメリカン・エキスプレスと状況が似ていたのです」

読者の皆さんは、あのときバフェットが大胆な賭けに出たことを思い出すだろう。バフェットはリミテッド・パートナーシップの総資産の25％をアメリカン・エキスプレスに投じたのだ。同社を倒産に追い込みそうだったこのスキャンダルはアメリカン・エキスプレスのクレジットカードやトラベラーズチェックの「フランチャイズ」の優位性に何の影響も与えなかった。

そして、スキャンダルの財務的な制裁の悪影響が去った後、同社は素晴らしい投資実績を復活してくれたのだ。その後２年間で株価は３倍になり、バフェットのパートナーシップに２０００万ドルの利益をもたらした。バフェットの説明は続く。

「アメリカン・エキスプレスとＧＥＩＣＯの両社はどちらも唯一無二の企業が一時的に財務的な事件の影響でふらつきましたが、根本にある例外的な強みを壊すものではなかったのです。両社の状況は、優位性を持つ企業に局所的で切除可能ながんが見つかったような状況であり、腕の立つ医師が必要であることは間違いないけれど、経営者が大きな変革を実現しなければならない立て直しのケースとははっきり区別すべきでしょう」

ＧＥＩＣＯが終末期を迎えたのではなく、一時的な負傷だったことがバフェットにとって重要だった。代理店なしで低コストの保険事業という「フランチャイズ」の強みは無傷のまま残っていた。しかも、市場には会社に利益をもたらしてくれる質のよい安全運転のドライバーがまだ存在していた。その後何十年もの間、ＧＥＩＣＯはその優位性を発揮して企業のオーナーのために大きな利益を生み続けた。

原則：明るい長期見通し

保険は他社商品との差別化が難しい汎用品ビジネスだが、自動車、オートバイ、船舶、住居がある限り、保険のニーズはなくならない。コストの優位性を維持し、低コストで広く提供して非常に大きな価格競争力を維持できるのであれば、汎用品でも利益を上げることができるとバフェットは言う。

ＧＥＩＣＯはまさにそれが当てはまるケースだ。汎用品ビジネスでは、経営者も重要な要素だ。バークシャーが買収した後のＧＥＩＣＯの経営者は有能さを証明し、それが同社の競争力にもなっている。

原則：経営者は率直か

ジャック・バーンは１９７６年にＧＥＩＣＯの社長に就任した。そのとき彼は、ＧＥＩＣＯが倒産すれば業界全体に悪影響が出ることを、規制当局と競争相手に納得させた。バーンが描いた再建計画は、資本を増強し、ＧＥＩＣＯの事業の一部に同業者による再保険をかけ、そのうえでコストを大胆に削減するというものだった。バーンは収益性を取り戻す再建計画を「自力更生」と呼んだ。

最初の1年間に１０００か所の事務所を閉鎖し、従業員を７０００人から４０００人に削減した。ニュージャージー州とマサチューセッツ州での販売ライセンスを返上した。ニュージャージーには25万人の契約者がいたが、年間に３０００万ドルのコストがかかっていたので、契約を更新しないと規制当局に伝えた。

次に、契約者が顧客情報を更新しないままでも契約を更新できたコンピュータシステムを廃止した。バーンが調べたところ、正しく更新した情報と比較すれば保険料が９％も安く見積もられていたのだ。見直しの結果、40万人が契約更新をあきらめた。このような修正を経て、契約者数は２７０万人から１５０万人に絞り込まれ、会社の規模は１９７５年の全米18位から翌年には31位に下がった。

しかし、絞り込んだおかげで、１９７６年に1億２６００万ドルの損失を出した後、翌年には4億６３００万ドルの売り上げに対して５８６０万ドルの利益を計上することができた。これはバーンが1年間を通して経営した最初の決算である。

ＧＥＩＣＯの急回復は明らかにバーンに負うところが大きい。そして彼がコストの厳格な管理を続けたことで、その好業績は長く維持された。バーンは株主に対して、低コストで保険を提供するという会社の基本に戻ることが重要だと説明した。彼は低コストを維持する手立てを株主に詳細に報告した。

1981年にはGEICOは全米7位の自動車保険会社になっていたが、バーンと取締役二人で秘書は一人だけだった。以前は従業員一人当たり250件を担当していたが、この頃には一人で378件を担当しているとバーンは自慢げに語る。再建の過程で、バーンは常に率先して旗を振った。バフェットはこう表現している。

「バーンはニワトリ小屋に大きなダチョウの卵を持ってきて、これと競争するのだとニワトリに話しかける養鶏業者みたいです」

その後もバーンの明るい報告は続いたが、悪いニュースも隠さずに株主に伝えた。1985年のGEICOの決算では損失を出した。第1四半期の株主への報告書でバーンは、乗客に語りかけるパイロットを真似して「悪いニュースは、損失を出したことです。しかし良いニュースは、既に立ち直りつつあることです」と書いた。同社はすぐに立ち直り、翌年には利益を上げた。同時に、株主に率直に伝える経営者という評価も得られた。

原則：経営者は合理的か

長年の経営の中で、バーンは常に合理的に行動してきた。社長に就任後、着実な成長を目指した。2倍のスピードで成長して財務のコントロールを失うのなら、損益・費用を注意深く管理しながらゆっくり成長するほうが、結局収益性は高くなると考えたのだ。着実な成長といっても、ＧＥＩＣＯは平均以上の利益を上げ続け、生み出した資金の使い方には合理性が表れている。

１９８３年以降、ＧＥＩＣＯは再投資で十分な利益を上げられなくなったとして、余剰資金を株主に返すことにした。同年から１９９２年までに同社は３０００万株を買い戻した。これは発行済株式の３割に相当する。さらに配当も引き上げていった。１９８３年に一株９セントだった配当は、１９９２年には60セントと、年平均で21％のペースで増加した。

原則：同調圧力

圧倒的大多数の保険会社が代理店を使って販売を行っている中で、代理店を使わない保険会社を運営すること自体が同調圧力に対して抵抗できる能力の証であると考えることができる。だが、それ以外にもテストは存在する。

保険会社が利益を上げる方法が二つあったことを思い出してほしい。販売する保険における保険引き受けについての利益と、保険契約者が支払う保険料を上手に運用することによる投資利益だ。一般的に保険引き受けについての利益は投資利益に比べて小さい。

したがって、金融市場が高い利回りを生み出すときは、保険の利益を犠牲にしても投資する資金を増やすために、保険会社は低い保険料で多くの保険を販売しようとする。会社のチーフ・インベストメント・オフィサーが投資ポートフォリオを管理運用するので、投資リターンが加算されるかどうかは彼らの投資スキルによって大きく異なる可能性がある。

1980年から2004年までの間、チーフ・インベストメント・オフィサーはルー・シンプソンだった・彼はプリンストン大学で経済学の修士号を得ていた。短期間母校の教師をした後、スタイン・ロウ・アンド・ファーナムという投資会社に入社した。1969年にシンプソンはウェスター・アセット・マネジメントで社長兼CEOになった後、1979年にGEICOに入社した。

バフェットとジャック・バーンがシンプソンをインタビューしたとき、自立した態度が印象的だった。「彼は投資に理想的な資質を持っていました。ほかの人々と一緒にいても一人でいても何の違いもなく、自分自身が納得していれば快適に過ごせる人間です」とバフェットは言う。

自分自身で考え行動する独立した考え方は、シンプソンがGEICOの投資ポートフォリオのために作った投資ガイドラインによく示されている。第1のガイドラインは「自分自身で考えること」だ。シンプソンはウォールストリートにおける投資の知見に懐疑的だ。むしろ、自分自身の知見を探し求めた。

バフェットと同様に毎日、新聞や雑誌、そしてアニュアルレポートを熱心かつ貪欲に読み込んだ。基礎的な財務分析の訓練を受けた後は、考えがまとまるまで読み続けることが投資マネジャーの最も大切な仕事だと考えていた。

彼は常によいアイデアを探していて、そして多くの証券会社のあからさまな意図を含んだ分析を受け容れなかった。「ルーは静かな男だ。誰もが基礎的な仕事よりも電話で誰かと話したいと思う今の時代にあって、ルーは必要な基本の仕事をする」とＧＥＩＣＯの元役員が語ってくれた。

ＧＥＩＣＯの第2のガイドラインは「株主のために働いている高リターンの事業に投資すること」だ。シンプソンが探しているのは、平均以上の収益率を長く維持している企業だ。見つけると、彼は経営者と面接を行い、彼らの最優先の目的が株主のための価値の最大化なのか、それとも企業帝国の拡大なのかを見極める。

シンプソンが求めるのは、自分自身がその会社に大きな投資を行っていて、企業のオーナーに対して率直かつパートナーとして接する経営者だ。そして、経営者に対して最後に、利益を上げていない部門から投資を引き揚げ、株主のために余剰資金を自社株の買い戻しに使う気があるかを質問する。

ＧＥＩＣＯの第３のガイドラインは「素晴らしい企業であっても、投資する金額はリーズナブルでなくてはならないこと」だ。シンプソンはとても気長に待つことができる。投資先の価格が魅力的になるまで、ずっと待っている。「世界で最も優れた企業も、価格が高すぎると間違った投資になる」

第４のガイドラインは「長期間投資すること」だ。シンプソンは明かす。シンプソンは株式市場に関心を払わない。短期的な市場の動きを予想することなどまったく行わない。「いろいろな意味で株式市場は天候と同じです。もしあなたが現状を気に入らないのなら、好転するまで待てばよいのです」

ＧＥＩＣＯのガイドラインの最終項目は「過度に分散しないこと」だ。広く分散したポートフォリオはつまらない投資結果しか生まないことをシンプソンはわかっている。バフェットと話したことがこの点についての自分の考えを具体化することに役立ったと彼は語っている。彼は実際に株式投資を集中させる。１９９１年にＧＥＩＣＯの８億ドルの株式ポートフォリオは８銘柄のみで構成されていた。

シンプソンが運用の責任者になった１９８０年から２００４年までの間、株式ポートフォリオは複利ベースで年平均20・３％の利回りをたたき出した。この期間のＳ＆Ｐ５００

インデックスの利回りは13・５％である。

長い間、シンプソンはＧＥＩＣＯの投資ポートフォリオにおいて、ジャンクボンドやリスクの高い不動産投資に手を出さないようにしていた。他の保険会社の投資担当者が同調圧力に勝てず、企業の資産をリスクにさらした中で、シンプソンの投資は慎重で、ＧＥＩＣＯの株主に平均を上回るリターンをもたらした。一言でいえば、ＧＥＩＣＯの経済的利益に対するルー・シンプソンの価値は、ＧＥＩＣＯの販売した保険とは別に、莫大なものであった。

バフェットは本能的にシンプソンが同調圧力に抵抗し、何も考えずに人の真似をすることを回避できる資質を持っていると見抜いていた。彼らはそっくりだったのだ。「ルー・シンプソンは保険業界において最高の投資マネジャーです」とバフェットは大いに褒めちぎる。１９９５年のバークシャー・ハザウェイのアニュアルレポートでは、さらにこんなことまで書いている。

「ルーは私たちがバークシャーで行っているのと同じ、堅実で集中した投資手法を行っています。彼が経営陣にいてくれることで私たちは大きな恩恵を受けています。ＧＥＩＣＯだけに留まらないルーの存在の意味がもう一つあります。彼がここにいることは、もしチャーリーと私に何かがあったとしても、バークシャーには、投資を運用する極めつけのプロが直ちに仕事に取りかかれるという安心を与えてくれているのです」

原則：自己資本利益率

財務的な問題がほぼ片付いたＧＥＩＣＯの１９８０年の自己資本利益率は30・８％と、同業他社平均の２倍の水準だった。１９８０年代後半はビジネスの不調というよりも、利益を上回る速さで資本が増加した結果、自己資本利益率が低下した。増配や自社株買いを実施した理由の一つは、自己資本を減らして自己資本利益率を適正化しようとしたことだった。

原則：利益率

投資家が保険会社の収益性を比較する方法はいくつかある。税引前利益率は役に立つ指標の一つだ。１９８３年から１９９２年までの10年間を平均したＧＥＩＣＯの税引前利益率は、同業他社のどこよりも安定していて、ブレなかった。

ＧＥＩＣＯは費用に細心の注意を払い、保険請求に関する費用を時系列的に分析していた。１９８３年から１９９２年までの10年間で、保険料に対する費用の比率は平均５％と、業界平均の半分だった。ＧＥＩＣＯが代理店を使っていないことが大きな要因である。

ＧＥＩＣＯの営業費用と保険引受損失の少なさは、業界でずば抜けていた。１９７７年から１９９２年まででＧＥＩＣＯの比率のほうが悪かったのは１９７７年の一度だけで、それ以後の同社の比率97・1％は業界平均より10％以上よかった。引受損失を出したのは、自然災害が異常に多かった１９８５年と１９９２年だけである。ハリケーン・アンドリュー及びその他の大きな嵐を除けば、ＧＥＩＣＯの比率は93・８％と低かった。

原則：事業価値の判定

ウォーレン・バフェットがバークシャー・ハザウェイでＧＥＩＣＯの株式を買い始めた頃、ＧＥＩＣＯは破産すれすれだった。しかし、たとえ純資産がマイナスでも、同社には大きな価値があるとバフェットは言った。保険事業での優位性（フランチャイズ）があるからだ。

しかし、１９７６年にはまだ利益がなく、ジョン・バー・ウィリアムズ流のキャッシュフローから企業の価値を算定することはできなかった。そして、ＧＥＩＣＯの将来のキャッシュフローが不透明だったにもかかわらず、バフェットは同社が生き残り、将来キャッシュフローを生むと確信していた。ただし、いつどれだけ生み出すかはまだわからなかった。

１９８０年時点でバークシャーは４７００万ドルを投じてＧＥＩＣＯの株式の３分の１を所有していた。当時のＧＥＩＣＯの時価総額は2億９６００万ドルだったので、この時点でバフェットは既に大きな安全マージンを得ていたことになる。この年に同社は7億５００万ドルの売り上げに対して６０００万ドルの利益を上げた。これにバークシャーの保有比率３分の１を掛けると、利益は２０００万ドルになる。

「２０００万ドルの利益を出す企業でＧＥＩＣＯほどの優位性と明るい将来があれば、買収するのに2億ドルは必要でしょう」とバフェットは言う。企業の支配権を握ろうとすれば、さらに多くの資金が必要である。

バフェットの2億ドルという推測は、ジョン・バー・ウィリアムズの価値評価に照らしても現実的だった。ＧＥＩＣＯが追加の資本注入をせずに、６０００万ドルの利益を将来にわたって維持できれば、30年米国国債の当時の利率12％で割り戻した現在価値は5億ドルとなり、１９８０年の時価総額のほぼ2倍になる。

同社が利益額をネット2％で成長していけば、現在価値は6億ドルに上昇し、バークシャーの持ち分は2億ドルになるのだ。言い方を換えれば、ＧＥＩＣＯの株式の市場価格は、その収益力の現在価値の半分以下だったのである。

１９９５年末にバークシャー・ハザウェイはＧＥＩＣＯの買収を完了した。当時同社は自動車保険の規模（保険対象車両３７０万台）で全米第7位だった。バークシャー・ハザウェイがまだ保有していなかった半分に対してバフェットは23億ドルを支払うことに同意した。この価格はＧＥＩＣＯ全体の価値を46億ドルと計算しているのだが、同社の有形純資産は19億ドルなのだ。

「有形資産に加えて27億ドルの価値があることを意味しています。ＧＥＩＣＯの無形の価値にそれだけの価値があると私たちは考えたのです」とバフェットは言う。

「この無形の価値はその時点でＧＥＩＣＯと取引している保険保有者がそれだけの経済的価値を持っているということです。業界の水準としては、この価値はとても高いのです。しかしＧＥＩＣＯは並の保険会社ではありません。同社の低コストのおかげで、保険保有者は常に利益を生み出し、非常に高い確率で会社を換えずに使い続けてくれるのです」

バフェットはさらに説明を続ける。２０１０年の保険料は１４３億ドルで、その後も増え続けている。「しかし、ＧＥＩＣＯの価値が上昇しても、私たちはＧＥＩＣＯの無形の価値を当初の14億ドルのまま維持しています」

彼が１９９５年にＧＥＩＣＯの顧客の価値を算出したときと同じやり方で、２０１０年の無形の価値の真の価値は１４０億ドルになるとバフェットは言う。「この価値は10年、20年先にはもっと大きくなっているでしょう。ＧＥＩＣＯは私たちにベネフィットを与え続けてくれる存在です」とバフェットは確信している。

キャピタル・シティーズ／ABC

キャピタル・シティーズは元々ニュース配信を行っていた。著名なジャーナリスト、ローウェル・トーマスが仲間のフランク・スミスたちとハドソン・バレー・ブロードキャスティング社を1954年に買収したのが始まりだ。この会社はニューヨーク州オールバニのテレビ局とラジオ局を持っていた。

当時トム・マーフィーはリーバ・ブラザーズのプロダクト・スペシャリストだった。マーフィーの父親のゴルフ仲間だったフランク・スミスが会社のテレビ局部門の経営を若いマーフィーに任せた。

1957年にハドソン・バレー社はローリー・ダーラムのテレビ局を買収し、社名をキャピタル・シティーズ・ブロードキャスティングに変えた。オールバニとローリーがそれぞれニューヨーク州とノースカロライナ州の州都（ステート・キャピタル）だからである。

1960年にトム・マーフィーは、オールバニのテレビ局をハーバード大学で一緒だったジム・バークの弟ダン・バークに任せた。ジム・バークはのちにジョンソン・アンド・ジョンソンの会長になった。オールバニ生まれのダンは故郷に留まり、マーフィーはニューヨーク州に戻り１９６４年にキャピタル・シティーズの社長になった。

こうしてアメリカで最も成功したといってよい二人の共同経営が始まった。それから30年にわたり、マーフィーとバークはキャピタル・シティーズを経営し、30以上のテレビ局や出版社を買収していった。最も有名なのが１９８５年のアメリカン・ブロードキャスティング・カンパニー（ＡＢＣ）の買収である。

バフェットとマーフィーが初めて会ったのは１９６０年代後半で、マーフィーの大学時代の友人がニューヨークでランチをアレンジした。マーフィーはバフェットから強い印象を受け、キャピタル・シティーズの取締役に招聘したが、バフェットはこの申し出を受けなかった。しかし、これをきっかけに二人は親しくなり、付き合いを続けることになる。

１９８４年12月にマーフィーはＡＢＣの会長レナード・ゴールデンソンに接触し、合併を打診した。最初は拒絶されたが、翌年１月に再度ゴールデンソンに連絡した。当時、連邦通信委員会（ＦＣＣ）はその年の４月から一社が保有できるテレビ・ラジオ局の数を７社から12社に増やすことを決めていた。ゴールデンソンは今回の合併のオファーを受けた。

実は彼は79歳と高齢だったため、後継者について悩んでいたのだ。ＡＢＣ内部の候補者はまだ不十分で、メディア事業を率いるのは業界で最高の経営者と評判の高かったマーフィーとバークが最適任だった。キャピタル・シティーズとの合併で、ABCは強力な経営者を確保できると踏んだのだ。

ABCは交渉の場に手数料の高い投資銀行を連れてきた。一方、いつも自分自身で交渉を行ってきたマーフィーは信頼できる友人ウォーレン・バフェットを伴った。こうして当時、史上最大のメディアの合併が実現したのだ。

キャピタル・シティーズはABCに対して、一株当たり121ドルの買収価格を申し出た。現金118ドルに3ドルの価値を持つワランティ（キャピタル・シティーズの株式を買う権利）を加えたものである。これは合併発表前日のABCの株価の2倍に相当する。総額35億ドルに上るこの取引のために、キャピタル・シティーズは21億ドルの銀行借入を行い、テレビ局とラジオ局を売却し、そしてテレビ局が保有を禁じられていたケーブルテレビなどをワシントン・ポストに売却して9億ドルを調達した。

残る5億1750万ドルはバークシャー・ハザウェイが提供した。ウォーレン・バフェットはバークシャーがキャピタル・シティーズの新規発行株式300万株に対し、一株172.5ドルで買うことをコミットしたのだ。バフェットはトム・マーフィーとダン・バークへの信頼を示す極めて異例の契約を結んだ。マーフィーとバークが合併で新しく誕生する会社のＣＥＯである限り、バークシャーの保有株式の議決権行使を二人に委任したのだ。

これはマーフィーとバークはキャピタル・シティーズ／ＡＢＣを非公開企業のように経営できるようにするための取り決めだとバフェットは説明した。これによって二人は株式を短期的に保有するトレーダーたちの雑音に煩わされることなく、長期的に保有するオーナーの立場で考え、行動できるというのだ。マーフィーは再びバフェットに取締役就任を要請し、今回はバフェットも受諾した。

原則：シンプルでわかりやすい

ワシントン・ポストの経営に10年間関与していたバフェットは、テレビ、新聞、雑誌出版の事業を熟知していた。彼はメディア事業のエコノミクスを鋭く理解していた。１９７８年にバークシャーがＡＢＣの株式を直接購入したことで、テレビ局についての理解がさらに深まった。

原則：安定した事業実績

キャピタル・シティーズとＡＢＣはどちらも50年以上、順調に利益を上げてきた。

1975年から1984年までの自己資本利益率の平均は、ABCが17%（自己資本に対する負債比率は21%）だった。ABCに買収を提案する前の10年間のキャピタル・シティーズの自己資本利益率は19%（負債比率は20%）だった。

原則：長期的に明るい見通し

インターネット以前においては、放送局及びそのネットワークは平均以上の収益率を誇っていた。新聞社と同様の理由で、大きな無形の価値、つまり有形資産の価値を上回る価値を生み出していた。

いったんテレビ塔を建設してしまえば、追加の設備投資は少なく、運転資金もわずかで済む。棚卸資産はないに等しい。ケーブルテレビもいったん顧客のところまでケーブルを敷設してしまえば、ほぼ同じ状況だ。映画やテレビ番組の制作費や購入費は、広告収入が入った後で支払えばよい。

したがって、放送局は基本的に収益率が高く、大きな余剰キャッシュフローを生み出す。かつて主なリスクは、政府による規制、技術的な障害、広告収入の減少だった。放送免許は更新されないこともあり得るが、その可能性は低い。

1985年にはケーブルテレビが脅威になると思われたが、視聴者の圧倒的多数は既存のテレビ局を選んだ。１９８０年代は意欲旺盛な視聴者に向けた広告費支出の伸びのほうがアメリカのＧＤＰよりも高かった。大衆に影響を及ぼすネットワークの力は強かった。バフェットは、テレビ、出版事業の収益性の高さを評価し、１９８５年時点で長期的な見通しは非常に明るいと考えた。

原則：事業価値の判定

キャピタル・シティーズに投じた5億１７００万ドルは、当時バフェットが行った最大の投資案件だった。バフェットがキャピタル・シティーズとＡＢＣの価値をどのように決定したのかは多くの議論を呼んだ。マーフィーはキャピタル・シティーズ／ＡＢＣの３００万株の株式を一株１７２・5ドルで売却することに同意した。

しかし、株式の価格と価値とは別物であることが多い。バフェットが投資するのは、本質的価値と購入価格との間の安全マージンが十分に大きいときだけだ。しかし、この案件では、バフェットはあえてその原則を曲げている。ただし、この異例の判断は最終的には正しいと証明されるのだ。

バフェットがオファーした１７２・5ドルの購入価格を、当時の30年国債の利回り10％で割り戻し、１６００万株（発行済みの１３００万株とバークシャー・ハザウェイに発行する300万株の合計）を掛けた現在価値から考えると、この事業は2億7600万ドルの利益を生み出さなければならない。

1984年のキャピタル・シティーズの利益と減価償却費から設備投資を差し引くと、1億2200万ドル、ABCは3億2000万ドル。合計すると、4億4200万ドルであるが、両社とも巨額の借入金があり、21億ドルの借入金の利息は年間2億2000万ドルに上った。これを差し引くと、収益力は2億ドル程度になる。

ほかにも考慮すべき要素がある。コストを削減するだけで買収した企業のキャッシュフローを改善するというマーフィーの評判は既に伝説の域に達していた。キャピタル・シティーズの営業利益率は28％、ABCは11％だった。

マーフィーがABCの利益率を3分の1向上させて15％にすれば、毎年1億2500万ドルの追加キャッシュフローが生まれる。そうなれば、両社を合わせた収益力は3億2500万ドルになる。これを1600万株で割り、10％で戻すと、一株の現在価値は203ドルに上昇し、バフェットの購入価格172・5ドルに対して15％の安全マージンが生まれる。「この案件については、ベン・グレアムが立ち上がってほめてくれるとは思いません」とバフェットはグレアムを引き合いに出して冗談を飛ばした。

若干の前提を置けば、安全マージンはさらに大きくなる。新聞、雑誌、テレビ局の事業は、追加の設備投資を行わなくても毎年６％利益を増やし続けることが可能だというのが当時の通説だったとバフェットは言う。追加が必要な設備投資は減価償却と同等と考えられるし、運転資金はほとんど必要ない。

つまり、利益はそのまま配当可能なフリーキャッシュフローと考えることができる。メディア企業のオーナーは、追加投資を行わずに毎年６％増え続ける年金を持っているようなものである。追加の設備投資がなければ成長できない企業と比べてみれば、その違いは歴然とする。例えば、１００万ドルの利益があり、それが毎年６％増加するメディア企業は、２５００万ドルの価値があるとバフェットは言う。

リスクゼロの金利10％から確実な成長年６％を引いた率で１００万ドルを割り戻す計算である。一方、１００万ドルの利益を生むものの、追加投資がなければ成長できない企業の価値は、１００万ドルを10％で割った１０００万ドルになる。

バフェットのこの計算をキャピタル・シティーズに当てはめれば、その価値は一株２０３ドルから５０７ドルに上がり、バフェットのオファーした１７２・５ドルに対して、66％の安全マージンがあることになる。もちろん、この計算には多くの前提条件がある。マーフィーはキャピタル・シティーズとＡＢＣの資産の一部を９億ドルで売却できるか（実際の売却額は12億ドル）、彼はＡＢＣの営業利益率を改善できるか、広告収入は今後も増え続けると期待できるかなどの条件だ。

バフェットが安全マージンを十分確保しにくい要因があった。まず、キャピタル・シティーズの株価が長年上昇を続けていたことである。マーフィーとバークの経営への高い評価が株価に反映されていたのだ。したがって、事業が一時的に不調なときにGEICOのようにバフェットが株式を割安で買うチャンスはなかった。株式市場全体も着実に上がり続けていたし、株式の新規発行ではなかったので、そのときの時価に近い価格にならざるを得なかった面もあった。

ただし、購入価格に不満があったとしても、その後すぐに株価が上がったので、バフェットに問題はなかった。1985年3月15日（金曜日）に176ドルだったキャピタル・シティーズの株価は、3月18日（月曜日）のABC買収発表を経て、火曜日の終値が202・75ドルに上がった。4日間で26ポイント、15％の上昇である。バフェットの利益は9000万ドルに上った。しかも、取引の決済は翌年1月だ。

キャピタル・シティーズ案件における安全マージンは他の買収よりもはるかに小さい。なぜバフェットはこの案件を進めたのだろうか。その理由はトム・マーフィーがいたからだ。彼がいなければこの会社に投資しなかったとバフェット自身が認めている。マーフィーがバフェットにとっての安全マージンだったのだ。

キャピタル・シティーズ／ＡＢＣはバフェットの興味を惹く特別なビジネスだったが、マーフィーもまた特別な存在だった。「バフェットはトム・マーフィーが大好きでした。バフェットはマーフィーと組んで仕事をしたかったのでしょう」とジョン・バーンは語る。キャピタル・シティーズの経営哲学は分散経営である。バフェットとマンガーがバークシャー・ハザウェイで実践していた経営手法そのものだ。マーフィーとバークは最高の人材を採用し、仕事を彼らに任せた。地域ごとにすべての意思決定をさせた。これはバーク自身がマーフィーと仕事をする中で学んだことだ。

バークがオールバニのテレビ局を任されたとき、マーフィーに毎週レポートを送っていたが、一度も返事をもらわなかった。あとでバークはマーフィーからこう言われた。「君が僕を招待してくれるとき、あるいは君をクビにしなければならなくなったとき以外に、僕がオールバニに行くことはないよ」

二人は年間の予算を組み、四半期ごとに事業実績をチェックする。それ以外は、それぞれが自分の会社という感覚で運営する。「わが社のマネジャーたちには大いに期待しています」とマーフィーは記している。

キャピタル・シティーズのマネジャーたちが求められたのは、コスト管理ただそれだけである。うまくいかないときには、マーフィーが遠慮なく乗り出す。ＡＢＣ買収後は、マーフィーのコスト削減能力が特に必要だった。テレビのネットワークでは、利益よりも格付けや視聴率を重視する。視聴率を上げるためにはコストは二の次だ。

マーフィーが経営に参加して、この考え方はあっという間に消滅した。慎重にメンバーを選んだ委員会を作り、マーフィーは給与、福利厚生、費用を削減した。十分な特別手当を受け取って１５００人が退社した。取締役専用のダイニングルームとエレベーターを停止した。マーフィーがロスアンゼルスのＡＢＣエンターテインメントを初めて訪問したときに彼を乗せたリムジンも廃止した。次の訪問の際、マーフィーはタクシーを使った。

このようなコスト意識は、キャピタル・シティーズでは当たり前である。フィラデルフィアで営業しているテレビ局ＷＰＶＩは同市でトップの局だが、同じフィラデルフィアのＣＢＳ系列局がニュース担当を１５０人抱えているのに対して、ＷＰＶＩは１００人で運営していた。

マーフィーがＡＢＣに入る前、ＡＢＣでは5つのテレビ局の運営に60人を充てていたが、キャピタル・シティーズが買収した後は、６人で8局を運営する体制にした。ニューヨークのＷＡＢＣテレビは従業員６００人を抱え、税引前利益率30％を上げていたが、買収後は４００人で50％台後半の税引前利益を生むようになった。マーフィーはコスト削減を片付けると、企業経営をバークに任せた。そして、マーフィーは新たな買収と株主関係に集中するのだ。

原則：１ドルのルール

１９８５年から１９９２年までの間に、キャピタル・シティーズ／ＡＢＣの時価総額は29億ドルから83億ドルに上昇した。この間に、同社は27億ドルを留保していたので、１ドルの再投資で２・01ドルの市場価値を生み出した。しかも、１９９０年から翌年の景気悪化だけでなく、放送ネットワークビジネスの変化に伴う本質的価値の低下を乗り越えてのことだから、特筆に値する。

原則：経営者は合理的か

１９８８年にキャピタル・シティーズ／ＡＢＣは、発行済株式の11％に相当する２００万株の自社株買いを発表した。翌年、同社は２億３３００万ドルを投じて52万３０００株を買い戻した。買戻価格の一株４４５ドルは同社の営業キャッシュフローの７・３倍である。同業のメディア企業は営業キャッシュフローの10～12倍の価格で取引されていた。

さらに、１９９０年には営業キャッシュフローの７・６倍に当たる４７７ドルで92万６０００株を買い戻し、１９９２年にもキャッシュフローの８・３倍の４３４ドルで27万株の買い戻しを継続した。買戻価格は、彼らが魅力的と考える同業他社の株価よりも低かったと、マーフィーは念を押す。同社は1988年から1992年までの間に、8億6600万ドルで合計195万3000株を買い戻した。

1993年11月には、競り下げ方式で200万株までを買い戻すと発表した。買戻価格は590~630ドルの範囲である。バークシャーはこれに参加し、所有する300万株のうち100万株を売りに出した。この動きは大きな話題となった。「キャピタル・シティーズは適当な買収対象を見つけられず、どこかに身売りするつもりか」「持ち株の3分の1を売りに出したバフェットはキャピタル・シティーズを見限ったのか」と噂が立ったが、キャピタル・シティーズは一切を否定した。

同社が売りに出るなら、株価は上昇するはずで、それならバフェットが持ち株を放出するはずがないという見方も出た。結局、キャピタル・シティーズはバークシャーからの100万株のほかに10万株を平均価格630ドルで買い戻した。バフェットは6億3000万ドルを別の投資に振り向けることができた。

原則：同調圧力

放送ネットワークビジネスは、その基本的財務特性として、豊富なキャッシュフローを確実に生み出す。それにマーフィーのコスト管理が加わると、とんでもない金額になる。１９８８年から１９９２年までの間に、キャピタル・シティーズは自由に使えるキャッシュフローを23億ドル生み出した。

これだけの資金を前にすると、企業買収や事業分野の拡大などをやりたくなる経営者もいるだろう。マーフィーも若干の買収はやった。１９９０年に彼は６１００万ドルを買収に投じたが、この程度では生み出した23億ドルには何の影響も与えられない。当時のメディア関連は全般に価格が高すぎたと彼は言う。

キャピタル・シティーズは以前から成長するために買収を重視していた。マーフィーは常に案件を探していたが、高すぎる買い物には用心していた。キャピタル・シティーズの巨額のキャッシュフローがあれば、いくらでも他社を買収できたが、「マーフィーはよい買い物を見つけるために何年も待つつもりでいる。単純に資金があるから買うということはない」とビジネスウィークに評されている。

メディア事業は景気循環の影響を受けやすい業種なので、借入金で買収を行うと株主へのリスクが大きくなることをマーフィーとバークは認識していた。「会社に致命的な傷を負わせるかもしれないと我々二人のどちらかが考えた案件に対して、マーフィーは決して手を出さなかった」とバークは言う。

トム・マーフィーが同調圧力に抗えた事例がある。ウィリアム・ソーンダイクが『破天荒な経営者たち』でトム・マーフィーとCBSを経営していた伝説的な経営者ビル・ペイリーの経営スタイルを比較している。

トム・マーフィーがキャピタル・シティーズのCEOになった1966年に、CBSは全米一の大メディアビジネスを展開していて、大きな市場のいくつかでテレビ・ラジオ局を持ち、出版・音楽事業も行っていた。

マーフィーが指揮するキャピタル・シティーズは比較的小さな市場でテレビ・ラジオ局の事業を始めた。当時のCBSの時価総額は小さなキャピタル・シティーズの16倍の規模だった。30年後にキャピタル・シティーズ／ABCをウォルト・ディズニーが買収したときの時価総額はCBSの3倍以上だったとソーンダイクは言う。どうしてこんなことになったのか。

ソーンダイクが指摘するのは、ペイリーとマーフィーの事業の本質的価値を高める方法が異なっていたことだ。ペイリーはメディア企業が生み出す多額の資金を使って、ただ一つの業界に依存するリスクを避けるために無関係な事業を買収するという、人気があり、よく模倣されるアイデアに飛びついた。

これは当時の大企業の経営者が採った王道の進み方だ。単一の事業をコングロマリットに変身させるというのだ。CBSは玩具事業、ニューヨーク・ヤンキース、そしてマンハッタンのミッドタウンにある著名なビルを買った。ペイリーの経営戦略はCBSを大きいだけでなく、経済的に分散された事業にすることを目指していた。

マーフィーはこの正反対だった。彼はキャピタル・シティーズの規模を大きくすることに関心がなく、企業の価値をどう高めるかを考えていた。マーフィーは自分の事業にこだわり、自分が熟知しているメディア事業の外には出なかった。「私たちは、状況に応じて資産を買い、借入金も賢く活用し、事業を改善し、少しだけほかのことをやる」

その過程でマーフィーは借入金を返済し、別のメディア事業を探す。彼はメディア事業の買収に多額の資金を使うつもりはなく、無関係な事業を買おうという同調圧力も気にしないので、必要なときには株主に資金を還元する。私たちはマーフィーが自社株を買い戻して、持ち続けている株主を豊かにする様子を記した。彼は借入金の縮小にも積極的だ。

1986年にABCを買収した後、キャピタル・シティーズの長期借入金は18億ドルに上り、負債比率は48・6%だった。当時の手元の現金は1600万ドルだった。1992年には長期借入金は9億6400万ドルになり、負債比率は20%に低下した。しかも手元の現金は12億ドルまで増加した。

つまり、実質無借金ということだ。マーフィーがキャピタル・シティーズのバランスシートを強化したことで、本質的価値を上げるとともに、企業のリスクも下げていたのだ。

ウォーレン・バフェットは長年数多くの事業経営を見てきた。その彼がアメリカの公開企業の中で、最もうまく経営されているのはキャピタル・シティーズだと言う。これまで見てきたとおり、バフェットがキャピタル・シティーズに投資したとき、投資した株式すべての議決権の行使をマーフィーとバークに委任した。

バフェットは同社のＡＢＣ買収のファイナンスを支援し、１９９６年にはキャピタル・シティーズ／ＡＢＣをウォルト・ディズニーに売却するアレンジを助けた。バフェットのキャピタル・シティーズの経営者との数十年に及ぶ付き合いは多くのことを物語る。

これでもバフェットがマーフィーとバークを高く評価していることを示すには不十分だと言うのなら、この言葉を噛みしめてほしい。「トム・マーフィーとダン・バークは優れた経営者ですが、それだけではありません。あなたに娘さんがいたら、ぜひ結婚相手になってほしいと思うくらいの人物です」

コカ・コーラ社

１９９８年にコカ・コーラ社は炭酸飲料の原液メーカーとして世界最大であり、販売・流通の最大手であった。今でもそうである。同社のソフトドリンク製品は１８８６年アメリカで売り出された。現在、世界の２００以上の国で販売されている。

ウォーレン・バフェットとコカ・コーラの関係といえば、バフェットが子供の頃からの長い付き合いである。５歳のときに初めて飲み、まもなく６本セットを祖父の食料品店にて25セントで購入し、１本５セントでばら売りした。それ以来50年にわたって彼はコカ・コーラ社の記録的な成長を見続けていたが、株式を購入したのは繊維、デパート、農機具メーカーだった。

１９８６年のバークシャー・ハザウェイの株主総会でコカ・コーラをオフィシャルドリンクに決めたときも、コカ・コーラ社の株式は一株も買っていなかった。２年後の１９８８年になって、ついにバフェットはコカ・コーラ社の株式購入を始めた。

原則：シンプルでわかりやすい

コカ・コーラ社の事業は比較的わかりやすい。一般的な原料を購入し、それらを調合した濃縮液を瓶詰業者（ボトラー）に販売する。ボトラーはほかの材料を混ぜて商品を製造する。ボトラーはスパーマーケットやコンビニ、自動販売機などの川下に販売する。また、コカ・コーラ社はソフトドリンクのシロップをレストランやファストフード店に提供し、そこでコップやグラスに入れて消費者に販売される。

一時はコカ・コーラ社の商品ブランドはコカ・コーラ、ダイエットコーク、スプライト、ミスターピブ、メロウイエロー、ランブリンのルートビア、ファンタ、タブ、フレスカなどがあった。他にもハイシーブランドのフルーツ飲料、ミニッツメイドのオレンジジュース、パワーエイド、ネスティー、ノルディックミストもあった。

１９８０年代に同社はボトラー各社も所有していて、そのうち全米最大の会社がコカ・コーラ・エンタープライズ社だった。この会社はオーストラリア、ニュージーランド、東ヨーロッパで販売していた。コカ・コーラ社の強みは有力なブランド商品だけでなく、他に類のない世界規模の流通システムにあった。

原則：長期的に明るい見通し

１９８９年にバークシャー・ハザウェイがコカ・コーラ社の株式の６・３％を保有していると公表した直後にバフェットは「アトランタ・ジャーナル・コンスティテューション」紙のメリッサ・ターナー記者のインタビューに応じた。彼女はバフェットが何度も受けてきた質問を投げかけた。

「なぜ、もっと早くコカ・コーラ社の株式を買わなかったのか？」これに対してバフェットは、最終決定を下したときに考えていたことを話した。「あなたがこれから10年間、どこかに出かけてしまうとしましょう。その前に一つだけ投資を行おうと考えたとします。今知っていることがすべての情報で、出かけている間は投資を変更できないとしたら、あなたはどう考えますか？」

シンプルでわかりやすい事業であることが当然必要だろう。もちろん、長期間の安定した実績もなくてはならない。また、長期的に明るい見通しがあることも当然不可欠だ。「市場が成長を続ける中で、世界のトップ企業であり続けることが確実な企業を考えると、コカ・コーラ社以外には思いつかなかったのです。10年後に戻ってきたとき、今よりはるかに大きなビジネスになっていることにかなりの確信を持てます」とバフェットは答えた。

しかし、なぜバフェットは、このときに投資したのだろうか。バフェットが説明してくれたコカ・コーラ社の事業特質が何十年も前から変わっていないことは、バフェット自身が認めている。彼の目を引いたのは1980年代にロベルト・ゴイズエタ会長のリーダーシップの下で進展した変革だと思う。

コカ・コーラ社の1970年代は暗い時代だった。ボトラーとの争いやミニッツメイドの果樹園での移民労働者に対する不当な扱いに関する訴訟、使い捨ての容器で環境を汚染しているという環境保護団体からの抗議、さらに同社の排他的なフランチャイズシステムが独占禁止法に違反していると連邦取引委員会（ＦＴＣ）からの告発もあり、散々な状態だった。

海外事業も動揺していた。イスラエルでフランチャイズを始めたため、アラブ諸国からボイコットされ、長年の投資が失われた。利益の成長率が最も高かった日本でも、ミスが発生し戦場のようになっていた。持ち帰り用の26オンスボトルが店頭で文字どおり爆発したのだ。しかも、ファンタグレープにタール系の人工着色料を使用していたことが消費者の強い反発を招いた。本物のぶどうの皮を使った新製品を開発したところ、今度は内容物が発酵してしまい、東京湾に捨てられる事態となった。

１９７０年代のコカ・コーラ社は飲料業界をリードする革新者ではなく、一貫性のない受け身の企業になっていた。１９６２年から社長だったポール・オースティンが１９７１年に会長に就任した。多くの問題を抱えながらも、同社は多額の利益を生み出し続けていた。

ところが、オースティンは本業の飲料事業に再投資するのではなく多角化を考え、浄水事業やエビの養殖など、利幅の薄い事業に投資した。ワイナリーも買収した。コカ・コーラ社はアルコールを扱うべきではないと、株主はこれに強く反対したが、批判をかわすためにオースティンは前例のない巨額の広告キャンペーンを行った。

こうしている間も、コカ・コーラ社は自己資本利益率20％を維持していたが、税引前利益は減少していた。１９７３年から１９７４年の弱気相場の終わりに31億ドルだった時価総額は、６年後に41億ドルになっていた。１９７４年から１９８０年までの間に時価総額は年平均５・６％上昇したのだが、これはＳ＆Ｐ５００指標を大きく下回っていた。この６年間に事業に再投資した１ドルに対して、生み出した市場価値はわずか１・02ドルだった。

コカ・コーラ社の惨状は威圧的で人を寄せ付けないオースティンの行動によってさらに深刻化した。しかも、彼の妻ジーンが会社に破滅的な影響を与えた。彼女は本社をモダンアートで模様替えし、同社が持っていたノーマン・ロックウェルの名画を外してしまった。果ては、自分の美術品収集の旅行に社用ジェット機を使うまでになった。そして、彼女が最後に指示したことが夫の失脚を決定的にした。

１９８０年5月にオースティン夫人は、従業員がランチを食べるために使っていた会社敷地内の公園を閉鎖してしまった。食べ残しに鳩が集まり、手入れをしている芝生が台無しになると文句を言ったのだ。従業員のやる気はこれまでになく低下した。

会社の長老である91歳のロバート・ウッドラフは１９２３年から１９５５年まで同社を

率い、この当時も取締役会の財務委員会の委員長だった。彼はこの話を聞き、オースティンを退任させ、ロベルト・ゴイズエタを後任にすることを要求した。

キューバで生まれ育ったゴイズエタはコカ・コーラ社初の外国人CEOだ。無口なオースティンと違い、彼は社交的だった。

ゴイズエタは就任後直ちに50人の上級管理職をカリフォルニア州パームスプリングスに集めて会議を開き、「今のわが社のどこが悪いかを話してほしい。私はすべてを知りたい。問題を片付けたら、100%の忠誠を誓ってくれ。私のやり方に納得できない人は、よい条件を出すので会社から去ってほしい」と宣言した。この会議で「1980年代の戦略」というコカ・コーラ社の企業目的をまとめた900語のパンフレットが生まれた。

ゴイズエタは管理職に、よく考えてリスクを取れと激励した。受け身ではなく、仕掛けていく企業にしようと考えた。彼はまずコストを削減することから始め、傘下のすべての企業に資産に対する利益率の最大化を求めた。その結果、利益率はすぐに改善した。

原則：高い利益率

1980年のコカ・コーラ社の税引前利益率は12・9%という低さだった。利益率は5年連続して下がり続け、1973年の18%から遠く離れてしまった。ゴイズエタが指揮を執った初年度に13・7％に上昇し、バフェットが同社の株式を初めて買った1988年にはさらに上昇して19・5％を記録した。

原則：自己資本利益率

ゴイズエタは1980年代の戦略で、十分な自己資本利益率を上げていない事業から撤退することを求めた。新規に取り組む事業は、その投資を正当化できるだけの成長の可能性がなければならない。今後コカ・コーラ社は飽和した市場でシェア争いはしないのだ。「一株当たりの利益を増やし、自己資本利益率を上げることが目的だ」というゴイズエタの言葉は直ちに実行に移された。1983年にワイン事業はシーグラムに売却された。ワイン事業は1970年代を通して、自己資本利益率20％という立派な数字を達成していたが、ゴイズエタは満足しなかった。彼はさらに上を求め、会社はそれに従わざるを得なかった。そして1988年には自己資本利益率は31・8％に達した。

どんな比較方法によっても、ゴイズエタのコカ・コーラ社はオースティン時代の2倍も3倍も優れた実績を上げた。その結果は時価総額を見ればよくわかる。1980年の時価総額は41億ドルだったが、1987年の末には、10月の株価大暴落の後にもかかわらず141億ドルに上昇していた。7年間で年平均19・3％増加したのだ。留保した1ドルに対して市場価値を4・66ドル増やしたことになる。

原則：経営者は率直か

ゴイズエタの1980年代の戦略は、明らかに株主のことを考えている。「これからの10年間、私たちは株主のために働き、その投資を守り、成長させる。株主が平均以上の投資リターンを得られるように、インフレを上回るリターンを生む事業を選択しなくてはならない」と彼は説明している。

ゴイズエタは、資本を投入して事業を成長させると同時に、株主の投資の価値を上昇させなくてはならなかった。この二つを両立させるために、コカ・コーラ社は利益率と自己資本利益率を上げ、配当性向を下げながら配当の増額を達成した。

1980年代の配当は毎年10％増加したが、配当性向は65％から40％に下がった。株主への配当をきちんと行いながら、利益のより多くの部分を再投資して企業の成長を維持したのだ。

毎年アニュアルレポートで実績のレビューと経営者による説明の冒頭に事業目的を記した。「経営者の第一の目標は、株主のための長期的な価値を最大化することだ」。企業戦略は、長期的なキャッシュフローの最大化を目指すことが打ち出された。そのために、高リターンの飲料ビジネスに特化した。キャッシュフローの成長が高まり、自己資本利益率が上がり、その結果、株主の投資リターンが上昇することが成功の証だ。

原則：経営者は合理的か

ネットのキャッシュフローが増加したため、株主配当を増額するとともに、自社株買いを行えるようになった。1984年に初めて買い戻しを行うこととし、600万株を買い戻すと発表した。その後1992年まで毎年買い戻しを実施し、合計53億ドルで4億1400万株を買い戻した。

これは1984年初における発行済株式の25％以上を買い戻したということだ。この買い戻しは優れた投資になった。買い戻した株式の価値は1993年12月末の終値で計算すると185億ドルに相当する。

1992年7月にコカ・コーラ社は自社株式買い戻しプログラムをさらに進めて、2000年までに発行済株式の7.6％に当たる1億株を買い戻すと発表した。これを実行するのと並行して海外の市場に積極的に投資を続けていたのは見事である。買い戻しを達成できたのは、同社のキャッシュフローを生み出す能力が強いからだとゴイズエタは述べている。

原則：オーナー利益

1973年に1億5200万ドルだったオーナー利益（純利益＋減価償却費－設備投資額）は、1980年には複利ベースで年率8％増加して2億6200万ドルになった。1988年にはさらに8億2800万ドルへと増加するが、この間の伸び率は複利ベースで17・8％に上る。

オーナー利益の増加は株価に反映されている。10年という長期間で捉えると顕著である。1973年から1982年までにおけるコカ・コーラ社の株式の総リターンは年平均6・3％だったが、ゴイズエタの経営が浸透した1983年から1992年の10年間のリターンは年平均31・1％である。

原則：事業価値の判定

1988年にバフェットが初めてコカ・コーラ社の株式を購入したとき、人々は「コカ・コーラ社の価値はどこにあるのか」と聞いた。株価は利益の15倍、キャッシュフローの12倍であり、市場平均と比べるとそれぞれ30％、50％高かった。

ベン・グレアムの教えを信奉するバリュー投資家たちは、バフェットが師匠の教えに背を向けたと非難した。４年後の１９９２年のアニュアルレポートでバフェットはこう説明した。価値は何かの何倍あるかではなく、将来のキャッシュフローを割り引いた現在価値で決まると。

バフェットがコカ・コーラ社の簿価の5倍を支払ったのは、コカ・コーラ社の莫大な無形の価値があったからだ。同社の自己資本利益率が31%ある一方で、設備投資は比較的少額だった。もちろん、バフェットが言うとおり、コカ・コーラ社の価値は、ほかの企業と同様に、事業の一生の中で生み出されると予想されるネットキャッシュフローを適切な利率で割り戻した価値によって決まる。

１９８８年のコカ・コーラ社のオーナー利益は８億２８００万ドルだった。リスクゼロと考えられるアメリカの30年国債の利回りは当時９%近くだった。この年のコカ・コーラ社のオーナー利益を９%で割り引くと、本質的価値は92億ドルと計算される（バフェットは割引率に株式のリスクプレミアムを織り込まないことを思い出してほしい）。

バフェットが同社の株式を買ったときの時価総額は１４８億ドルだったので、一見すると払いすぎたように見える。しかし、この数字はその当時のオーナー利益をベースにしている。本質的価値より60%も高い金額を払う買い手が市場にいるということは、将来成長する可能性を価格に織り込んでいることを示しているのだ。

企業が追加の設備投資を必要とせずにオーナー利益を伸ばしていける場合には、オーナー利益を割り引く利率はリスクゼロの利回りとオーナー利益の予想される成長率との差分を用いるのが妥当である。

コカ・コーラ社の場合、1981年から1988年にかけて、オーナー利益は年17・8%成長していて、リスクゼロの金利よりも高率である。このような場合、アナリストはゴードン成長モデルという2段階の割引モデルを使う。企業がある期間急速に成長した後、緩やかな安定期に入る場合に使われる考え方だ。

このモデルを使ってコカ・コーラ社の1988年における将来のキャッシュフローの現在価値を計算してみよう。1988年のオーナー利益は8億2800万ドルだった。それから10年間、利益を毎年15%増加させることができると仮定してみよう。これは同社の過去7年間の平均よりも低い数字であり、適切な仮定と言える。

10年目のオーナー利益は34億5000万ドルになっている。次に、11年目以降の利益の成長率は5%になるとする。当時の長期国債の利回り9%で割り戻すと、コカ・コーラ社の本質的価値は1988年時点で483億8000万ドルと計算されるのだ。

成長率の仮定を変えて計算するとどうなるだろうか。当初10年間のオーナー利益の成長が12%で、その後5%になるとすれば、9%で割り戻した現在価値は381億6000万ドルになる。10年間の成長が10％でその後５％だとすれば、３２４億５０００万ドルになる。今後ずっと利益が５％しか成長しないと仮定しても、少なくとも２０７億ドルの価値があると計算される。

原則：魅力的な価格で買う

１９８８年の秋に、コカ・コーラ社の社長ドナルド・キーオは誰かが同社の株式を大量に買っていることに気づいた。１９８７年の株式市場の大暴落からちょうど1年が過ぎ、同社の株式は暴落前の最高値より25％低い水準で取引されていた。

しかし、コカ・コーラ社の株価の下落は底を打ったようだった。「誰かわからないが、ケース単位で株式をガツガツ買い漁っている投資家がいる」。この購入を取り次いでいるのが中西部のブローカーだと突き止めたキーオは、すぐに友人であるウォーレン・バフェットだと見当をつけ、電話をかけた。

「ウォーレン君、何が起きているのかね。ひょっとしてコカ・コーラ社の株式を買っていたりしないよね」。バフェットは少し間を置いてから言った。「たまたま、あれは私なのだよ。ただし、私が発表するまでは所有していることを黙っていてくれるとありがたい」。

バフェットがコカ・コーラ社の株式を買っていると知られると、購入ラッシュが生まれ、最終的に株価は上昇し、バークシャーの保有目標に達することができなくなる。

1989年の春にバークシャー・ハザウェイの株主はバフェットが10億2000万ドルを投じてコカ・コーラ社の株式を買ったことを知った。バフェットのバークシャーはポートフォリオの実に3分の1を投じてコカ・コーラ社の7%を保有していた。バークシャーが行った中で最大の投資案件であり、ウォールストリートは当惑して頭を掻きむしった。

1980年にゴイズエタが経営するようになって以来、同社の株価は毎年上昇を続けた。バフェットが初めて購入する前の5年間で見ると、平均上昇率は18%である。会社が繁栄を続けたため、バフェットが割安に買うチャンスはなかった。当時はS&Pインデックスも好調だった。コカ・コーラ社も株式市場全体もバフェットに割安な購入を行うチャンスを与えなかった。それでも彼は買い進んだ。

バフェットが購入した1988年とその翌年のコカ・コーラ社の時価総額は、平均すると151億ドルである。

しかし、私たちが推測するコカ・コーラ社の本質的価値は、207億ドル（オーナー利益の成長が5%の場合）から324億ドル（10年間10%成長し、その後5%成長）、381億ドル（10年間12%成長し、その後5%成長）、483億ドル（10年間15%成長し、その後5%成長）というあたりの数字になる。

つまり、バフェットの安全マージン（本質的価値に対する割安の割合）は、最低でも27％、最大だと70％に上ると考えられるのだ。

コカ・コーラ社の株式をバークシャーが買い始めて10年が過ぎ、その市場価値は２５８億ドルから１４３０億ドルに成長した。その期間に同社は２６９億ドルの利益を生み出した。１０５億ドルを配当として支払い、１６４億ドルを留保し事業に再投資した。

同社は留保した１ドルに対して７・20ドルの市場価値を生み出した。１９９９年末において、当初10億２３００万ドルだったバークシャーのコカ・コーラ社への投資は１１６億２３００万ドルの価値を持つに至った。

バフェットが言うように、最も投資したい対象は、長期間にわたって大きな資本を高い利回りで活用できる企業である。こう話すバフェットが頭の中で思い描いていたのはまさにコカ・コーラ社だった。

同社は世界で最も有名で高く評価されているブランドである。バフェットがコカ・コーラ社を世界一価値のあるフランチャイズと考えた理由は容易に理解できる。その状況は、36年後に彼がアップル社を見るまで変わらなかった。

アップル社

1971年にマイクロプロセッサーの最初の設計者マーシャン・テッド・ホフがインテル4004チップを公開し、これによって第5次技術革命が始まった。ここからは情報テクノロジーの時代である。

マイクロプロセッサーと呼ばれるコンピュータ・チップはコンピュータの行うプロセスにおいて指示を受けてタスクを処理するコンピュータ部品である。新技術には、マイクロプロセッサー、コンピュータ、アプリケーションソフト、スマートホン、コントロールシステムなどがある。

また、これらを支える新しいインフラとしては、グローバルなデジタル・ケーブル・コミュニケーション、光ファイバー、無線通信技術、インターネットを提供する人工衛星システム、電子メールやその他の電子サービスなどがある。

ウォールストリートが新しい発明をお金につなげようと競う中で、ウォーレン・バフェットは少し離れた場所にいた。新しいテクノロジーの企業は短期間で市場に登場した。デル・コンピュータ、マイクロソフト、シスコ・システムズ、アメリカ・オンラインなどである。投資家や金融メディアは引っ切りなしにバフェットにこれらの目覚ましく成長する株式を見てほしいと問いかけた。

　彼の反応はいつも同じだった。テクノロジー企業は私の得意分野に入っていないので、それらの分析においては人より優れていることはないというのだ。バフェットは語る。

「来年1年をかけてテクノロジーについてすべての時間を使って考えることもできるでしょうが、それでも私はこれらのビジネスの分析においては、１００番、１０００番、あるいは1万番にも入れないでしょう」

　実は、テクノロジー企業を買うことをためらわせていたのは、これらの企業を理解していないからではなかった。彼は十分に理解していた。彼を悩ませたのは、将来のキャッシュフローを予測することの難しさだった。

　テクノロジー産業には破壊と創造が常に発生するので計算が難しいのだ。バフェットにとって、コカ・コーラやアメリカン・エキスプレス、プロクター・アンド・ギャンブル、ウォールマートなどの将来を考えるほうがずっと安心できるのだ。

　さて、インテルの新しいマイクロプロセッサーの出現から40年が過ぎた２０１１年に、ウォーレン・バフェットはＩＢＭの株式を買っていたことを発表した。１９１１年に生まれたＩＢＭ（インターナショナル・ビジネス・マシン）はアメリカのテクノロジー産業を代表する企業と見なされていた。

しかし、1990年代の初めに倒産しそうになった。1992年に50億ドルというアメリカの企業がそれまで1年で出したことのない巨額の損失を記録した。ルー・ガースナーやサム・パルミサーノらの優秀な経営者がいなければ、現在IBMという企業は存在していなかったかもしれない。

2011年末点で、バークシャー・ハザウェイはIBMの株式6390万株を購入していた。IBMの株式の5・4%である。そのために108億ドルというバフェットにとって一つの案件では最大の巨額投資を行った。バークシャー・ハザウェイの株主たちはIBMの持つ先進の情報処理テクノロジーの競争優位性について短期集中講座を受けるのだろうと考えていたのだが、意外にも、IBMの経営者に関する説明と企業戦略をどう考えるかということだった。

ルー・ガースナーがCEOとして1993年に入社したとき、苦境にあるIBMの再生を任された。彼は利益率の低い技術資産を売却し、ソフトウェアの世界に果敢に軸足を移した。2002年にCEOに就任したパルミサーノはパソコン事業を売却し、ソフトウェアに加えてコンサルティング・サービスとインターネットに特化させた。

IBMがキャッシュを生み出す力を回復したことは、ガースナーとパルミサーノのCEO在任期間に発行した株式の半分以上を買い戻したことで示された。おまけに、パルミサーノは在任していた10年間に配当を０・59ドルから３・30ドルに引き上げた。４６０％の増加である。

バフェットがＩＢＭに関心を惹かれたのは、ガースナーとパルミサーノの合理的な資本配分と合わせて、ＩＴサービス産業が実は守りを固めるタイプの性格を持っていて、その成長の見通しは比較的安定して予測可能なものだということだった。

ＩＴ産業は立ち直りが早い、なぜなら売り上げは継続的に繰り返し発生し、大企業や政府のような急変しにくい予算と結びついているからだ。バフェットの目から見れば、企業や政府はサービス提供者を滅多に変更しないので、ＩＢＭのＩＴサービス事業は安全な堀に囲まれている堅固さを備えていると映った。

新たな戦略プランを進めたものの、ＩＢＭの売り上げはなかなか増えなかった。売り上げを落とした要因の一つは、データ・ストーレジやソフトウェアサービスをより安価に提供する他社との厳しい競争があった。

アマゾン・ウェブ・サービス（ＡＷＳ）やマイクロソフト・アジュール、グーグル・クラウド・プラットホーム（ＧＣＰ）などが提供するクラウド・コンピューティングがＩＢＭに利益をもたらした顧客を奪っていった。６年近く売り上げを下げ続けたＩＢＭの株価は１４０ドルまで落ち、バークシャーの購入価格１７０ドルを下回ってしまった。

２０１６年のアニュアルレポートにバークシャーの株式ポートフォリオにアップル社の株式６１００万株が追加されたことが記された。バフェットはまだＩＢＭの株式を保有していた。１３８億ドルの投資コストに対して時価は１３５億ドルであった。アップル社の株式購入については何も説明されなかった。

ポートフォリオの保有リストの下に「リストの中の株式には、私とともにバークシャーの投資を運営しているトッド・コーム、テッド・ウェシュラーの責任において購入したものがある」とだけ書かれていた。

トッド・コームは２０１０年にバークシャーに入社した。その2年後にテッド・ウェシュラーがチームに加わった。それぞれがバークシャーのポートフォリオのうちの約１００億ドル（全体の約20％）を担当している。当時人々は二人のどちらかがアップル社を買ったのだと思っていた。

２０１７年になって事態が明らかになった。アップル社への投資は1億６６００万株に増え、投資額は２００億ドルに上った。ＩＢＭへの投資はもはや存在しなかった。翌年、バークシャーはさらにアップル社の株式８９００万株を追加した。これによって全部で2億５５００万株、投資総額３６０億ドル、時価４００億ドルとなった。

今やアップルはウォーレン・バフェットの株式となった。アップルがＩＢＭと入れ替わったのは、テクノロジー業界の衛兵の交替を象徴していた。かつて激しく競い合っていた二人の巨人は異なる道をたどり、ＩＢＭは大企業向けの事業用ソフトウェアソリューションビジネスに専念している。アップル社は躍進し、消費者向け電子産業の支配的な地位で繁栄を謳歌している。

原則：シンプルでわかりやすい

アップル社は１９７６年4月1日にスティーブ・ウォズニアク、スティーブ・ジョブズ、ロナルド・ウェインによってウォズニアクの新しいアップルＩというパソコンを売るために設立された。

１９７７年にアップル・コンピュータ・インクとなり、１９８０年12月12日に株式を公開した。市場での銘柄コードはＡＡＰＬ、時価総額は17億７８００万ドルだった。

アップルの歴史に残る場面として１９８４年1月22日の第18回スーパーボウルの第３クォーターがある。リドリー・スコットが監督したテレビＣＭがアップルのマッキントッシュ・コンピュータの発売を告げた。「１９８４」と名付けられたこのＣＭはテレビ史上最高の広告の一つと称賛され、アップルにとっても転換点となる出来事だった。マッキントッシュはオフィスで簡単に扱える機能としてデスクトップ・パブリッシングを打ち立てる重要な役割を果たした。

時を経て2001年に同社は最初のアップルストア2店をバージニア州とカリフォルニア州に開いて製品を展示した。現在アップルストアは世界中に500店舗以上を展開している。同じ年にアップルはiPodを発売した。カセットテープを再生するソニーの人気商品ウォークマンに代わる携帯デジタル・オーディオ・プレイヤーだ。

iPodは6年間で1億台以上を売り上げた。2年後には、iTunesストアを始めた。iPodで聴く音楽を99セントでダウンロードできる音楽サービスだ。5年間でiTunesは50億ダウンロードを超え、世界最大の音楽販売サービスとなった。

そして2007年に、マックワールド・エキスポにおいてスティーブ・ジョブズはアップルにとっての「ゲーム・チェンジャー」と言われるものを紹介した。劇的に新しい携帯電話、しかしその名前は平凡だった。iPhoneは最初の30時間で27万台が売れ、アップルがコンピュータに重心を置く企業から消費者向け電器の巨人になることを伝えた。

2010年には大きなスクリーンを持つタブレット、iPadを発表した。iPhoneと同様に画面をタッチして操作し、iPhoneのアプリはすべてiPadでも使えた。iPadは初日に30万台売れ、最初の週に50万台以上が売れた。

2014年にはアップルウォッチというスマートウォッチを売り出した。最初はファッションアイテムと思われたが、電話ができるうえに、健康やフィットネスの情報を記録できるというので大きな人気を得た。２０１６年末にはAirPodsというワイヤレスヘッドホンがクリスマス商戦に向けて発売された。これはiPhone、iPad、アップルウォッチとつなげられる商品だ。

この間、アップルとマイクロソフトがテクノロジーの二大巨頭と見られていた。当初アップルはコンピュータと自社のオペレーティング・システム（ＯＳ）であるｉＯＳが同社の事業の主要な原動力だった。マイクロソフトも自社のＯＳであるマイクロソフト・ウィンドウズを販売して市場シェアを獲得し続けることに専念していた。

しかし、アップルは別の道を進みコンピュータとソフトウェアから技術満載、価格も高額な多くの消費者に向けた電器製品の販売に拡張した。この戦略は当たった。iPadを売り出した２０１０年に、同社の時価総額は１９８９年以来初めてマイクロソフトを抜いた。

時価総額が３兆ドルを超えるこの企業のすべての商品が小さなテーブルの上に収まるのを知ると驚かされる。しかし、それはこの会社の一面に過ぎない。別の側面は、実は会社の価値の半分を担っていると推測する人もいる、アップルサービスである。契約ベースのサービス提供だ。

アップルワン、アップルＴＶ＋、アップルミュージック、アップルアーケード、アップルフィットネス+、アップルニュース+、アップルポッドキャスト、アップルブックス、アップルケア、iCloud、アップル・クレジットカードなどである。

そのうち最大のサービスはアップル・アップストアだ。ここでiPhoneやiPad向けのソフトウェア、アプリを購入しダウンロードできるデジタル販売のプラットホームだ。アップルユーザーにアクセスする機会を与える見返りとして、外部のアプリ開発者から30%の手数料を徴収する。サブスクリプションベースのアプリでは最初の年30%、翌年からは15%としている。要するに、アップストアでは大量のお金が噴き出しているのだ。

２０２３年においてアップストアを含むアップルサービスは８００億ドルを超える売上げを上げたが、これはアップルの総売上４０００億ドルの20%近くを占め、純利益への貢献度はさらに高い。この会社だけでデジタルサービスの有料契約者は10億人を超え、前年の８億６０００万人からさらに増えている。

使用されているiPhone、マック、iPadなどアップル社製品は２０２２年の末には前年比11%増加して20億台を超えた。80億人という世界の人口の約26%がアップル社の製品を持っている。

原則：自己資本利益率

ウォーレン・バフェットが初めてアップル社の株式を買ったとき、多くの人は、なぜバークシャーが既に盛りを過ぎたモトローラやノキアと同じような携帯電話メーカーを買いたいと思ったのかと頭を悩ませた。

しかし、これは「うまく説明できないのは、うまく表現できないからだ」というケースの一つであり、アップルはモトローラやノキアではなく、ルイ・ヴィトンなのだ。ニューヨークの五番街やパリのシャンゼリゼにあるアップルストアがルイ・ヴィトンの隣にあるのには理由がある。

アップルは携帯電話の中の高級品メーカーであり、消費者はその製品に強い親近感を持っているのだ。つまり、アップルのiPhoneはステータスシンボルになっているのだ。

バフェットはアップルが非常に価値のある製品であり、人々はiPhoneを中心に生活を築いていると考えるようになっていた。「8歳の子供も80歳の人もそうなのです。人々はその製品を欲しがっています」と彼は言う。「そして、彼らが求めているのは、最も安い製品ではないのです」。平均するとアップルは世界のスマホの約15％を販売しているが、スマホが生む利益の85％を獲得している。

アップルの二つ目の付加価値は、アップストアをはじめとする急速に成長しているサービス事業だ。アップルのサービス事業は社内で最も急速に成長していて、ここ数年の株価の目覚ましい上昇の主な理由になっている。

投資家はアップル社のハードウェア事業（ラップトップ、iPhone、iPad、ウェアラブルウォッチ、AirPods）に注目した時期が長すぎて、サービス事業をほとんど評価していなかった。

バークシャーが最初に株式を買った２０１６年当時は企業の成長をうかがわせていた部分に何の価値も認めなかった。アップルサービスが急成長し、しかも全社の売り上げに占める割合が着実に大きくなっていくと（ハードウェアより成長が早いのだから当然）、アップル社の将来の成長率に対する見方が変わった。

２０２０年には事業の価値の３分の１以上が将来の成長によるものと考えられた。高い利益率を誇る消費者向け電器製品と、急速に成長し利益率も高いサービス事業が結合して他社には真似のできない収益性を実現した。

バークシャーがアップル社の株式を買った２０１６年の自己資本利益率は37％だった。２０２０年には90％に達し、２０２１年には圧倒的な１４７％となった。ネット有形資産に対するリターンも同様の軌跡をたどった。２０１６年に34％だったが、２０２１年には１５０％だった。

自己資本及びネット有形資産に対して３桁の利益率を達成することがどうして可能なの

か。サービス事業の急速な成長が第一の要因だ。そもそも利益率の非常に高い事業なのだ。次に、あまり認識されていないが、アップル社は事業を行ううえで固定資産を必要としていないことがある。売掛金、在庫、固定資産が、買掛金及び未払い費用を上回っているのだ。

原則：価値の判定

トッド・フィンクルがゴンザガ大学の学生を連れてオマハのウォーレン・バフェットを訪ねたときに「企業の価値をどうやって評価しているのか」と質問した。バフェットの答えは、「割引キャッシュフロー法です」。これは１９９２年にバークシャー・ハザウェイの株主たちに紹介したジョン・バー・ウィリアムズがまとめたのと同じ手法だ。

フィンクルが最初の10年間は成長率８％、その後は永続的に成長率２％で、それを10％で割り引くという2段階のゴードン成長モデルを使ってアップル社の価値を評価したところ、適正な価値に近いことを発見した。実際、アップル社の評価に使用される多くの配当割引モデルは、アップル社を分析する際に、適正な価値に対する大幅な割引、つまり安全マージンを発見するのに苦労している。

しかし、２０１６年末から２０２３年6月30日までのアップル社のトータルリターンは

618%上昇しており、年率換算で35%となる。同じ期間にS&P500指数は123%上昇し、年率換算では13%だった。明らかに市場はアップルの普通株の価格を誤って評価していた。

チャーリー・マンガーは、ウォーレン・バフェットが正式な配当割引モデルを使うのを見たことがないと言っている。その代わりに、彼はほとんどの計算を頭の中で行い、その後、経営陣の資本配分などその他の財務要因など、外在的な要素を考慮して評価を調整した。ティム・クックの合理的な資本配分の決定については次節で記す。ここでは、標準的な配当割引モデルが示す企業の本質的価値以上に、大きな影響を与える二つの追加的な経済要因を検証する。

第一は、企業価値を決定する際の無形資産投資の影響である。マイケル・モーブシンはアカデミー会員で著書もある投資ストラテジストであるが、無形資産への投資を中心に据えた本を書いている。会社が成長できるのは利益によって測定される投資リターンを多く生み出すことによると彼は言う。

彼の言う投資は有形のものもあれば無形のものもあり得ることに気づかされる。有形の投資は触って感じることのできる資産であり、建物や装置、トラックなどがある。無形資産は物理的に存在するものではなく、研究開発費、ソフトウェア、医薬品の化学構成などである。

モーブシンによれば、これら二つの特徴は、有形資産はその企業がある一つの時点でのみ使えるが、無形資産は多くのものを同時に使うことができる。無形資産を持つ企業は規模の利益のメリットを大きな規模で得ることができる。ソフトウェアを考えてみよう。最初にソフトウェアをデザインし開発するには多大のコストを要するが、それを配分するときの一つ当たりのコストはとても安くて済む。そして新しいソフトウェアを何百万人もの顧客が同時に利用できるのだ。

モーブシンが見つけたのは、無形資産の投資を頼りにする企業は有形資産の投資に依存する企業よりも速く成長できるということだった。彼はこう語る。「全体として投資の要素は有形から無形に移ってきています。これからの勝者はこれまでに見てきたケースよりも速く成長するのを見ることになるでしょう」

では、アップル社を考えてみよう。無形資産への投資のリターンが有形資産へのものよりも速く成長したことで企業全体の成長は速くなっている。企業の無形資産への投資に対する需要が引き続き高く、時代遅れを回避できれば、この状況はこれからも続く。これはアップル社のサービス事業に特によく当てはまる。そこには無形資産投資が集中しているのだから。サービス事業は企業の中でどんどん大きな存在になっている。

無形資産の投資についてもう一つ重要なポイントは、有形資産投資とは異なる無形資産投資の会計上の扱いである。産業革命初期に生まれた「一般に公正妥当と認められた会計原則（ＧＡＡＰ）」によれば、有形資産への投資はそのまま損益計算書で費用計上されず、いったんバランスシートに資産として計上され、その資産の耐用年数の期間に分散されて減価償却費として費用となる。

期間は5年、10年、20年など投資の種類によって異なる。逆にＧＡＡＰのルールは無形資産への投資は損益計算書で費用計上するよう指示していて、その結果無形資産はバランスシートには登場しない。無形資産投資を多く行っている企業は有形資産投資の企業よりも利益や資産の簿価に対して高い倍率で計算された株価になる。

アップル社の年間の無形資産投資はどれくらいかというと、約３００億ドルである。これがすべて損益計算書で費用として処理され、バランスシートには出てこない。しかし無形資産への投資は企業の品質的価値の上昇に貢献している。例えば、アップル社の２０２４年の利益は９５０億ドル（一株当たり6ドル）と予想されている。２０２３年末において株価は利益の31倍（つまりＰＥＲが31倍）で取引されていた。Ｓ＆Ｐ５００インデックスの20倍よりはるかに高い。

しかし、もし無形資産を費用とせず資産化していれば、利益は１２５０億ドル（一株当たり８ドル）となり、ＰＥＲは23倍になっていたはずだ。無形資産を５年で償却したとしても、２０２４年の利益は９５０億ドルではなく１１９０億ドルになり、一株当たりの利益も６ドルではなく７・62ドルになっていた。この場合、ＰＥＲは31倍ではなく24倍になっていたはずなのだ。

もちろん、アップル社の場合は特にだが、無形資産への投資は企業の本質的価値に大きな貢献をしている。しかし、アップルの価値を生み出す無形資産への投資はＧＡＡＰの慣例の中には見つけられない。ウォーレン・バフェットは企業の価値を見る相談をしばしば受けるが、まずＧＡＡＰから始めるようにと言うが、そこで終わりとは言わない。

全米の株式の大部分を含んでいるラッセル３０００に含まれる企業の無形資産への投資は２０２０年に1・８兆ドルであったが、有形資産への投資８０００億ドルの2倍以上であったこともモーブシンは報告している。投資家の立場からは、株式市場が会計の観点からは同じもの同士を比べている場所ではないことを知っておくことが重要だ。

もう一つの重要な考察は、無形資産への投資に関連する自己資本利益率への経済的影響を理解することである。「無形資産への投資を調整することで他の産業より大きな影響を受ける産業がある。その影響の大きさは有形資産投資と無形資産投資の組み合わせによって決まる」とモーブシンは言う。

モーブシンが指摘するのは、無形資産投資について調整後の投下資本利益率（ＲＯＩＣ）は医薬品、バイオテクノロジー、そしてインターネットのソフトウェアやサービス、インターネット小売業などの産業でほかよりも高いことだ。彼は言う。「無形資産への投資を資産化することがＲＯＩＣを引き上げていることは間違いない」

自己資本利益率の高い企業と低い企業の評価の違いをより深く理解するには、またモーブシンに聞く必要がある。１９６１年にファイナンスの研究者であるマートン・ミラーとフランコ・モディリアーニが「配当政策、成長、及び株式評価」という論文を発表した。モーブシンはこの論文が「評価の新たな時代の先駆けとなった」と言う。ミラーとモディリアーニは簡単な質問から始める。「市場は実際に何を評価しているのか？」。彼らは利益、キャッシュフロー、将来価値を生み出す機会、配当を調査した。何がわかったか？

驚いたことに、すべての項目が一つのモデルに収束した。彼らの結論は、株式の価値は将来のフリーキャッシュフローの現在価値だというのだ。ジョン・バー・ウィリアムズが書き、ウォーレン・バフェットが支持した、議論の余地のない本質的価値を決めるモデルそのものだった。しかし、彼らが次に述べたことは私たちの関心を惹く。

投資家が将来的なキャッシュフローの評価へのインパクトを理解するために、ミラーとモディリアーニは企業を二つの部分に分けた。企業（事業）の価値は確実な状態の価値に将来の価値創造を加えたものだという。企業の確実な状態の価値とは、標準化された税引後営業利益を資本コストで割り、追加現金を加えたもの。

モーブシンによれば「永久年金モデルを使って計算した確実な状態の価値は、現在の税引後営業利益（ＮＯＰＡＴ）は維持可能であり追加的な投資は価値を増減させないことを前提としている」。

将来の価値創造についてミラーとモディリアーニは、企業が行う投資を自己資本利益率から資本コストを引いたもので割り、資本コストを上回る競争優位性を保てる期間を掛けたものとする。言い換えれば、将来の価値創造の増加は、将来生み出すキャッシュなのだが、投下資本に対する利益率が資本コストを上回った場合にだけ考える。

わかりにくいですね。とにかくミラーとモディリアーニはウォーレン・バフェットがしばしば話していることをまとめたに過ぎない。所有する最高の企業、将来最も多くの価値を生み出す企業とは、追加投資資本に対して資本コストを上回る高いリターンを生み、そのキャッシュを企業に再投資して長い期間にわたって高い自己資本利益率を続ける企業だということだ。高い自己資本利益率を再投資で複利的に大きくする企業が長期にわたる資産形成に最も頼りになる存在だ。

次に、モーブシンの助けを借りてミラーとモディリアーニの将来の価値創造とＰＥＲの関係を見よう。

ここでの主題は資本コストを上回るリターンを上げる企業が価値を作り出すということだ。投下資本に対して資本コストより低いリターンしか生まない企業は株主の価値を毀損する。資本コストと同等のリターンを生む企業は成長の速さに関係なく、株主の価値を増やしも減らしもしない。急成長している企業が株主の価値を損ねているという思いは投資家には浮かびにくい。

しかし、次の計算例を見てほしい。資本コストが8％だとする。15年にわたり資本はすべて株式発行で賄うとする。モーブシンによれば、資本に対する利益率8％の企業のＰＥＲは12・5倍である。成長率が年４％、８％、10％、どれであっても倍率は変わらないし、株主にとっての価値は増えも減りもしない。

しかし、資本コストが８％であるのに、企業が資本に対して４％の利益しか上げない場合、４％の成長の下ではＰＥＲは7・1倍であるが、６％成長だと3・3倍と成長が速いほど株主にとっての価値は損なわれていくのだ。最後に資本コスト８％に対して資本に対する利益率16％の企業の場合、４％の成長でＰＥＲは15・２倍、６％成長で17・１倍、８％成長だと19・４倍、そして10％成長すると22・４倍になる。

理解すべき考察が二つある。まず、ＲＯＩＣが１００％である企業はＳ&Ｐ５００インデックスの平均であるＲＯＩＣ15％の企業よりも価値がある。その理由は、利益率100％の企業はより多くの資金を事業に再投資できるからだ。投下資本に対する高い利益率は追加的な利益率が資本コストより大幅に高い状態を続けられるなら、ターボチャージャーの機能を果たすのだ。

もう一つの考察は、売り上げの成長が果たす機能だ。例で見たとおり、資本利益率が同じ企業の場合で一方の成長率が高いと、市場はより速く成長している企業のほうを高く評価することだ。

ここで質問がある。投下資本に対して100％を超える利益率のアップル社が８％で成長するとどれほどの価値になるか。最初に学んだことは、一見するとＰＥＲが高い企業が資本コストを上回る資本利益率を生み出していたら、確かに素晴らしい価値を生むチャンスになり得るということだ。

そして、次に企業が資本コストより高い利益を生み出すのであれば、成長が速いほど価値は高くなる。一言でいえば、資本コストを上回る利益を上げれば、売り上げの成長が本質的価値の成長を決める切り替えスイッチになるのだ。

ここでもう一度アップル社の評価に話を戻そう。標準的な配当割引モデルでオーナー利益が８％伸びているというだけでは、大いに過小評価された株式の正体はわからない、しかし、無形資産への投資の調整を加え、投下資本に対する利益率を計算すると、アップル社が過小評価されていることがわかってくる。

そして、既に最も高い資本利益率を最速で達成している同社のサービス部門が事業のより大きな部分を占めるようになれば、アップル社の本質的価値の増加は今後さらに加速すると十分考えられるのだ。

原則：合理的な経営者

ティム・クックは１９９８年にアップル社に全世界の事業の上級副社長として入社した。創業者であり何度か会長兼ＣＥＯに就いたスティーブ・ジョブズが２０１１年に亡くなったとき、クックがＣＥＯに指名された。

スティーブ・ジョブズが細かいところまで管理したがる傾向の強い厳しい現場監督だったのに対して、クックは人に任せるスタイルだ。彼はアップル社に協力して働く文化を奨励し導入した。彼のリーダーシップの重点は人々、戦略、そして実行にある。「この三つをうまくやれたら、世界は素晴らしいところだよ」とクックは言う。

２０１１年にティム・クックがＣＥＯになったとき、アップル社の時価総額は３５００億ドルだった。12年後、同社は世界で初めて3兆ドル企業となった。世界で最も時価総額の高い企業になった主な要因は、同社の世界中の事業におけるクックの指揮である。グローバルなサプライチェーンを持つグローバルなテクノロジー企業の経営は容易なことではない。しかしクックには、見過ごされがちだがアップル社の価値を上げるためのもう一つの重要な才能がある。合理的に資本を配分する能力だ。これは自社株の買い戻しや配当を上げること、そしてバランスシートを管理するのに必要である。

２０１１年末時点でアップル社の発行済普通株式は２６３億株だった。２０２３年9月30日時点では１５７億株になっていた。ティム・クック以前には同社にはきちんとした自社株買い戻しの仕組みがなかった。クックのリーダーシップによって金融の歴史上最も目覚ましいことをやってのけたのだ。

11年半の間に１０６億株を買い戻し、発行済株式を40％減らした。金額で見ると、クックの買い戻しプログラムにおいて５９２０億ドルの株式を買い戻している。これはＳ＆Ｐ５００を構成する中で9番目に大きいユナイテッド・ヘルス・グループの時価総額４６８０億ドルより大きな金額なのだ。

買い戻しを行っていた同じ期間にアップル社は株主に１４００億ドルの配当を支払った。配当と株式買い戻しを合わせると７３２０億ドルを株主に還元したのである。バークシャー・ハザウェイの時価総額７８４０億ドルに近い金額である。

この7320億円を株主に還元していたのはアップル社が時価総額で1兆ドル、2兆ドル、3兆ドルを初めて達成した企業になった時期だった。それだけではない。これらに加えて、同社は2023年の第2四半期に借入金1100億ドルを上回る1660億ドルの現金を蓄え、実質的に無借金会社となり、560億円の自由に使える現金をバランスシートに計上した。アップル社ほどのリターンや目標を達成した企業は歴史上存在しない。

原則：長期的に明るい見通し

投資家がある企業の将来の明るい見通しを考える場合、次のことを判定するのが最良のやり方だ。⑴既存の事業がどれくらい粘り強いか、つまり既存の顧客がどれくらい顧客であり続けてくれるか、⑵新しい市場、新しい製品で新しい顧客を見つけるチャンスがどれだけあるか、⑶経営者にどれだけ事業の成果を企業のオーナーである株主に還元し続ける気があるか。

なぜアップル社に投資するのかと聞かれたウォーレン・バフェットは、「iPhoneに代表されるアップル社の製品が作り出す世界（エコシステム）に賭けているのです。それは特別なものになると思わせる特徴があると思うのです」。

バフェット流のユニークな表現で、エコシステムという言葉を使ってアップル社が長期間高いリターンを生み出して優位性を生み出す能力を持っていることを示し、それによって株主の富がますます蓄積されることをまとめているのだ。アップル社のエコシステムは、つまりバフェットの言う「堀」だ。

テクノロジーの世界のエコシステムはデジタル体験を切れ目なくつなげる機器で構成される。アップル社の場合、会社がソフトウェア（iOS）とハードウェア（マック、iPhone、iPad）の両方を完全にコントロールする閉じたエコシステムであるとよく言われる。

アップル社がエコシステムを作り上げ強いものにすることに成功したのは、一つの機器の周りに世界をデザインするのでなく、エコシステムの周りに自社製品をデザインしたことによる。そうやって作り上げたエコシステムを維持、発展させて、そこから価値を取り出すアップル社の能力が世界一価値の高い企業を作っているのだ。

デジタル・エコシステムの顕著な特徴は収益逓増の法則にある。これは長い間支持されてきた収益逓減の法則の真逆である。一般的な経済理論では、需要など他の変数を不変とすると、生産1単位の追加による便益、収益はある時点から減少すると言われている。つまり、収益逓減の法則は投資した金額に対する収益のレベルが下がるポイントを示している。そこから先は、資金に対する高い利益の積み上がりは期待できないのだ。

ところが、収益逓増の法則が当てはまることを示す企業が登場してきた。勝者はますます勝ち進み、敗者はどんどん落ちていくのだ。収益逓減の法則は既存の有形資産を使う事業の特徴だが、収益逓増は知識集約型の世界とつながるものだ。

収益逓増の法則が最もよく当てはまるのが、テクノロジー、デジタルの産業だ。これが当てはまる企業は業界における支配力をさらに固める特徴を持っている。その特徴はネットワーク効果として知られている。人々は小さなネットワークよりも大きなネットワークとつながることを好む。

競合する二つのネットワークがあって、一方のメンバーが2500万人、他方が500万人であれば、新しく加入しようとする人は大きいほうのネットワークを選ぶことが多い。他のメンバーとつながりたいというニーズをより満たし、多くのサービスやベネフィットを得る可能性が高いからだ。

製品やサービスがより多くの人に使われるほどその価値が高まることが、ネットワーク効果の大きな特徴だ。需要側から見た規模の利益と言えるかもしれない。したがって、ネットワーク効果を定着させるためには、素早く規模を拡大することが重要だ。これで競争が定着するのを阻むことができる。

ネットワーク効果を研究していておもしろいのは、人がネットワークに加わるときに働く大きな心理的圧力がわかることだ。まずプラスのフィードバック。プラスの経験は喜びと満足感を与えてくれる。私たちはそれをもう一度体験したいと願う。iPhone、iPad、アップルウォッチなどのテクノロジー製品を使ってプラスの経験をすると、その製品に戻りがちである。

テクノロジーへの投資に関連するもう一つの心理学における行動的要素はロック・インと呼ばれる、一つのものにこだわる傾向である。何かを行う方法を一つ覚えると、別の方法を覚えようとはしない。テクノロジー製品、特にソフトウェア、オペレーティングシステムは最初取っ付きにくい。

ある製品やソフトウェアに習熟すると、別のものへの変更に強く抵抗する。このロック・インと密接に関連するのはパス・ディペンデンシー（一つの方法に依存する傾向）である。一つのテクノロジーのやり方を繰り返すことで、気分よくなるのだ。消費者はテクノロジー製品の使い方に満足してしまうと、競合する製品の性能のほうがよくても、価格が安くても動かされない。

ネットワーク効果、プラスのフィードバック、ロック・イン、パス・ディペンデンシー。これらはすべて、変更することのコストを高くする。このコストは文字どおり高い費用になることもある。テクノロジーやソフトウェアを変更することに高い費用がかかると、消費者は決して変更しようとしない。

とにかく多くの場合、前に書いたさまざまな特徴とその組み合わせによって、心理的に消費者に思いとどまらせようとする作用が働き、これが変更に対する大きなコストになる。

さて、コストの話をしたところで、アップル社の製品を使っている20億人のユーザーについて考えてみよう。そのうちの10億人はアップル社のサービスも契約している。彼らは今使っている製品を捨てて新しいOSを学び直すコストを負担してまで別の製品に乗り換える気になるものだろうか。

ウォーレン・バフェットは長期的に最高の見通しを持つ最高の企業をフランチャイズと呼ぶと教えてくれた。人々に必要とされ、あるいは強く求められ、ほかに代替するものがない製品やサービスを提供する企業だ。

またバフェットは、新しいフランチャイズを見つけた投資家が次の偉大な富を得るだろうとも言った。アップル社の特徴、強み、そして製品を取り換えることに対する心理的抵抗を考えると、アップル社がバフェットのフランチャイズ要素の現代版であるという思いを強く感じる。

しかし、企業の本質的価値を築くことは、既存の顧客を満足させるだけでは十分ではない。新しくよりよい製品やサービスを提供し続け、新しい市場に打って出ることも考えなければならない。アップル社は新しい電化製品を発明し提供するリーダーになったとはいえ、新製品や既存製品の改良版を汗水たらして開発し続けている。

２００７年から２０２３年までの間に、iPhoneでは２０２３年９月のiPhone15、iPhone15Proまで38モデルを売り出した。iPadの改良版も38モデル、AirPodsは３世代、アップルウォッチ、６種類のマックラップトップも提供してきた。２０２４年にはアップル・ビジョン・プロというヘッドセットも売り出す。２０１５年のアップルウォッチ以来の新しいカテゴリーの製品だ。

アップルストアを含むサービス事業は2桁成長を続けている。サービス事業は71％と大きな利益率をたたき出し、ハードウェア部門のほぼ2倍の収益力だ。最高財務責任者（ＣＦＯ）ルーカス・マエストリによれば、「サービス事業はさまざまな意味で重要です。私たちのエコシステムを強化し、全社における製品（ハードウェア）の販売成績への依存度を下げてくれます」。

iPhoneとiPadの販売が景気の低迷や新製品発売前でスローになるときでもアップル社が前に進み続けられるのはサービス事業のおかげである。時代に取り残されることなく、アップル社はOpenAIなどに対抗できる人工知能（ＡＩ）ツールの開発に密かに取り組み続けている。同社は、エコシステム用の大規模な言語モデルを作成するための独自のフレームワークを構築している。

新たな製品やサービス、ＡＩの始まり以外で最大かつ最も期待される間近なチャンスは新たな市場である。２０２３年末時点で南北アメリカが売り上げの42％、欧州が25％、中国が20％、それ以外のアジアパシフィックが13％である。

アジアパシフィックの中に隠れているのはインドだ。現在年間売り上げ60億ドルで売り上げの２％を占めるに過ぎないが、このままではあり続けるはずはない。世界で最も人口が多く、最大の民主主義国であり、２０２７年にはアメリカ、中国に次いで世界第三の経済大国になると予測されている。

２０２３年４月18日にムンバイに最初のアップルストアをオープンし、２日後には２号店をニューデリーに開いた。15年前の中国と同様の経済成長の可能性を持つインドは今後15年にわたりアップル社にとって最も重要な市場になるだろう。

最後に、アップル社の株主は長期的に明るい見通しの恩恵に与ることになるが、ティム・クックが引き続き株主への還元を続けるであろうことも安心材料だ。

２０２２年に９００億ドルの自社株買い戻しを行った翌年、２０２３年第２四半期の業績発表の際に一層の株式買い戻しのプログラムを発表した。「アップル社の将来と株式の価値に確信を持っているので、取締役会は９００億ドルの追加買い戻しを承認しました」

とマエストリが発表したのだ。

実行しなかった過ちとやり直し

アマゾンの株式が公開された直後にバフェットはジェフ・ベゾスに会った。2003年時点でバークシャーはアマゾンの債券を4億5900万ドル保有していた。当時バフェットがインターネットで購入していたのは電子版ウォール・ストリート・ジャーナル、オンライン・ブリッジゲーム、アマゾンで買う書籍の3つだけだった。

「アマゾンの体重が何キロになるのかは知りませんが、拒食症でがりがりにやせ細ることはないと確信しています。この男（ベゾス）は目の前にある本の販売を新しいテクノロジーと組み合わせて、数年のうちに世界最大級のブランドを生み出したのです」

それから15年後も、バフェットはベゾスを称賛していた。ゼロから始めた事業を世界最大にするのはオリンピック並みの難しさだ、ベゾスはそれを2度もやり遂げたとバフェットは言う。最初はオンライン小売業で、次はアマゾン・ウェブ・サービス（AWS）でだ。AWSは個人、企業、政府が利用に応じて支払う形で使うオンデマンド・クラウド・コンピューティング・プラットホームである。

バフェットは語る。「私はいつもジェフを尊敬していました。買わなかった私がばかでした。彼は特別な存在だと思っていましたが、書籍からここまでできるとは思っていませんでした。彼はビジョンを持ち、信じられない方法でそれを実行しました」

チャーリー・マンガーは控えめな発言をした。「私たちは多くの人より少し年上で、ほかの人たちほど柔軟ではありません」。バフェットは、自分とチャーリーは、20世紀の偉大な実業家であり史上最も裕福な人物であるジョン・ロックフェラーとアンドリュー・カーネギーに学んで育ったと付け加えた。

彼らは、わずかな資本で何十億ドルもの利益を生み出す1兆ドル規模のビジネスを構築する人がいるとは想像もできなかっただろう。想像をはるかに超えていた。

同じ総会でマンガーは、アマゾンを買わなかった自分には可の評価を与えたが、「グーグルを買わなかったことは本当に愚かだった」と言った。現在、社名をアルファベットと呼ぶグーグルは、２００４年に一株85ドルで上場し、現在1兆ドルを超える世界最大級の企業になっている。

バフェットとマンガーは、消費者がＧＥＩＣＯ保険について知るためにグーグルの検索エンジンでクリックした回数に応じて、ＧＥＩＣＯがグーグルに小切手を送るのを何年も見ていた。「私たちはただ手をこまねいていました」とマンガーは言う。実行しなかったことによる過ちとバフェットが呼ぶ失敗のマンガー版なのだろう。そして「アップル社が私たちの償いなのかもしれません」と付け加えた。

留保した利益の価値

１９８０年のバークシャー・ハザウェイのアニュアルレポートでバフェットは、「バークシャー・ハザウェイにとって、内部留保の価値は、内部留保のある事業の１００％、50％、20％、あるいは1％を所有しているかで決まるのではありません。内部留保の価値は、内部留保がどのように利用され、その利用によってどれだけの利益が得られたかによって決まるのです」と書いた（アニュアルレポートのこの部分はイタリック＝斜字体で書かれていた）。

一般にイタリックは重要な部分を強調し注意を引くために使われる。しかし、バフェットは会長からの手紙でイタリックはあまり使わない。したがって、彼が使ったということは、それがとても重要だということである。彼がイタリックにした部分は注意深く読み、私たちの頭にしっかり取り込むべきである。

このレポートでバフェットはまずＧＡＡＰについて簡単な説明を始める。所有者が異なる事業の売り上げや費用、利益をまとめることに関係するからである。明らかに単純化した言葉でバークシャーが株式の50％を超えて所有する企業の場合、持ち株比率に応じた各事業の利益がバークシャーの利益として直接反映される。しかし、20％未満を所有する支配していない企業では支払われた配当がバークシャーの利益として計上される。

バフェットによれば１９８０年はバークシャーにとって「異常な」一年だった。理由は一つ、単純だ。異常な結果を報告する最初の年だというのだ。支配権のない企業の株式保有での大きな上昇と一部保有の企業における配当として支払われなかった留保利益の合計が、バークシャー・ハザウェイ自身の事業利益を上回ったのだ。

言葉を換えれば、バークシャー・ハザウェイが保有している普通株式ポートフォリオの留保利益のバークシャー・ハザウェイの持ち分が、バークシャー・ハザウェイが１００％保有している企業の利益よりも高かったのだ。保険契約が急増したことによるバークシャーの保険事業は劇的に繁栄した。

その結果、保険料の増加、つまり保険フロートを背景にバフェットは普通株式ポートフォリオを大幅に拡大した。その結果、そしてＧＡＡＰ会計のおかげで、バフェットは、我々の収益の半分以下の「氷山」しか、水面上に見えていないと指摘した。バフェットは、バークシャーの今後を占う意味で、「企業の世界では、このような結果は極めて稀ですが、私たちの場合は、また起きる可能性が高い」と言う。

続いてバフェットは、バークシャーの株主に対して、警戒するには及ばないと安心させる。「なぜなら、バークシャーの保険分野における資源の集中は、それに対応して資産を普通株式に集中させることになりますが、これらの企業の多くは収益の比較的小さな割合しか配当として支払っていません。このため、これら企業の収益力のうち、現在の当社の営業利益に計上されるのはごく一部に留まるのです」

「しかし、心配はいりません」とバフェットは言う。「当社の報告された営業利益には、これらの企業の普通株式から受け取る配当のみが反映されていますが、当社の経済的な健全性を決定するのは配当ではなく、それら企業の収益です」

わかりやすくするために例え話を続けた。「私たちが一部だけ保有する森で一本の木が育つとき、その木の成長を私たちは記録に記しません。しかし、その木の一部は私たちの所有物なのです」。40年後、バフェットはバークシャーの新しい株主と古くからの株主に留保利益の価値について同じ教えを説く。

２０１９年のバークシャー・ハザウェイのアニュアルレポートでは、バフェットはエドガー・ローレンス・スミスを紹介した。ハーバード出身の経済学者で当時はロウ・ディクソン・アンド・カンパニーという証券会社で投資マネジャーをやっていたが、彼は当時主流だった、長期投資には株式よりも債券がよいという考え方を支持していた。

しかし、現在私たちが彼の名前を知っている理由になった本を書いてからすべてが変わってしまった。1924年に彼が出版した『長期投資としての普通株式』の中で彼はどの20年間で見ても、分散された株式のポートフォリオの利回りが同様に分散された債券のポートフォリオの利回りに負けたことは一度もなかったことを明らかにしたのだ。

当時においては極めて革新的な考えだった。誰もが株式よりも長期債券のほうが優れていると考えていたからだ。これでスミスは一躍注目を集めた。

ジョン・メイナード・ケインズは著名なイギリスの経済学者であり哲学者だが、この本を読んだ多くの読者の一人だった。大いに感銘を受けてまもなく彼はスミスを権威あるロイヤル・エコノミック・ソサエティ（王立経済学会）に入会するよう招待した。ケインズはこう書いている。

「おそらくスミス氏の最も重要で、間違いなく最も斬新な点を私は最後まで取っておきました。経営がうまくいっている企業は得た利益のすべてを株主に配ることはルールとして行っていません。毎年ではないが、好調な年には利益の一部を留保して事業に戻します。こうして産業への健全な投資に好ましい複利計算が作用するのです。ある程度の期間で見れば、健全な産業の資産価値は複利ベースで増加し、配当として株主に支払われる資金とはまったく異なる働きをするのです」

「そして、この聖水が振りかけられたことで、スミスはもはや無名ではなくなりました」留保利益が再投資される複利的効果は株主の価値を上げることになるのに、なぜその理解が投資家の中から消えてしまったのかと当惑したことをバフェットは認めている。バフェットは言う。

「結局、かつて気が遠くなるほど巨額の富がカーネギー、ロックフェラー、フォードなどの名前の下に蓄積され彼らは利益の大きな部分を成長に注ぎ込みさらに多くの利益を生み出しました。アメリカ中の小型の資本家たちも同じことをして同様に豊かになったものです」

65年以上にわたり、ウォーレン・バフェットは彼にとって株式を投資することと企業を100％保有することとの間に何の違いもないと考えていると頑固に言い続けている。「チャーリーと私はバークシャーの普通株式のポートフォリオを、株式市場での賭け事の集まりとして見ていません。それは、金融界による格下げ、収益の未達、予想される連邦準備制度の行動、政治的な動向、経済学者の予測、あるいはその日の話題となる事柄によって打ち切られるような一時的なものではありません」

バークシャー・ハザウェイにおいては理論的に言って、シーズ・キャンディーズを所有していることとアップル社への投資に何の違いもない。シーズには株価がなくその利益はすべてバークシャーの利益として記録される一方、アップル社は株価が付きその利益はバークシャーのGAAPによるPERには加えられないが。バフェットの説明は続く。

「以前もしっかりお伝えしましたが、チャーリーと私はバークシャーが保有する有価証券は事業の集まりだと考えています。株式の一部を持っている企業の経営をコントロールするのではないし、会計上も配当以外には計上しません。しかし持っている分だけ企業の長期的な繁栄を共有しているのです」

「見えていないものを忘れてはいけません。記録されない留保利益は多くの価値を生むものです。それはバークシャーのためになるのです」。留保利益の複利効果を享受するほど長く保有しない株式を持っている個人投資家が見落としがちなポイントである。

「以前も指摘しましたが、留保利益はアメリカの歴史を通してアメリカのビジネスを引き上げてきました。カーネギーやロックフェラーの役に立った魔法は長い年月の間には、数多くの投資家にも役立つのです」

第 5 章

Managing a Portfolio of Businesses

バフェットのポートフォリオ戦略

少数の優れた企業を厳選する

ウォーレン・バフェットはポートフォリオマネジメントを行っていない、少なくとも昔ながらのやり方では。

当代のポートフォリオマネジャーは所有する株式の数、それぞれの株式のウェイト付け、産業・分野の分散状況、ベンチマークと比較した直近までのポートフォリオのパフォーマンスを正確に把握している。

多くのマネジャーは個々の株式への投資金額を均等にしている。さまざまな産業にどれだけの金額を投資したかもしっかり見ている。

例えば、消費循環産業、生活必需品、ヘルスケア、金融、テクノロジー、工業製品、エネルギー、素材、公益事業など。バフェットはそれらの数字や統計を知っているが、そんなことのために時間を無駄にはしない。

ハリウッド映画が当代のポートフォリオマネジャーの典型的な姿を見せてくれる。電話を耳に挟み、目はコンピュータのスクリーンの上で刻々と変化する価格を示す赤や緑の点滅に釘付けだ。株価がわずかな下落を示すと顔をしかめる。

ウォーレン・バフェットはその種の狂乱とはまったく無縁だ。大きな自信に裏付けられた落ち着きがある。たくさんのスクリーンを見る必要もない。刻一刻の市場の変化には何の興味もないからだ。バフェットの思考は分、時間、日、週、月単位ではなく、何年にも及ぶ。何百もの企業を常に追いかける必要もない。

彼のポートフォリオには選び抜かれたごく少数の企業があるだけだからだ。「私たちは少数の優れた企業を厳選しています」。この手法はフォーカス投資と呼ばれ、ポートフォリオ管理を著しく簡略化し、市場を打ち負かす平均以上のリターンを生み出す確率を上げる。

フォーカス投資は驚くほどシンプルであるが、シンプルな考え方ほど、複雑に絡み合った基礎の上に成り立っている。本章でフォーカス投資の効果を詳しく見ていくが、それによってウォーレン・バフェットが語るポートフォリオマネジメントの新しい考え方を示したい。

ただし、この新しい考え方は、まず間違いなく、株式投資についてこれまで教えられていたこととは正反対になることを最初にお断りしておきたい。

ポートフォリオマネジメント――二つの選択肢

ポートフォリオマネジメントについては、二つの戦略が主導権を争っている状況だ。(1)アクティブ投資と(2)インデックス投資だ。

アクティブ投資を行うマネジャーは株式を常に売買している。典型的なファンドは、100以上の銘柄で構成され、回転率は100%、つまりほとんどのファンドはポートフォリオのすべてを毎年入れ替えている。それほど大騒ぎをして売買するのは、顧客を満足させるためである。

顧客はいつ「ポートフォリオの状況はどうか、市場を上回っているか」と質問してくるかわからない。答えがイエスなら顧客は資金をそのマネジャーに任せたままであるが、答えがノーだと、ポートフォリオのマネジャーは顧客と任された資金を失うリスクを負うことになる。

一方、インデックス投資はその逆で、バイ・アンド・ホールド手法だ。広く分散されたポートフォリオを作り、S&P500などのベンチマーク指標を選び、それと連動するように運用する。この場合、投資家は500社を保有するのと同様の結果を得る。

アクティブ投資のマネジャーは、自分たちの優れた銘柄選択能力によって、インデックスファンドよりもうまくやれると主張する。一方、インデックス・ストラテジスト側は、最新の実績を見れば、３年間では79％のアクティブマネジャーがベンチマークを下回り、過去５年だと88％、10年以上だと93％のアクティブマネジャーが市場に負けていることを示す。

アクティブポートフォリオのマネジャーは投資マネジメントで高い手数料を取り、常に売買しているため取引コストも高い。したがって、自分の銘柄選択の報酬を得る以前に、市場を上回るためには高いハードルを越えなければならない。

インデックス投資家の取引コストは少ないし、ファンドの管理手数料も非常に低いので大幅に費用が少ない。しかし、注意することがある。インデックスファンドの費用は少ないのだが、ベンチマークのインデックスを大きく下回ることはない代わりに、それを上回ることもないのだ。

投資家の立場から言えば、どちらの戦略も分散することでリスクを小さくしようとする点は同じだ。多数の産業にまたがり、数多くの銘柄を保有することで、一つのセクターだけに投資していてそこがおかしくなることで大きな被害を受けないようにする温かい保護を得ようとする。通常、分散されたポートフォリオの中のある株式は値下がりし、ほかの株式が値上がりする。値上がりで値下がりをカバーできることを祈ることになる。

分散投資のお題目を聞きすぎたため、私たちはその当然の結果に対して鈍感になってしまっている。つまらない投資成績に終わるのだ。アクティブポートフォリオもインデックスポートフォリオも分散は実現するが、一般的に際立って高いリターンを生むことはない。投資家が自らに問わなくてはならないのは、平凡なリターンで自分は満足なのか、もっとうまくやることはできないのかということである。

この論争をウォーレン・バフェットはどう見ているだろうか。インデックスかアクティブかと二択で問われれば、ためらわずにインデックスを推す。株式では避けられない短期的な変動に神経質な投資家や、保有する事業の経済性をよく知らない場合などでは特にインデックスを薦める。

「定期的にインデックスファンドに投資すれば、何も知らない投資家でも多くのプロよりよい成績を上げられます」とバフェットは説明する。しかし、バフェットは第3の選択肢を示すことを忘れない。市場を上回る確率が大きく上がる、まったく別の種類のアクティブポートフォリオ戦略である。

第3の選択肢——フォーカス投資

1991年のバークシャー・ハザウェイのアニュアルレポートで、ウォーレン・バフェットはポートフォリオの管理にどう取り組んでいるかを説明した。

「もしビジネスの機会が、例えばオマハの個人経営の企業だけに限られていたら、私はまず個々の事業の長期的な企業特質を評価します。次に、経営している人たちの質を評価します。三つ目は、その中のベストの企業数社だけを満足できる価格で買おうとするでしょう。町のすべての企業に投資しようとは考えません。それでは、バークシャーがより大きな公開企業の世界で投資するとき、これと異なるアプローチをするべきなのでしょうか」

バークシャー・ハザウェイのポートフォリオ管理手法はフォーカス投資と呼ばれている。その根本はごく簡単に書き出すことができる。長期にわたって平均以上のリターンを生む可能性の高い企業を数社選び出し、ポートフォリオの資金の大部分をこれらに集中し、短期的な市場の変動の中でも動じずに保有し続ける忍耐力を持つことである。

ウォーレン・バフェット流の原則をしっかりフォローすれば、投資家はフォーカスポートフォリオに適した優良企業に自動的に導かれる。

「チャーリーと私は株式を選んでいるのではありません。私たちは事業を選んでいるのです。私たちは公開企業の株式を所有していますが、長期的な事業のパフォーマンスを期待しているのであって、うまく売買する道具として考えているのではありません」

事業を選ぶことと株式を選ぶこととの違いについてのこの簡潔な言葉は、広く分散されたポートフォリオでなくフォーカスポートフォリオを選ぶ理由を理解するための鍵になる。

30年前にウォーレン・バフェットはこう書いていた。

「私が常に探しているのは、わかりやすい内容の魅力的な事業が長続きしていて、その経営者が有能で株主のことを考えている、そんな大企業です。このように絞り込んでも、それでよい結果になる保証はありません。納得できる価格で購入し、私たちの評価の正しさを証明してくれるだけの事業実績を上げてもらわなくてはなりません。スーパースターを探すこの方法だけが、本当に成功するやり方なのです」

バフェットはしばしばこう話している。

「チャーリーと私は、やらなければならない仕事の多さを考えると、素晴らしいとは到底呼べない事業の一部を器用に売買して素晴らしい結果を出せるほど賢くはありません。かといって、花から花へと飛び回る投資で長期的にうまくやれる人がたくさんいるとも考えていません。アクティブに売買している企業を投資家と呼ぶのは、一夜限りの関係を繰り返す人をロマンティックと呼ぶようなものだと思っています」

バフェットが「何の知識もない」投資家にインデックスファンドで行けとアドバイスしたことを思い出してほしい。さらにおもしろいのは、その続きだ。

「もしもあなたが、知識を持つ投資家で、事業の経済性を理解していて、長期的な競争優位性を持ち納得できる株価の企業を5～10社見つけることができるのなら、従来の分散投資は無意味です。それをやるとよい結果は得られないし、リスクは増えます。最もよく理解していてリスクが最小で将来大きな利益を上げる可能性を持つ最高の企業だと自分が思う企業に、知識ある投資家がなぜ自分のお金を投じないのか、そうせずに20番目によいと思う程度の企業に注ぎ込むのか、私にはまったく理解できません」

バフェットの意見は、つまらない企業への投資を繰り返すよりも、少数の素晴らしい企業に投資したほうが、投資家はよい結果を得られるというものだ。彼自身の成功は少数の素晴らしい投資の結果だと言う。彼の経験を見て、1ダースほどの素晴らしい判断を除いたら、それ以外の成績は平均的なものかもしれない。

平均以上の投資結果を得る可能性を上げ、平凡な結果を回避するためにバフェットは「投資家は一生に20回だけ使えるカードを持っていると想定する。カードを使うと、その都度残るチャンスは1回減る」と考えてみることを勧める。もし投資家がこのような制約を自らに課したら、素晴らしいチャンスが出てくるまで忍耐強く待つだろうと言うのだ。

従来どおりの分散投資には別のデメリットもある。事業について自分がよく知らない企業に投資する可能性が非常に高まることだ。バフェットはジョン・メイナード・ケインズを引き合いに出す。

ケインズは経済学者だがフォーカス投資家でもある。バフェットは言う。「ジョン・メイナード・ケインズは、思索の素晴らしさに匹敵する素晴らしい投資の実践家でもありましたが、1934年8月15日に仕事仲間のF・C・スコットにすべてをまとめた内容の手紙を出しました」。手紙の引用は次のとおりだ。

「時が過ぎるにつれて、経営者を完全に信頼できる一つの企業に大きな金額を投じるのが正しい投資方法だということを、私は強く確信するようになった。ほとんど内容を知らず特に信頼する理由もない企業に広く資金をばらまくことでリスクを限定できると考えるのは間違いだ。（中略）人の知識や経験には明らかに限りがあり、個人的に完全に信頼を置けると感じる企業は、どの時点においても二つか三つしか存在しない」

フィリップ・フィッシャーがバフェットの考え方に与えた影響はよく知られているが、彼のフォーカスしたポートフォリオもよく知られている。彼は常によく理解している少数の優れた企業を保有することを好み、よく知らない企業の株式を多数保有することはなかった。

フィッシャーは投資コンサルティングビジネスを１９２９年の株式大暴落の直後に始め、よい結果を生み出すことの重要性をよく覚えている。「当時、間違うことは許されませんでした。企業のことをよく理解すればそれだけ投資結果もよくなるとわかっていました」。基本ルールとしてフィッシャーは自分のポートフォリオを10銘柄以内に限定した。そのうち３～４社で投資全体の75％を占めるようにした。

フィッシャーは著書『株式投資で普通でない利益を得る』に、「十分な知識を持たずにある企業に投資することは、分散が不十分であることよりもはるかに危険だという考え方は、投資家には思い浮かばないようで、彼らのアドバイザーたちには輪をかけて思いつかなかったようです」と書いた。

フィッシャーはその後も考え方を変えなかった。「素晴らしい株式を見つけるのはたいへん難しい」と彼は語る。「難しくなかったら、誰もが保有しようとします。私は中でも最高のものを保有したい。それができないなら、投資はしません」。フィッシャーのポートフォリオマネジメントは稀有だが深く考えられた「少ないほど、より好ましい」という言葉に集約されるだろう。

利益を上げる素晴らしい投資機会に出会ったら、大きな投資だけに突き進めというフィッシャーの信念はバフェットに影響を与えている。バフェットはフィッシャーの考え方を復唱して、1978年にこう書いている。「私たちの方針は投資の集中です。事業や株価について気分が盛り上がっていないのに、あれもこれも少しずつ買うやり方はできるだけ避けます」

そうではなく、と彼は説明する。「魅力を確信したら、まとまった投資をします」。のちにこうも言っている。「一度の投資において自分が持っている投資総額の少なくとも10％は注ぎ込むだけの勇気と確信を持っているべきです」

長い年月の中で、バフェットがポートフォリオの10％以上を投資したケースをいくつか挙げることができるが、その中にはもっと大きな投資も含まれている。

1963年に彼はバフェット・リミテッド・パートナーシップの資産の25％をアメリカン・エキスプレスに投資して、結果として2000万ドルの利益を手にした。1974年には、バークシャー・ハザウェイの株式ポートフォリオの20％以上をワシントン・ポスト社に投じた。

1976年までにポートフォリオの25％をGEICOの普通株式と優先株式に投資した。1989年にも、10億ドルをコカ・コーラ社に投資したが、これはバークシャーのポートフォリオの30％強であった。

そして、２０１８年に行った、おそらくウォーレン・バフェットの最も思い切った投資がアップル社への３５０億ドルだった。これはバークシャーの１７２０億ドルに上るポートフォリオの20％以上である。ほかのポートフォリオマネジャーでこれほど大きな投資を一度に行った例を見つけるのは難しいだろう。

また、１７２０億ドルを管理しているポートフォリオマネジャーがわずか15銘柄しか持っていないということは、まずやらないだろう。２０１８年末のバークシャーの普通株式ポートフォリオはまさにその状態だったのだ。

これについてバフェットはこう答えている。

「私たちの戦略は厳格に分散させる一般的な考え方を採りません。私たちの戦略は普通の投資家の戦略よりもリスクが高いという評論家は多いでしょう。しかし、私たちはそう思いません。投資家が、買う前に企業についての考察を深め、事業の経済的な特質への安心感を高めることになるので、集中する方針はリスクを下げると確信しています。投資家はそのように行うべきなのです」

集中したポートフォリオを管理することに加えて、ポートフォリオを動かさないこともウォーレン・バフェットの成功の大きな要因である。彼はバークシャーの保有株式の主要な部分は一年を通じて売買しないことをよしとしている。

彼はこんな洒落を言ったことがある。「怠惰に近い無気力が私たちの投資スタイルの基礎なのです」。彼はこんな表現でずっと売買をやりすぎることは投資家のリターンをかすめ取るスリのようなものだと投資家に気づかせてくれる。

ポートフォリオの売買の回転率が高いと取引コストを増やし、税金の支払いも増えるので、優れた企業を買って保有することによる複利的効果を減らす方向に作用する。この後さらに学ぶように、注意深く集中したポートフォリオの回転率を低く保つことが、長期的な富の蓄積に最高の効果を発揮するのだ。

バフェット村の投資のスーパースターたち

ウォーレン・バフェットは1956年にバフェット・パートナーシップを始めて以来、熱心にフォーカス投資を行ってきたが、同じように考えるフォーカス投資家の投資実績とポートフォリオの特徴を見ておくことは有益だろう。

ここで挙げるのは、チャーリー・マンガー、セコイアファンドを運用するビル・ルーアン、GEICOの投資ポートフォリオを指揮したルー・シンプソン、そしてもちろんウォーレン・バフェット自身だ。彼らはそれぞれ集中した回転率の低いポートフォリオを運用している。彼らの運用実績からフォーカス投資について多くを学ぶことができる。しかし、その前に、最初のフォーカス投資家の話から始めよう。

ジョン・メイナード・ケインズ

ジョン・メイナード・ケインズと言えば、多くの人は経済理論での功績を思い浮かべるだろう。しかし、マクロ経済学の大家であると同時に、ケインズが伝説的な投資家だったことを知る人はあまりいない。彼の投資の能力は、ケンブリッジ大学キングス・カレッジにおけるチェスト・ファンドの運用実績が証明している。

キングス・カレッジの投資対象は、1920年までは固定金利の債券に限定されていた。しかし、1919年の終わりにケインズが経理の副部長に任命されると、彼は資金の管理者を説得して、株式、通貨、商品先物のみに投資する別勘定のファンドを始めた。この別勘定がのちにチェスト・ファンドになった。1927年にケインズが経理部長に任命されてから彼が亡くなる1946年までの間、彼はこの勘定の全責任を負った。1938年に彼はチェスト・ファンドの詳細な報告書を作成し、その投資方針を次のように説明した。

(1)長期にわたり確実と思われる「本質的」(カギ括弧は筆者、以下同)価値と比較して割安であり、同時にその時点でほかの選択肢よりも割安であるという条件で、「少数の」投資対象を慎重に選定する。

(2)どんなことがあっても、これらのかなり大きな投資を数年間はしっかり保有し続ける。予定した収益を達成したとき、または購入が明らかに間違いだったと判明したときに売る。

(3)「バランスの取れた」投資ポジション、つまり個々の投資額は「大きく」ても、リスクを多様化し、可能なら反対方向のリスクを持つ投資を組み合わせる。

私がこれを読んだ限りでは、ケインズがフォーカス投資家であることを示していると思う。ケインズは選び抜いた少数に意図的に集中して投資し、投資の価値を株価との対比において推定するのにファンダメンタル分析を用いた。

また、ポートフォリオを構成する株式は大きなロットで売買し、回数を少なくすることを好んだ。しかし、同時にリスク分散の重要性も認識していた。彼の戦略は、良質で予測可能なビジネスに集中することでさまざまな経済状況に対応しようということだった。

ケインズの投資成績はどうだっただろう。ずば抜けていた。表5・1を調べると、ケインズの銘柄選択とポートフォリオマネジメントが素晴らしかったことがわかる。

彼が責任を負っていた18年間にチェスト・ファンドは年平均リターン13・２％を達成したが、イギリスの市場全体はこの間ずっとほぼ横ばいだった。この期間には、大恐慌と第二次世界大戦が含まれていたことを考えると、ケインズの投資実績はまさにずば抜けていたと言える。

とはいえ、チェスト・ファンドは厳しい時期も経験した。１９３０年、１９３８年、１９４０年にはイギリスの市場全体よりも大きく資産価値を落としていた。ファンドの価値が大きく振れていることから、このファンドのボラティリティが市場よりも高いことは明らかだ。

確かに、このファンドの標準偏差（変動率を見る別の指標）を計算すると、市場全体の2・5倍も変動が大きいことがわかる。このファンドの投資家がでこぼこ道をたどったことは疑いないが、最終的には市場全体をはるかに上回る成績を収めたのである。

ケインズにはマクロ経済学の素養があったから、市場のタイミングを計る技術を持っていたと誤解してほしくはないので、彼の投資方針をさらに引用しよう。

「景気循環のさまざまな局面で、相互に作用するシステムの動きを有利に使うことができ

表5.1　ジョン・メイナード・ケインズ：年間投資実績の推移

	年間騰落率(%)	
年	チェスト・ファンド	イギリス市場全体
1928	0.0	0.1
1929	0.8	6.6
1930	▲32.4	▲20.3
1931	▲24.6	▲25.0
1932	44.8	▲5.8
1933	35.1	21.5
1934	33.1	▲0.7
1935	44.3	5.3
1936	56.0	10.2
1937	8.5	▲0.5
1938	▲40.1	▲16.1
1939	12.9	▲7.2
1940	▲15.6	▲12.9
1941	33.5	12.5
1942	▲0.9	0.8
1943	53.9	15.6
1944	14.5	5.4
1945	14.6	0.8
平均リターン	13.2	▲0.5
標準偏差	29.2	12.4
最大損失	▲40.1	▲25.0
最大利益	56.0	21.5

るとは、まだ証明されていない。こうした経験から考えて、いかなる理由によっても、大きくポジションを動かすことはうまくいかず、望ましくない。それを試みる人の多くは、売買のタイミングが遅れ、また売買の回数が多すぎて、コストばかりかけて落ち着かない投機的な気分に陥る。この状態が広がると、変動幅をさらに広げるという不利益を社会全体に及ぼすことになる」

バフェット・パートナーシップ・リミテッド

バフェット・パートナーシップが活動したのは、1957年から1969年までであり、リターンは目覚ましく、いささか異常である。目覚ましいというのは、バフェットがすべての期間を通してダウ・ジョーンズ工業株平均の年平均リターンを22％も上回るネットリターンをパートナーたちにもたらしたからである。

異常だというのは、彼は13年連続でダウを打ち負かし、その間マイナスの年が一度もなく、しかも変動幅もダウより小さかったからだ。表5・2を見ると、バフェットの標準偏差はダウよりも小さかった。独特の遠回しな言い方で彼は「どのような見方をしても、満足できるものでした」と振り返った。

表5.2　バフェット・パートナーシップ：年間投資実績の推移

	年間騰落率(%)	
年	パートナーシップ全体	ダウ・ジョーンズ工業株平均
1957	10.4	▲8.4
1958	40.9	38.5
1959	25.9	20.0
1960	22.8	▲6.2
1961	45.9	22.4
1962	13.9	▲7.6
1963	38.7	20.6
1964	27.8	18.7
1965	47.2	14.2
1966	20.4	▲15.6
1967	35.9	19.0
1968	58.8	7.7
1969	6.8	▲11.6
平均リターン	30.4	8.6
標準偏差	15.7	16.7
最大損失	6.8	▲15.6
最大利益	58.8	38.5

彼はいったいどうやったのだろう。どのようにフォーカスポートフォリオにつきものの変動を回避できたのだろうか。

思いつく説明は二つある。まず、株価の動きがバラバラな株式を所有していたということ。もちろん、彼が意識して変動の小さいポートフォリオを目的にしたとは思えない。むしろ経済的に分散するようにポートフォリオをデザインしたのかもしれない。

もう一つの説明は、このほうが大いにありそうなことだが、バフェットが本質的な価値に対して非常に割安な株式を注意深く厳選した結果、値上がりの旨味をパートナーたちに渡しつつ、値下がりのリスクを限定できたということだ。

チャールズ・マンガー・パートナーシップ

ウォーレン・バフェットは世界一の投資家であり、そのタイトルに値する人物であることは間違いない。しかし、バークシャー・ハザウェイが長い間に築き上げた目覚ましい投資実績は、バフェットだけの功績ではなく、ビジネスパートナーで副会長でもあるチャーリー・マンガーの聡明なアドバイスのおかげでもある。

チャーリーも優れた投資家であることを忘れてはならない。バークシャーの株主総会に参加したり、チャーリーの考えをインタビューなどで読んだりした株主なら、彼の知性の幅広さと奥深さを理解できるだろう。

チャーリー・マンガーは弁護士になるべく教育を受け、彼がバフェットと会ったときには、ロスアンゼルスで弁護士として成功していた。しかし、バフェットは投資をやることを強く勧めた。そしてその結果が表5・3であり、ここにマンガーの才能を見ることができる。

「彼のポートフォリオはごく少数の株式に集中していたので、実績は大きく変動していました。しかし、基礎になっていたのは私と同じで、価値から考えて割安かどうかという手法です」とバフェットは説明している。

チャーリーは株価の安さよりもよい事業かということに重点を置くバリュー投資家だった。しかし、本質的価値よりも価格の安い企業だけを探した。「彼は、成績の山と谷の振れ幅が大きくなることを覚悟していて、それでも集中できる精神力の持ち主でした」とバフェットは話す。

バフェットがチャーリーの実績を語るとき、リスクという言葉を使っていないことに気づいてほしい。一般的な投資マネジメントの定義におけるリスク（価格の変動の度合い）の観点から見ると、チャーリーのパートナーシップは極めてリスクが高いということになる。その標準偏差は市場のほぼ2倍だった。

**表5.3　チャーリー・マンガー・パートナーシップ
：年間投資実績の推移**

	年間騰落率(%)	
年	パートナーシップ全体	ダウ・ジョーンズ工業株平均
1962	30.1	▲7.6
1963	71.7	20.6
1964	49.7	18.7
1965	8.4	14.2
1966	12.4	▲15.8
1967	56.2	19.0
1968	40.4	7.7
1969	28.3	▲11.6
1970	▲0.1	8.7
1971	25.4	9.8
1972	8.3	18.2
1973	▲31.9	▲13.1
1974	▲31.5	▲23.1
1975	73.2	44.4
平均リターン	24.3	6.4
標準偏差	33.0	18.5
最大損失	▲31.9	▲23.1
最大利益	73.2	44.4

しかし、市場の平均利回りを18％も上回ったのは、リスクを好む個人というよりも、本質的価値より安い少数の素晴らしい株式に集中できる鋭敏な投資家だったからだと言うべきである。

セコイアファンド

バフェットがビル・ルーアンに初めて会ったのは、1951年に二人がコロンビア大学でベン・グレアムの証券分析の講座を受講したときである。その後二人は連絡を取り続け、バフェットはルーアンの投資成績を長い間見て称賛していた。

バフェットが1969年に自分のパートナーシップを解散するとき、彼はルーアンに、「私のパートナーたちの面倒を見るためにファンドを作る気はないか」と相談し、「その結果彼のセコイアファンドが始まったのです」と述べている。

当時、ファンドを立ち上げるのは難しいと二人とも考えていた。しかしルーアンは足を踏み出した。株式市場は2層に分かれていた。ほとんどのホットな資金は「ニフティフィフティ」というIBM、ポラロイド、ゼロックスなどの人気銘柄に集中し、昔からのバリュー株は置き去りになっていた。バフェットが指摘したとおり、バリュー投資家の成績は当初は厳しかった。「私のパートナーたちは驚くほど多くがビルから離れず、追加投資もしてくれました。結果はうまくいきました」

セコイアファンドはまさにパイオニアだった。フォーカス投資を原則として運用する最初のファンドだった。公開されたセコイアファンドの初期の投資実績は、ルーアンとパートナーであるリック・カニフがしっかりと銘柄を絞り込み、回転率の低いポートフォリオを運用していたことがはっきりわかる。

平均してみると、ポートフォリオの90％を大きく超える部分を6～10銘柄で構成していた。それでもポートフォリオの業種は広く分散されていた。セコイアはフォーカスされたポートフォリオだが、銀行、医薬品製造、自動車や損害保険などさまざまな業種を保有していると、ルーアンはよく話している。

ファンドマネジャーの中で、ルーアンの視点はさまざまな意味でユニークだ。一般的にほとんどの投資はポートフォリオマネジメントに関する何らかの先入観を持って始め、それから異なる産業や分野のいろいろな株式でポートフォリオを埋めていくが、ルーアン・カニフ・アンド・カンパニーでは、ベストの事業を選び出すことから始め、それらを中心にして、ポートフォリオを組み上げる。

当然だが、考えられる最高の株式を選別するには、高い調査能力が必要だ。この点でもルーアン・カニフ・アンド・カンパニーはほかとは違っている。業界で最も能力が高いと評価されているのだ。彼らはウォールストリートの証券会社が提供する調査レポートを使わず、自社独自で徹底的に企業を調査する。「会社での肩書きは気にしないが、あえて書くなら、リサーチ・アナリストのビル・ルーアンかな」とルーアンは言ったことがある。

この考え方はウォールストリートでは異例だとビル・ルーアンは言う。「典型的には、アナリストとしてキャリアを始め、より格上と考えられているポートフォリオマネジャーへの昇格を目指す。私たちの場合はその逆で、長期的な投資家にとってアナリストの機能こそが最も重要で、ポートフォリオマネジメントはそれに従うだけだ」

このユニークな手法は、出資者にどのような結果を提供しただろうか。表5・4に1971年から1997年までの投資実績をまとめている。

この期間において、セコイアファンドは年平均で19・6％のリターンを生み出した。同じ期間のS&P500は14・5％だった。ほかのフォーカスポートフォリオと同様に、セコイアがこの高い成績を生み出した道はいささかでこぼこしていた。

この期間に株式市場の標準偏差（価格の変動を示す一つの指標だったことを思い出してほしい）は16・4％だったが、セコイアの場合20・6％だった。リスクが高いという人はいるだろうが、ルーアン・カニフ・アンド・カンパニーの銘柄選択における気配りと調査があれば、価格変動という一般的な定義のリスクはここには当てはまらない。

表5.4　セコイアファンド：年間投資実績の推移

年	年間騰落率(%) セコイアファンド	S&P500
1971	13.5	14.3
1972	3.7	18.9
1973	▲24.0	▲14.8
1974	▲15.7	▲26.4
1975	60.5	37.2
1976	72.3	23.6
1977	19.9	▲7.4
1978	23.9	6.4
1979	12.1	18.2
1980	12.6	32.3
1981	21.5	▲5.0
1982	31.2	21.4
1983	27.3	22.4
1984	18.5	6.1
1985	28.0	31.6
1986	13.3	18.6
1987	7.4	5.2
1988	11.1	16.5
1989	27.9	31.6
1990	▲3.8	▲3.1
1991	40.0	30.3
1992	9.4	7.6
1993	10.8	10.0
1994	3.3	1.4
1995	41.4	37.5
1996	21.7	22.9
1997	42.3	33.4
平均リターン	19.6	14.5
標準偏差	20.6	16.4
最大損失	▲24.0	▲26.4
最大利益	72.3	37.5

GEICOのルー・シンプソン

バークシャー・ハザウェイが自動車保険のGEICOを買収したとき、あわせてバフェットは幸運にも、GEICOの投資ポートフォリオを運用していたルー・シンプソンの才能も手に入れた。

シンプソンの実力については、第4章で見てきた。バフェットに似て、シンプソンも読書欲が旺盛で、ウォールストリートの調査レポートには目もくれず、アニュアルレポートを読むことに時間を注ぎ込んだ。彼の株式の選択プロセスもバフェットによく似ていた。高収益の企業に有能な経営者がいて、手頃な価格であるときにだけ購入した。シンプソンにはもう一つバフェットとの共通点がある。少数の株式に絞り込んだフォーカスポートフォリオだ。GEICOの10億ドル規模のポートフォリオが保有していたのは10に満たない銘柄の株式だった。

1980年から1996年までのGEICOの株式ポートフォリオのリターンは年平均24・7%を達成し、市場全体の17・8%を上回った（表5・5を参照）。「これが素晴らしい数字というだけでなく、それを正しいやり方で達成したことが重要です」とバフェットは言う。「ルーは常に価値より低い株価の株式に投資し続けましたが、個々の株式は最終

表5.5　GEICOのルー・シンプソン：年間投資実績の推移

	年間騰落率(%)	
年	GEICO株式	S&P500
1980	23.7	32.3
1981	5.4	▲5.0
1982	45.8	21.4
1983	36.0	22.4
1984	21.8	6.1
1985	45.8	31.6
1986	38.7	18.6
1987	▲10.0	5.1
1988	30.0	16.6
1989	36.1	31.7
1990	▲9.1	▲3.1
1991	57.1	30.5
1992	10.7	7.6
1993	5.1	10.1
1994	13.3	1.3
1995	39.7	37.6
1996	29.2	37.6
平均リターン	24.7	17.8
標準偏差	19.5	14.3
最大損失	▲10.0	▲5.0
最大利益	57.1	37.6

的に損をさせないものであり、集合体としてみれば、ほぼリスクゼロになっていました」

改めて確認だが、バフェットの頭の中にあるリスクは、株価の変動とは無関係である。彼にとってのリスクは、個々の企業が長い期間において素晴らしい力を生み出す確実性に関するものである。シンプソンの実績とその投資スタイルは見事にバフェットの考え方と一致している。「ルーは私たちがバークシャーでやっているのと同じ堅実に集中させる手法で投資しています。彼が私たちの会社の役員であることは非常に大きな利益であるといえます」とバフェットは言う。

ケインズ、バフェット、マンガー、ルーアン、シンプソンというバフェット村のスーパー投資家たちが投資に対する賢い手法を共有していることは明らかだ。リスクを小さくする方法は安全マージンが存在するときにだけ投資することだ。つまり、企業の本質的価値より株価が大幅に低いときに買うのだ。

彼らは、ポートフォリオを確実性の高い限定された対象に集中させることは、リスクを下げると同時に市場の平均的なリターンを上回る成果を生むことにもつながると確信している。

こうしてフォーカス投資家の成功を伝えても、疑いを抱く人は多い。おそらく彼らはプロの間で密接な関係を築いているからうまくいったのだろう、と思っているかもしれない。しかし、ここに挙げた投資家たちはそれぞれ異なる株式に投資している。バフェットは1956年にポートフォリオマネジメントを始めた。

1962年にマンガーが続いた。どちらもブルーチップ・スタンプを保有していたが、それぞれのポートフォリオの大部分は異なる株式で構成されていた。マンガーはルーアンが投資した株式を保有していなかった。ルーアンはシンプソンが投資した銘柄に投資していなかった。そして、ケインズが保有していた株式を保有している者はこの中にはいない。

疑い深い人はこう言うかもしれない。確かにそのとおりかもしれない、しかしフォーカス投資家を5人紹介しただけだ。五つの例だけでは統計的な結論を導くには少なすぎる。ポートフォリオマネジャーは何千人もいる。五つの成功例はたまたま運がよかっただけかもしれない。

その言い分にはもっともなところがある。しかし、バフェット村のスーパー投資家たちが統計における異常値であるという主張を消し去ろうとするならば、もっと大きな場が必要だ。残念ながら、フォーカス投資家として研究対象になる例はあまり多くない。私たちはどうやったか。統計調査機関に入り込み、1万2000件のポートフォリオの世界をデザインしてみた。

3000人のフォーカス投資家

コンピュスタットの普通株式の利回りのデータベースを使い、測定可能なデータを持つ1200社を特定し、1979年から1986年までのそれら企業の売上高、利益、自己資本比率のデータを収集し、これら1200社を組み合わせて無作為にさまざまな規模の1万2000件のポートフォリオを作成した。

・250銘柄で構成するポートフォリオ3000件
・100銘柄で構成するポートフォリオ3000件
・50銘柄で構成するポートフォリオ3000件
・15銘柄で構成するポートフォリオ3000件

この時点で私たちは各グループ3000件の研究対象を得た。数学者はこのデータセットを統計的に有意であると定義している。次に、各グループのポートフォリオそれぞれについて、10年と18年の二つの期間について、年平均リターンを計算した。そのリターンを図に表した結果が図5・1（10年）と図5・2（18年）である。

そして、四つのポートフォリオグループのリターンを同じ期間の市場全体（S&P500インデックスを使用）と比較した。ここからわかったことは、まずどのケースにおいても、ポートフォリオが保有する銘柄数を少なくするほど、市場全体より高いリターンを生み出す確率が上がることだ。

10年間の結果を示す図5・1のデータをさらに読み進めると、四つのグループすべてが年平均リターン約13・8％となった。同じ期間のS&P500は少し高い15・2％だった。

重要な点が二つある。S&P500は時価総額で加重平均されているため大企業の比重が支配的になる。検討した期間は時価総額の大きな企業の株価が格別に好調だった。一方、私たちが作成したポートフォリオは大企業も中小企業も含んで単純平均していた。研究で組んだ四つのポートフォリオグループは広い市場全体とほぼ同等の成績であったといえるだろう。

リターンの最大値と最小値、つまり最も成功したポートフォリオと最悪だったポートフォリオを検討すると、さらにおもしろくなる。結果は次のようになった。

・250銘柄のポートフォリオでは最高が16・0％、最悪が11・4％
・100銘柄のポートフォリオでは最高が18・3％、最悪が10・0％

図5.1　銘柄数別10年間(1987〜1996)の年平均リターン

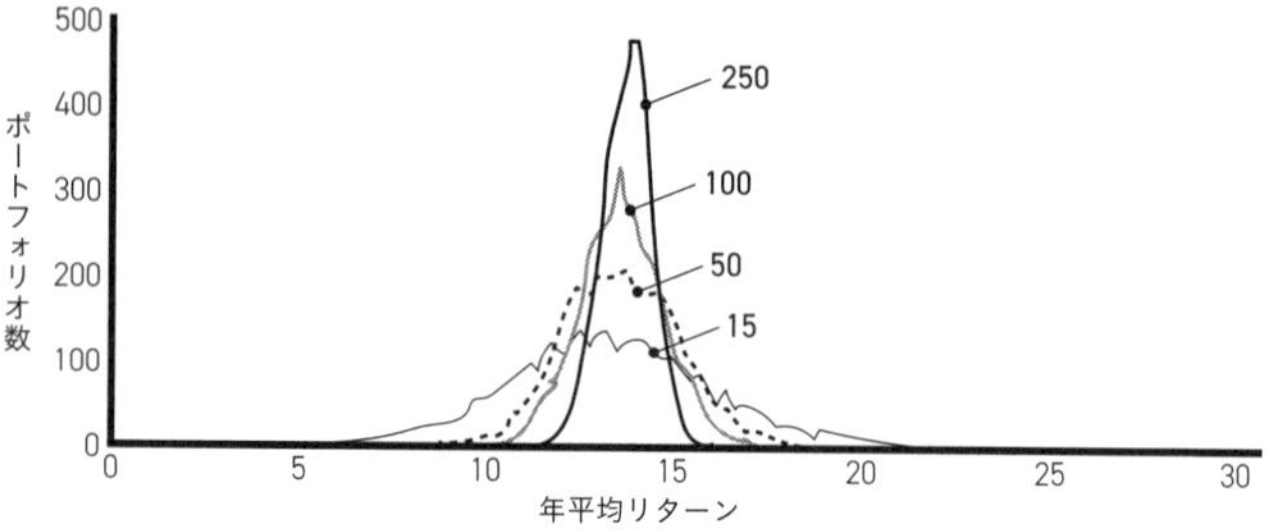

	15銘柄(%)	50銘柄(%)	100銘柄(%)	250銘柄(%)	S&P500(%)
平均	13.75	13.87	13.86	13.91	15.23
標準偏差	2.78	1.54	1.11	0.65	
最大損失	4.41	8.62	10.02	11.47	
最大利益	26.59	19.17	18.32	16.00	

図5.2　銘柄数別18年間(1979〜1996)の年平均リターン

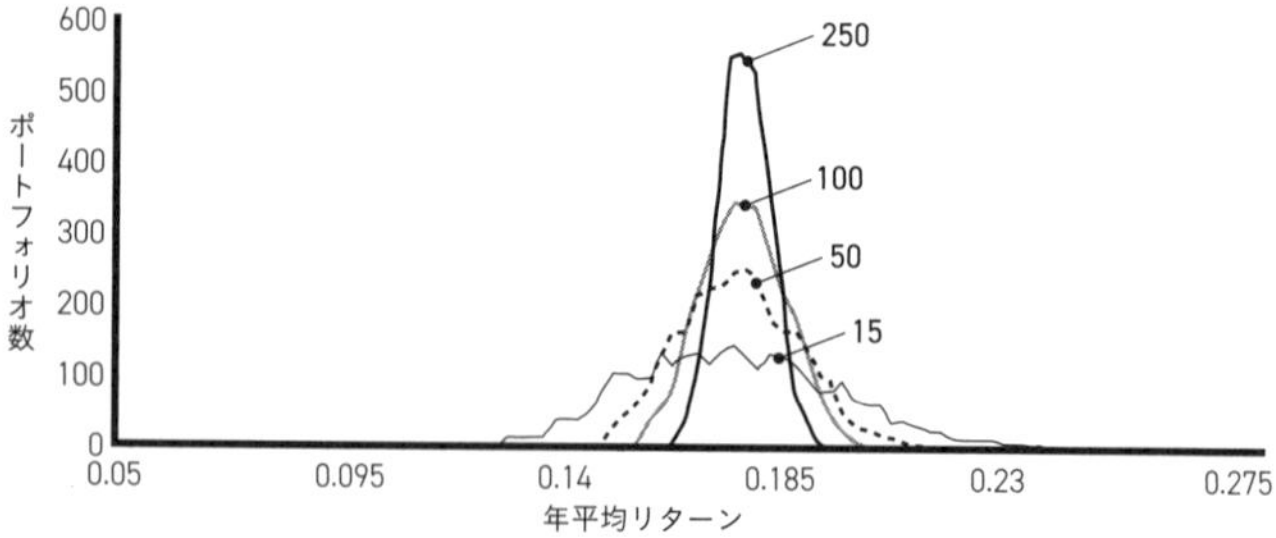

	15銘柄(%)	50銘柄(%)	100銘柄(%)	250銘柄(%)	S&P500(%)
平均	17.34	17.47	17.57	17.61	16.32
標準偏差	2.21	1.26	0.88	0.52	
最大損失	8.77	13.56	14.71	16.04	
最大利益	25.04	21.80	20.65	19.20	

・50銘柄のポートフォリオでは最高が19・1％、最悪が8・6％
・15銘柄のポートフォリオでは最高が26・5％、最悪が4・4％

このうち4番目に挙げた15銘柄のポートフォリオの最高リターンだけがS＆P500を大幅に上回った。

18年の期間（図5・2）でも相対的には同じ傾向が表れた。銘柄数が少ないフォーカスしたポートフォリオほど銘柄数がより多い分散したポートフォリオよりも最高値は高く、最低値は低かった。これらの結果から次の結論が導かれた。

・フォーカス投資では市場全体よりもよい成績を上げるチャンスがずっと大きくなる
・フォーカス投資では市場全体よりも悪い成績を上げる可能性もずっと大きくなる

フォーカス投資に疑いを持つ人々に第一の点を補強するために、10年間のデータをソートしていて表れた目を引く統計結果を記す。

・２５０銘柄のポートフォリオ３０００件のうち、63件が市場を上回った

・100銘柄のポートフォリオ3000件のうち、337件が市場を上回った
・50銘柄のポートフォリオ3000件のうち、549件が市場を上回った
・15銘柄のポートフォリオ3000件のうち、808件が市場を上回った

この結果は、ポートフォリオを構成する銘柄数を少なくするほど、市場を上回る確率が上がることの強力なエビデンスになると思う。250銘柄の場合、市場を上回るチャンスは1対50だが、15銘柄のポートフォリオだと4分の1の確率で市場に勝てるのだ。

もう一つ重要なポイントは、私たちの研究ではマネジメントフィーと取引コストを考慮していないことだ。ポートフォリオの回転が高ければ、取引コストが上がるのは明らかだ。これらの費用を研究データに織り込めばポートフォリオの年平均リターンの分布は左にシフトするので市場全体を上回ることはより難しくなる。

結論の第2の点は、賢い銘柄選択が決定的に重要だということを伝えている。バフェット村のスーパー投資家たちが同時に事業選別の達人だったことは偶然ではない。正しい銘柄を選別しなければ、投資の結果は悲惨なものになるだろう。とはいえ、スーパースターたちの目覚ましいリターンは最高の企業にフォーカスすることを決意したがゆえに可能になったことは覚えておく意味がある。

投資成績を測るよりよい方法

雑誌フォーチュンの記者ジョセフ・ノセラは、プロのファンドマネジャーたちが、顧客に対して「バイ・アンド・ホールド手法」を勧めるのに、自分たちは何度も何度も売買を繰り返しているという矛盾を指摘した。

このダブルスタンダードに対する彼の問題意識の裏付けとして、彼はモーニングスターのダン・フィリップスの次の言葉を引用した。「マネーマネジメント業界が行っていることと、彼らが顧客に勧めていることとの間には大きな違いがある」

賢い選択はバイ・アンド・ホールドだと投資家に勧めるのなら、マネジャーたちはなぜ毎年頻繁に売買を繰り返すのだろうか。ノセラが出した答えは、「業界内の力学によってポートフォリオマネジャーたちは短期的な見方しかできなくなっているのだ」ということだった。どういうことだろうか。プロが運用するポートフォリオのビジネスは、一日ごとに誰がトップかを競う無分別な短期のゲームになってしまっているからだ。

ポートフォリオマネジャーたちは、みんなが注目する短期的な実績を上げなくてはならないという強いプレッシャーの下にある。このような数字が大きな注目を集めるのだ。３か月ごとに主要な雑誌がファンドの四半期ごとのランキングを発表する。過去３か月に最高の成績を収めたファンドはリストのトップに座り、金融の評論家たちの称賛を受ける。投資家たちも常に「ホットハンド」を持つトップのポートフォリオのマネジャーをチェックしている。ポートフォリオマネジャーの短期的な成績が連続するかどうかは偶然の結果と変わらないことを示す学術的なエビデンスを気にすることはない。

要するに、短期的な成績へのこだわりが業界を支配しているのだ。私たちが住んでいるのはポートフォリオマネジャーが長期的な成績で評価される世界ではない。長期的なリターンより短期的なリターンを重視するマーケティングの奴隷になってしまっているのだ。その結果は間違いなくひどい運用成績になる。負の循環に囚われて出口がないように思える。

しかし、投資成績を改善する方法が確かにあることを私たちは学んだ。長期にわたって平均以上の投資成績をもたらす可能性の高いポートフォリオマネジメント戦略は、私たちが習慣的に行っている短期に重きを置く実績評価とは相容れないようだというのは、痛烈な皮肉というほかない。

カメとウサギ

V・ユージン・シャーハンはコロンビア大学ビジネススクール出身だが、「短期的な実

表5.6　バフェット村のスーパー投資家たちの投資成績の推移

	好成績の年数	成績不振の年数	全就業年数のうち成績不振の割合
ケインズ	18年	6年	33%
バフェット	13年	0年	0%
マンガー	14年	5年	36%
ルーアン	27年	10年	37%
シンプソン	17年	4年	24%

績とバリュー投資は相容れないものか」という論文で、私たちが今考えているものと同じ疑問を取り上げた。ファンドマネジャーの技能を短期的な実績で評価することは適切なのかということだ。

バフェット自身を除けば、「グレアムとドッド村のスーパー投資家」と名付けたポートフォリオマネジャーの多くは疑いなく高い技術を持つ成功者であるが、短期的にうまくいかない時期も経験している。カメとウサギの例えを使って、シャーハンはこう書いている。「短期の成績にこだわる投資家は、短期的にうまくいってても長期的な結果を犠牲にしている。人生の皮肉といえるかもしれない」

バフェット村のスーパー投資家たちにも同じことが当てはまる。表５・６は彼らにも何度か厳しい時期があったことを示している。ただ、バフェットだけは、バフェット・パートナーシップでまったく無傷で実績レースを通り抜けている。

ケインズはチェスト・ファンドを運用していた18年間のうち3分の1の期間で市場に負けていた。最初の3年間などは、市場を18％も下回っていた。

セコイアファンドも同様である。記録された期間の37％で、市場に負けていた。「長い期間の中には悪い成績の帝王といわれた時期もありました。1970年の半ばにセコイアファンドを始めたとき、明確な見通しがなく、4年連続でS&P500に負けるという中国の水責めの拷問のような経験をしました」とルーアンは振り返る（表5・7）。1974年末時点で、セコイアファンドはなんと36％も市場に後れを取っていた（表5・8）。「私たちは机の下に隠れ、電話に出ないで、嵐が去る日は来るのだろうかとばかり考えていました」。そして、嵐は去った。セコイアはついに1976年末に5年半を経て初めて市場を50％上回り、1978年には、220％上昇し、S&P500の60％を大きく上回った。

あのチャーリー・マンガーでさえ、フォーカス投資に伴うでこぼこから逃れられなかった。14年間の運用のうち、36％の期間で市場に負けていた。ほかのフォーカス投資家と同様に、短期的な不運に何度も見舞われた。1972年から1974年にかけて、彼は市場より37％下回った。ルー・シンプソンは17年間のうち4年間、24％の期間で市場に負けた。

表5.7　バフェット村のスーパー投資家の成績不振の推移

	S&P500を連続して下回った年数
ケインズ	3年
バフェット	0年
マンガー	3年
ルーアン	4年
シンプソン	1年

表5.8　バフェット村のスーパー投資家の相対的に最も悪かったパフォーマンス

	成績不振の期間で相対的に最も悪かったパフォーマンス
ケインズ	▲18%
バフェット	N／A
マンガー	▲37%
ルーアン	▲36%
シンプソン	▲15%

最悪のケースでは1年間で市場を15%下回ったこともある。

ついでに、前の分析で作成した３００件のフォーカスポートフォリオを見てみよう（表5・9）。15銘柄に集中したポートフォリオ３０００件のうち８０８件は１９８７年から１９９６年の10年間において市場に勝ったが、そのうち97%が市場に負けた経験があり、10年間の分析期間のうち負けた期間は４年から長いケースでは７年もあった。

ケインズやマンガー、ルーアンやシンプソンが、１年間だけの実績が過剰に評価される現在のような状況で、新人ポートフォリオマネジャーになっていたら、どうなっただろうか。彼らは顧客に大きな損失を与えたとしてクビになっていた可能性が高い。

フォーカス投資で市場に数年間も負けることがあることに耐える必要があるという議論を進めると大きな問題に直面することになる。

私たちが株価の動きだけを判断材料として、たいへん優秀なポートフォリオマネジャーが今は不調の年にある（しかもそれが３年続くこともある）けれども長期的には成功することになるのか、あるいは、そもそも才能のないポートフォリオマネジャーがひどい成績を続けるだけなのかを見分けることができるのだろうか。価格の動きだけでは判定などできないのだ。

学者、研究者が多大な努力をして、どのマネーマネジャー、どの戦略が長期間市場を上

表5.9　15銘柄に集中したポートフォリオによる10年間の成績（1987〜1996）

S&P500を上回った／下回った年数	ポートフォリオの数	割合
10／0	0	0
9／1	1	0.12
8／2	20	2.48
7／3	128	15.84
6／4	272	33.66
5／5	261	32.3
4／6	105	13
3／7	21	2.6
2／8	0	0
1／9	0	0
0／10	0	0

回る可能性が高いかを見つけようとした。「ジャーナル・オブ・ファイナンス」は著名な大学教授の研究に基づく論文をいくつか発表しているが、どの論文も同じ基本的な問いを発している。「ファンドの成績に何かパターンはあるのだろうか」。学者たちは頭を絞り、多くのデータを分析したが、完璧な回答を出すことはできなかった。

これらの研究のうち４件は持続性という言葉を取り上げた。投資家は最近の実績が良好なファンドを選ぶ傾向があるが、それはファンドマネジャーの実績が将来の成績を示すものだと信じているからだ。

これが成績トップのファンドに今の資金が集まる推進力を生んでいる。この推進力が1年の単位で計測される（昨年の勝者に賭けて、翌年のトップになると期待する）のを「ホットハンド現象」と呼ぶ。最近どうだったかを見て、近い将来どのファンドが成功するかを予想するのだ。それは可能だろうか。これらの研究はそれを解き明かそうとした。

二つの研究が、南カリフォルニア大学ビジネススクールのマーク・カハートとプリンストン大学のバートン・マルキールによって行われた。持続性と将来の成績との間に有意な相関関係を見つけることはできなかった。

三つ目の研究は、ハーバード大学J・F・ケネディ・スクールの3人の教授（ダリル・ヘンドリクス、ジェンドウ・パテル、リチャード・ゼクハウザー）が15年間のデータを調査し、今年の「ホットハンド」のマネジャーに投資しても、翌年の「ホットハンド」ファンドになる保証はまったくないようだという結論を得た。

これらの研究者たちは別々に研究したのだが、同じ結論にたどり着いた。前年の成績を頼りにすることが翌年の最高の成績を見つける助けになることを示すはっきりしたエビデンスは何も得られないように見えるということだ。ある「ホットハンド」から次の「ホットハンド」に飛び移ることは、資産を築くことにまったく役立たないのだ。

株価の変動で「ホット」を定義する限り、ダメなのだ。それなのに、そしてそれが正しくないことについて学術的なエビデンスが示されているのに、投資家は価格のみの統計数字で意思決定を行おうとする。

「ジャーナル・オブ・ファイナンス」に載った四つ目の研究は、エイミット・ゴヤルというエモリー大学のファイナンスの教授とアリゾナ州立大学のファイナンスの教授サニル・ウォーハルによるものだが、実績を頼りにした持続性の理論的検討から離れて、ポートフォリオマネジャーたちにアドバイスを行っている人々の大きなミスについて研究した。二人が企業による投資ポートフォリオの中で１４７５社の投資顧問会社が運用する６２６０件の投資ポートフォリオについて２００１年から２００４年までの期間を分析して見つけたのは、ポートフォリオマネジャーを雇い、また解雇するコンサルタントたちがシンプルな方法に従っていることだった。彼らが解雇するのは、最も直近の期間においてベンチマークに負けたマネジャーであり、そして常にベンチマークに勝ったマネジャーを雇用した。

このシンプルなやり方には一つだけ問題があった。これが賢いやり方ではなかったということだ。次の年になると、解雇されたマネジャーの多くが、彼らの後釜として新たに雇用されたマネジャーたちよりよい成績を上げたのだ。

投資家は毎年、一歩離れて彼らが投資しているポートフォリオマネジャーの成績を評価する。よい成績のマネジャーがトップにランクされ、成績の悪かったマネジャーが下に沈む。マネジャーを交替させる決定は、パフォーマンスの成果（リターン）を評価し、それに加えて投資プロセスやリターンを生み出した戦略を理解するという慎重な検討を伴うものだとお考えだろう。しかし、残念ながら、そうではない。

結果は無関係だと言っているのではない。結果はもちろん重要だ。しかし、毎年必ず勝者だけを求める強迫観念は必然的に投資家のポートフォリオに害をもたらす。それによって投資家は実績をひたすら追いかけることになり、戦略がうまくいったのを見た後にだけ買うことになり、まだ結果が出ていない戦略を避けることになる。

しかし、ある戦略がどうやって結果を導き出したかを理解していないと、戦略はよくないがたまたまよい結果が出ただけの戦略のファンドを簡単に買ってしまう。これはまぐれ当たりだ。逆に、戦略がよくても、芳しくない結果を経験することもある。これは運が悪いと言われる。バフェット村のスーパー投資家たちのリターンを検討する中で私たちが気づいた状況である。

銀行の役員を務めたこともある米国財務長官だったロバート・ルービンがうまいことを言った。「どんな決定でも悪い考えに基づくけれども成功することもあれば、非常によく考え抜かれたものなのに失敗することがあります。しかし長期的には、より慎重な決定ほどよい結果をもたらす傾向があります。結果よりもどう考えたかを評価することで、より考え抜かれた決定を促すことがあります」

ウォーレン・バフェットがこれらの学術研究についてどう考えるかは容易に想像できる。彼にとってはこの話の教訓は明白だ。唯一の判断指標として価格にこだわることをやめて、短期で判断する非生産的な習慣をやめなくてはならない。

しかし、価格が最良の判断指標でないのなら、代わりに何を使えばよいのだろうか。「何もない」というのはよい回答ではない。バイ・アンド・ホールド戦略のポートフォリオのマネジャーたちも、ずっと目をつぶっていろとは勧めない。ほかのベンチマークを見つけて成績を評価しなくてはならない。

幸い、一つ候補がある。それはバフェットが彼の持つ株式やバークシャー・ハザウェイの運用チームの成績を評価する基礎としているものである。

別の成績評価基準

バフェットはかつて、「株式市場が1年や2年閉鎖されても、私は気にしません。今でも週末には市場は閉じていますが、困ることはありません」と言ったことがある。また、「活発に取引される市場は、おいしいチャンスを与えてくれるので役立つこともあるけれど、必要不可欠なものではありません」とも語っている。

次の言葉を注意深く読むことで、この発言の真意が理解できる。「私たちが保有している証券の取引が長い間停止されても気にならないのは、バークシャーの完全子会社の株価が毎日発表されなくても気にならないのと同じ理由です。私たちの投資の運命は、最終的には投資している企業の運命によって決まります。株式の一部を保有しているか、完全子会社にしているかは関係ありません」

企業を完全に支配していれば、毎日株価が表示されることはなく、株価で業績を評価することはできない。その場合、事業の進捗状況をどうやって判定するかといえば、売り上げや利益の伸びをチェックし、自己資本利益率を計算して、営業利益が改善しているかを見るだろう。事業経営がうまくいっているかをチェックすることで事業の本質的価値が上がっているかどうかを判断するだけである。バフェットから見れば、公開企業の業績評価もこれと何ら変わるところがない。

「チャーリーと私は、毎日の株価や年間の価格変動で投資が成功かどうか判断しません。ビジネスの成功を市場がなかなか評価しないこともありますが、しばらくすると追いついてきます」とバフェットは言う。ベン・グレアムが言ったとおり、「短期だけ見れば株式市場は人気投票だが、長期的には体重計だ。企業の本質的価値が満足できる成長を続けているのであれば、事業の成功がどんなスピードで評価されるかは重要ではない」。

ルックスルー利益

バークシャー・ハザウェイの株式の価値を株主が把握しやすくするために、１９９０年のアニュアルレポートでバフェットは「ルックスルー利益」という言葉を考え出した。

バークシャーのルックスルー利益は、完全子会社の営業利益の合計に株式投資の留保利益を加え、そこから留保利益に対して発生する税金のための引当金を引いたものである。保有株式の留保利益は、各社の年間利益のうち、配当などとして株主に配分されず事業に再投資されていることを思い出してほしい。

ルックスルー利益という用語は、当初はバークシャーの株主に対して企業の利益を留保し事業に再投資した場合に価値が生まれることを理解させる助けとして考え出されたものだ。バフェットには株主たちに事業の留保利益のうちバークシャー・ハザウェイの保有シェア分は、ＧＡＡＰに基づくレポートに登場しないため、「忘れられてしまう」かもしれないが、その企業にある本質的価値のバークシャーの取り分を増やすために役立っており、忘れてはならないものだということを教えたのだ。

ルックスルー利益は、ポートフォリオの価値を判定する方法を探しているフォーカス投資家にとっても、重要な意味を持つ。株価はそれを裏付ける経済的な実態から時々離れることがあるからだ。バフェットもそう認めている。「投資家もルックスルー利益に焦点を当てて考えることにメリットがあると思います。計算する方法は、ポートフォリオが保有している株式に紐付けられる利益を求めて、それらを合算するのです」

「投資家は、これから10年くらいの間に最高のルックスルー利益を生み出すポートフォリオ（実質『企業』と同じだ）を作ることを目標にすべきです」とバフェットは言う。

重要なことは、とバフェットは続ける。「長期的には、私たちの本質的価値が毎年15％くらい成長しているのなら、ルックスルー利益も同じくらいの率で成長しなければならないとお話ししました」。こうしてバフェットは投資家に、自分のポートフォリオについてバークシャー・ハザウェイのミニ版を運用していると考えるように勧めている。

バフェットによれば、バークシャー・ハザウェイの経営を始めた1965年から、同社のルックスルー利益は株価とほぼ同じペースで成長しているそうだ。しかし、この二つの成長の歩調は常に揃っていたわけではない。利益がずっと先行して上がったことはしばしばあった（ベン・グレアムの有名なミスター・マーケットが必要以上に悲観的な状況）。別のときには、価格が利益よりはるかに先行して動いたこともあった（ミスター・マーケットが手を付けられないほどに浮かれる状況）。大切なのは、長い期間で見れば、両社の関係は確かにあるということである。「このように取り組めば、投資家は短期的な市場の見通しよりも、長期的に事業を見ようとするようになります。そうすれば、投資成績も改善される可能性が高まります」とバフェットはアドバイスする。

バークシャーの物差し

バフェットが追加投資を考えるとき、既に持っている株式を最初にチェックし、それらよりも新しいものを買うほうがよいかを検討する。バークシャーが現在保有している株式が、新たに投資を検討する際の物差しになる。企業買収の場合と株式への投資の場合とで違いはない。

チャーリー・マンガーは「バフェットの発言はどの投資家にとっても役に立つ。普通の個人の場合、既に保有している銘柄の中から最高のものを物差しにすべきだ」という。その次のステップが、ポートフォリオの価値を上げるために最も重要で、しかも多くの人が見逃している秘訣である。マンガーは続ける。「新たな投資候補が、既に考えていたものに比べてよくない場合、それはあなたの基準を満たしていない。これで、あなたの目に入ってくるものの99％は候補から外れるだろう」

あなたが株式を保有しているなら、自在に使えるベンチマークを既に持っているということだ。売り上げの成長率、ルックスルー利益、自己資本利益率、安全マージンなどを使って、自分流のベンチマークをさまざまに設定することも可能である。自分の保有株式を売買するとき、あなたは自分のベンチマークと比較しているのだ。

証券を長期保有する意図を持ち、将来の株価が次第にその企業の実態に合ったものになると考えている優秀なポートフォリオマネジャーのやるべきことは、このベンチマークを引き上げる方法を見つけることである。これは膨大な考察を伴う観察になるだろう。こんなことはビジネススクールではまず教えてくれない。

ところで、S&P500も一つの指標である。500の企業で構成され、その一社ずつが独自のリターンを持っている。長期的にS&P500を上回るためには、インデックスを構成する企業の加重平均を上回る収益性を持つポートフォリオを組成し、運用しなくてはならない。

フォーカスポートフォリオは株価への反映が株式市場よりも遅いことがあるというのを言い訳にして、成績評価される責任を回避してはいけない。経済的ベンチマークを使い、市場が気まぐれだとしても、自分が選択したポートフォリオの正しさを示さなくてはならない。

確かにフォーカスポートフォリオのマネジャーは株式市場の気まぐれに振り回されるべきではないのだが、ポートフォリオを構成する企業の経済的な動きを常によく考え、見ていなければならない。結局、フォーカス投資家がポートフォリオの中の経済性を正しく把握していないと、その選択にミスター・マーケットが大きく報いてくれることは起こりにくいだろう。

ナマケモノのように動くべき二つの理由

フォーカス投資は、必然的に長期的なやり方だ。バフェットに理想的な保有期間を質問したら、「永遠」と答えるだろう。バフェットは、企業が平均以上のリターンを生み続け、経営者が利益を合理的に配分する限り、永遠に保有するのだ。

「動かないことは賢い行動だと私たちは考えます。私たちも多くの経営者も、連邦銀行の公定歩合が少し動くと予想されるとか、ウォールストリートの先生方が市場に対する見方を変えたからといって、慌てて高収益の子会社を売ることは考えないでしょう。だとすれば、企業の一部を保有している場合も、同じ行動をとればいいのです」とバフェットは説明する。

公開企業への投資で成功することと、子会社買収を成功させることとに違いはほとんどない。どちらの場合も欲しいのは、価格が納得できる水準にあり、有能で誠実な経営者がいる高収益の企業なのだから。

さて、話は保有しているものの経済性をチェックする作業に戻るわけだが、「そこから先は、質が維持されているかを確認するだけです」とバフェットは言う。

現在つまらない企業を保有しているのなら、売買が必要だ。そうしないと長期間にわたって、平均以下の収益性のままで終わってしまう。しかし、今素晴らしい企業を保有しているのなら、売るべきではない。バフェットの言葉を聞こう。

「フォーカスした回転率の低いポートフォリオの投資戦略にうまく取り組めば、投資家の手元にあるのは、最終的には、ごく少数の企業が非常に大きな部分を占めるポートフォリオになります」

「この投資家は、大学バスケットボールの数多いスターたちの将来的な利益の、例えば20％の権利を買う戦略に従っているのと同等の結果を手にするでしょう。スターたちのごく少数はNBAのスターになり、投資家の収益の大きな部分を生み出すでしょう。少数の選手が彼のポートフォリオの大きな部分を占めるようになったから、という理由で最も成功した投資の一部を売るようにとこの投資家に勧めるのは、マイケル・ジョーダンがチームにとって大切な存在になったことを理由に、チームが彼をトレードに出すようなものです」

こうしたナマケモノのような手法は、活発に売買することに慣れた人には突飛に見えるかもしれないが、この方法には平均を上回る率で資産を増やせることに加えて二つの重要なメリットがある。取引コストを引き下げることと、税引後のリターンを引き上げることである。この二つを組み合わせた効果は絶大だ。

取引コストを下げる

平均的な投資ファンドの回転率は毎年１００％を超えている。回転率はポートフォリオにおける取引の数を示すものだ。例えば、マネジャーが1年間にポートフォリオの中のすべての株式を一度売買すると、回転率は１００％になる。1年間に2回売買すると回転率は２００％だ。しかし、マネジャーが1年間に構成する株式の10％だけを売買する場合、つまり平均保有期間は5年になるが、この場合の回転率は10％になる。

シカゴの投資信託調査会社モーニングスターが、アメリカの３５６０件の株式ファンドについて調査したところ、回転率が少ないファンドのほうが、頻繁に入れ替えるファンドよりも高いリターンを生み出していた。10年間で調べた結果、回転率が20％より低いファンドは、回転率が１００％を超えるファンドよりもリターンが14％も高かった。

これはごく常識的な実態なのだが、当たり前すぎて見過ごされてしまう。回転率が高いと、取引に伴って手数料がかさみ、リターンは引き下げられる。

税引後のリターン

回転率の低いファンドにはもう一つ重要な経済的メリットがある。キャピタルゲインに対する税金を先延ばしにできるプラス効果だ。皮肉というほかないが、リターンを上げることを目指してせっせと売買することが税負担を増やしているのだ。ポートフォリオマネジャーが株式を売って別の株式に入れ替えるとき、ファンドのリターンを引き上げることを思い描いている。

しかし、株式を売ると、多くの場合キャピタルゲインを実現することになる。したがって、新しい株式を選ぶたびに、キャピタルゲインに対する税金という重荷を背負ったうえで、さらに市場を上回るリターン達成の責任を負うことになるのだ。

引退のための節税口座など税金を支払わなくてよい口座を持っているなら、株式を売却しても税金を払わなくて済む。しかし、課税される口座で運用しているのなら、実現した利益にはキャピタルゲイン課税が付いてくる。利益を出して株式を売れば売るほど、税金は高くなる。

年末にあなたが保有するファンドの成績が満足できるリターンを達成していても、実現したキャピタルゲインに対する税金を支払うときになると、税引後のネットのリターンは税による利益率引き下げでベンチマークを下回っているかもしれない。投資家はアクティブに運用しているポートフォリオやファンドが生み出すリターンが税金を支払った後でもベンチマークより高いリターンになっているかを確認する必要がある。

免税の口座でない限り、税金という最大のコストが投資家の前に立ちはだかる。これは取引手数料よりも高く、ファンド運営費用よりも高い。税金はファンドの成績が上がらない大きな要因になっている。ファンドマネジャーのロバート・ジェフリーとロバート・アルノーはこう話す。

「税金が高いことは悪いニュースだが、見逃されることの多い税金の影響を最小限に抑える投資戦略がある。これはよいニュースだ」。彼らには「Is Your Alpha Big Enough to Cover Its Taxes?」という論文がある。

簡単に言えば、その戦略の核になるのは、過小評価されているもう一つの常識、含み益の持つ大きな価値である。株価が上昇しても、売却しなければ価値の上昇は未実現利益だ。税金を引かれていない、より大きな資金を複利で一層増加させることができる。

一般的に、投資家は含み益の持つ大きな価値を過小評価している。バフェットはこれを「政府が提供してくれる金利ゼロの融資」と表現する。この発言の意味を伝えるために、バフェットは次の例を挙げる。

1年で2倍になる投資を1ドル行う。最初の年の終わりに売却すると、税率34％の場合、税引後で0・66ドルの利益が出る。2年目に元手と利益の合計1・66ドルで同じ投資を行う。

この投資は毎年2倍になり、毎年売却して税金を払い、手元に残った資金を投資し続けると、20年間に1万3000ドルの税金を支払い、税引後の利益2万5200ドルを得る。一方、同じ投資をして20年間売らずにいたら、税金35万6000ドルを支払い、税引後で69万2000ドルの利益を得ることになる。（税率はアメリカの場合：訳者注）

数字を冷静に眺めていると、いくつかはっきりすることがある。キャピタルゲインを毎年実現しないで投資資金を複利で増やしていけば、はるかに大きな利益を得られる。しかし同時に、20年後に一括で支払う税金の金額の大きさにも多大なショックを受けるだろう。それを本能的に感じるから税金の額を自分の扱える範囲に留めようとして毎年利益を実現するのかもしれないが、それは間違いだ。少額のキャピタルゲイン税を毎年支払うよりも長い期間に複利が生み出す、はるかに大きな差額を、多くの投資家が理解していない。

論文の中でジェフリーとアルノーは、どの程度の回転率からポートフォリオにマイナスの影響が出るかを計算した。それは直感と驚くほど異なっている。税によるポートフォリオへのダメージが最大になるのは、最初の売買をしたときで、その後回転率が上がっていくと、限界的なマイナス効果は減少していく。

彼らはこう書いている。「常識的には、1～25％の回転率は低いので大きな影響はないが、一方、50％を超えると高くなり、結果に大きな影響を与えると考えるだろう。ところが実際には、その逆だったのだ」

ジェフリーとアルノーの研究によれば、回転率25％のときポートフォリオは、回転率100％のときに生まれる税金の80％を既に生み出しているという。回転率が高くなってからよりも、低いときにこそ、回転率に一層の注意を払うべきだというのが彼らの結論だ。

低い回転率にぴったりくるのはどんな戦略だろうか。回転率を抑えたインデックスファンドが一つの考え方であり、もう一つがアクティブに運用するフォーカス投資である。「結婚前のカウンセリングのようだが、本当に長い間暮らしていけるようなポートフォリオを構築すべきだ」と彼らは指摘する。

高アクティブシェア投資

1978年にウォーレン・バフェットは、自分のポートフォリオの手法は、あれこれを少しずつ買うのではなく、価値のあるものを買うほうが利益は大きいと確信しているので、保有する株式を集中させているのだと明らかにした。フォーカスした投資のメリットについて、私は1999年に本を書いた。

現在、学者たちもこのテーマに取り組んでいる。集中したポートフォリオについて最も注目すべき思想家は、K・J・マーティン・クレマーズとアンティ・ペタジストである。しかし、フォーカス投資という言葉は使われていない。現在では、高アクティブシェア投資という名前で呼ばれている。

2009年に、イェール大学経営大学院の国際金融センターに所属していたクレマーズとペタジストは、ポートフォリオマネジメントに関する画期的な論文を共著で発表した。「ファンドマネジャーはどの程度アクティブか？」である。

まず定義だ。アクティブシェアとはパフォーマンスのベンチマークと比較して、ポートフォリオの銘柄やウェイトの違いを集計し、ベンチマークと異なるポートフォリオの割合を示すものだ。

ベンチマークと共通の銘柄を持たないポートフォリオはアクティブシェア100％となり、ベンチマークとまったく同じ保有銘柄とウェイトを持つポートフォリオのアクティブシェアは０％となる。あるポートフォリオのアクティブシェアが75％の場合、そのポートフォリオの保有資産の25％がベンチマークの保有資産と同じで、75％が異なることになる。

クレマーズとペタジストは、１９８０年から２００３年までについて、１６５０件のファンドを調査した。彼らは何を発見したか。アクティブシェアが高い（80％以上）ポートフォリオは、ベンチマークのインデックスを手数料控除前で２・０～２・７％、手数料控除後で１・５～１・６％上回っていた。

また、アクティブシェアが低いファンド（ベンチマークに近いアクティブ運用のポートフォリオであることから、一般にクローゼット・インデクサー、隠れインデックス運用者と呼ばれる）は、手数料控除後ではインデックスを上回ることができなかった。

余談であるが、アクティブマネジメントを測定するための標準的なアプローチである、ファンドマネジャーのリターンとインデックスのリターンの差の標準偏差を測定するトラッキングエラー・ボラティリティは、将来のリターンを予測していないとクレマーズとペタジストは指摘している。

トラッキングエラーが少ない、あるいは多いということは、そのポートフォリオでどのような行動がとられているかを示しているにすぎず、ベンチマークと比較してポートフォリオがどのように異なるかを示しているわけではない。

クレマーズは論文の続編として、ラトガース大学ビジネススクールのアンクール・パリークとともに、「ジャーナル・オブ・ファイナンシャル・エコノミクス」に「忍耐が生む好成績：回転率の低い高アクティブシェア・マネジャーの投資スキル」と題する論文を発表した。

ここで著者たちは高アクティブシェアかつ低回転のポートフォリオ、つまりバイ・アンド・ホールドで運用するフォーカスポートフォリオのパフォーマンスを調べた。その結果、「高アクティブシェアのポートフォリオ、つまりベンチマークと保有銘柄が大きく異なるポートフォリオは、忍耐強い投資戦略（保有期間が2年以上＝回転率50％以下）をとっているものだけが、平均してよい成績を上げている」ことがわかった。

重要なのは、回転率の高いアクティブシェアのポートフォリオは実際に市場を下回っていると発見したことである。

クレマーズ、ペタジスト、パリークの3人はまとめとして、最悪のポートフォリオ管理手法は、広範に分散されたポートフォリオで頻繁に売買を行うことであり、市場に勝つための最良のアプローチは、株式を買って保有し続けるマネジャーが運用する高アクティブシェアのポートフォリオを所有することだと明言している。まさにウォーレン・バフェットがバークシャーで運用しているポートフォリオと同じタイプである。

「現代の投資マネジメントにおいて、誰もが勝つことを目指すだけではなく、上振れることを除けば毎年の成果が標準的な道筋から大きく外れないことを望んでいる。合理的な消費者の視点から見ると、このシステム全体は非常に馬鹿げていて、多くの才能ある人々を社会的に無益な活動に引き込んでしまっている」とチャーリー・マンガーは言う。マンガーによれば、いわゆるトラッキングエラー（市場のリターンから大きく乖離したパフォーマンス）への恐れが「この業界を停滞させている」。

私たちが学んできたことは、短期的な成績は優秀なポートフォリオマネジャーであることを証明するとは限らないこと、また、短期的に成績がよくないとしても、そのマネジャーが優秀ではないとも言い切れないということだ。私たちが能力を判定するときに通常使う時間の幅が、意味のある結論を導き出すにはあまりにも短すぎるのだ。

しかし、ほかのベンチマーク、例えばルックスルー利益を使うことは、投資家がマネジャーの成長を測るためによく考えられた手法である。これは、株価が予想されたリターンから外れた場合に特に有効だ。

また、シンプルだがよくわかる二つの視点から、低い回転率が高いリターンにつながることを学んだ。一つは、取引数が少ないと取引手数料が下がること、また未実現のキャピタルゲインの持つ価値を見過ごしてはいけないことだ。フォーカス投資は市場に勝つリターンを得る機会を与えてくれるうえに、未実現利益を複利で増やすことによってさらに大きな利益につなげてくれる。

チャーリー・マンガーは言う。「バークシャーのシステムは頭がおかしいのではない。現実に即して投資の問題の本質に対応しているのだ」

第 6 章

It's Not That Active Management Doesn't Work

アクティブ投資がうまくいかないのではない

なぜ、バークシャーは真似されないのか

1997年のバークシャー・ハザウェイの年次総会で、チャーリー・マンガーは株主に対して重要な質問をした。「(バークシャーの投資スタイルは) とてもシンプルです。しかし、あまり真似をされません。理由はわかりません。大学で教えられることはないし、機関投資家にも使われません。これは非常に興味深い問題です。私たちが正しいのなら、なぜ多くの著名な組織が間違ったことをしているのでしょうか」

本当になぜなのだろう。投資家が優れた戦略に惹きつけられる世界で、なぜバークシャーの模倣者が少ないのか。少数いることはいるのだが、世界の業界全体に占める割合だと、バークシャーの投資アプローチを採用している企業はごくわずかだ。

アクティブポートフォリオマネジメントに納得していない投資家は、コストがかかりすぎる、取引が多すぎる、運用成績が悪すぎると不満を募らせている。多くの人がパッシブなインデックスファンドに切り替えている。

定量アルゴリズム・ヘッジファンドやプライベートエクイティ、ベンチャー投資などほかの高コストの手法を試す人もいるが、結果は怪しい。その結果、毎年、何千億ドルもの資金がアクティブ運用戦略から回収され、別のよりよい投資リターンを目指していく。

しかし、後でわかることだが、アクティブ運用がうまくいかないのではないのだ。ほとんどのアクティブマネジャーが使っている戦略がうまくいかないのだ。投資家がどうやってこの分かれ道にたどり着き、不満を抱き、幻滅することになるのかを理解することは、意味があると思う。

投資の歴史について知っていることを尋ねると、ほとんどの人は悪名高い１９２９年の大暴落を語ることから始めるのではないだろうか。第一次世界大戦後の10年間、狂騒の20年代は、大いなる富の形成と大いなる投機という二重の経済活動が行われた時代だった。後者はアメリカ史上最大の株式市場の暴落で頂点に達した。

アメリカの投資は、１７９２年5月17日、ウォール街68番地のスズカケの木の下に24人の株式仲買人が集まり、のちに「スズカケ協定」と呼ばれる、現在のニューヨーク証券取引所を設立する協定に署名したときに始まったと答える人がいるかもしれない。

しかし、歴史好きの方なら、投資の世界の時計は、実際には１６０２年のアムステルダム証券取引所から始まったというだろう。オランダの東インド会社が「発明」したこの取引所は、株式会社が投資家から資金を集めるだけでなく、投資家がその株式を売買することも可能にした。したがって、近代の投資の歴史は約４２５年前にさかのぼることになる。

現在、投資運用のスタンダードとなっているモダン・ポートフォリオ・セオリー（ＭＰ

Ｔ）と呼ばれるものは、生まれてからまだ40年しか経っていない。そのルーツは今から約70年前の１９５２年までさかのぼれるが、最初の30年間は研究者以外ではほとんど注目されていなかった。

モダン・ファイナンスの高僧たち

モダン・ポートフォリオ・セオリー（ＭＰＴ）は、投資家がリスクを嫌うことを前提としていて、期待リターンが同じ二つのポートフォリオを比べれば、投資家は常にリスクの少ないほうを選ぶという考え方だ。

このことを理解すれば、投資家は自分のリスク許容度（価格変動に耐えられる心の余裕）を反映した最適な株式や債券のポートフォリオを構築できる。これから説明するように、ＭＰＴは株価の変動と悪いニュースに対する個人投資家の対応能力に関わるものである。遠慮なく言えば、標準的な投資運用の原動力となる最重要課題は、投資収益率の向上よりも、心理的な不快感の解消であるということだ。

ＭＰＴでは、個別の投資のリスク・リターンよりも、ポートフォリオ全体のリスク・リターンのほうが重要であるという考え方を中心に置く。個々のパーツよりも全体が重要である。投資家が不安を最小限にして目的を達成できるような戦略が長年にわたって開発されてきた。

しかし、これから見ていくように、これらの戦略は、間違った問いを強調したがゆえに、目指すゴールに到達するための答えを見つけることができていない。

ＭＰＴでは、投資家の心の満足度を優先し、投資リターンは二の次としている。リスク許容度の定義を前提とすると、標準的なアクティブポートフォリオマネジメントでは、原則としてパッシブなインデックスファンドを上回ることができない。付加価値がないのだ。投資家がアクティブ運用にいい顔をしないのも無理はない。

重要事項の優先順位を誤ったため、ＭＰＴは自らの破滅の種を蒔いてしまった。それは、脆弱な基盤の上に築かれた理論であり、現在投資家たちが資金を引き揚げようと急ぐ中で揺らいでいる。

なぜこのような自虐的な考え方をするようになったのかというと、それは１９２７年８月24日にシカゴで生まれたハリー・マックス・マーコウィッツから始まる。

誰が見ても彼はよい子だった。バイオリンを弾き、よく勉強した。物理学、数学、哲学などに興味を持っていた。彼はスコットランドの哲学者デビッド・ヒュームを尊敬していて、大好きなエッセイはヒュームが「観念の関係」と「事実の問題」を区別した「知性の作用に関する懐疑的疑念」だといわれている。

マーコウィッツは唯一志望したシカゴ大学で教養学士号を取得した後、大学院で経済学を専攻した。大学院では、シカゴ大学に設置されていた経済学研究のためのコウルズ委員会に惹かれた。1932年にアルフレッド・コウルズが設立した委員会である。

コウルズはいくつかの投資サービスに加入していたが、そのどれもが1929年の株式市場の大暴落を予測できなかったことから、市場予測を行う者が実際に市場の将来の方向性を予測できるかを調べることにした。

これまでで最も詳細な調査となったこの研究で、委員会は1929年から1944年までの6904件の予測を分析したが、その結果、控えめな表現で、「株式市場の将来の動向を予測する能力があることを示す証拠は見つけられなかった」と述べている。

マーコウィッツは博士論文のテーマを決める際に、コウルズ委員会の理事を務めたばかりのヤコブ・マルシャック教授を指導者に選んだ。ある日の午後、マーコウィッツはマルシャック教授の部屋の外で、近くに座っていた年配の偉そうな紳士に自己紹介をした。

その紳士は、自分は株式ブローカーであると言い、株式市場について論文を書いてはどうかとマーコウィッツに提案した。マーコウィッツが指導教官にその話をすると、マルシャックは熱く同意し、学生にアルフレッド・コウルズ自身が市場に興味を持っているのだと伝えた。

マルシャックの専門は経済学であり、株式市場ではない。そこで彼はビジネススクールの学部長で、「ジャーナル・オブ・ファイナンス」の共同編集者であるマーシャル・ケッチャムをマーコウィッツに紹介した。

ケッチャムは、マーコウィッツを大学の図書館に連れていき、ジョン・バー・ウィリアムズの『投資価値理論』を読ませた。この本は、ウォーレン・バフェットが企業の本質的価値の判定をより深く学ぶために読んだ本だったことを覚えているだろうか。

マーコウィッツはすぐに興味を持った。ウィリアムズの株式の価値を判定するNPV（ネット・プレゼント・バリュー、正味現在価値）モデルに魅了されたが、戸惑いもあった。マーコウィッツはウィリアムズが提唱したNPVモデルを使えば、投資家は論理的に数銘柄、究極的には1銘柄だけのポートフォリオを保有することになると考えたのだ。

そこで、マーコウィッツはウィリアムズがリスクをどう考えているのかを考えてみた。良識ある投資家なら、1、2銘柄しか持たないということはないだろう。世界で何が起こるかわからないという不確実性を考えれば、そのようなリスクを取ることはできないだろう。さらに考えていったが、ウィリアムズがベン・グレアムの安全マージンの考え方に賛同していたことは事実なのだが、ウィリアムズがどのようにリスクをコントロールしているのかマーコウィッツには理解できなかった。

ウィリアムズは著書の序文で、正味現在価値より低い価格で売られている銘柄を選び、それより高い価格で売られている銘柄を避けるようにアドバイスしている。

ウィリアムズは、「投資価値を将来の配当または債券の場合は利札と元本の現在の価値と定義して、それこそがすべての投資家にとって実用的に重要である。なぜなら、その価値より上の価格では、投資家は追加のリスクを取らずに買って保有するわけにはいかない決定的な価値水準だからだ」と書いている。

それ以外に、この本でウィリアムズはリスク管理について触れていない。とはいえ、マーコウィッツがウィリアムズの「リスクを管理するために、価値より安く株式を買え」というアドバイスに言及しなかったのは不思議である。

しかし、マーコウィッツは、投資家はリターンだけでなく、リスクにも関心を持つべきだという考えに取りつかれていた。ほかの人の意見も参考にしながら、最終的に「投資家のリスクはすべて株価のボラティリティの関数である」という理論を構築した。この「投資リスク」の理解が、MPTの基礎となる。

1952年3月、博士号取得を目指していた大学院生ハリー・マーコウィッツの「ポートフォリオ選択論」が「ジャーナル・オブ・ファイナンス」に掲載された。マーコウィッツは2年後に経済学の博士号を取得している。この論文は14ページと短く、学術雑誌の基準からすると、文章は4ページのみで残りはグラフと数式、参考文献は3件のみという目立たないものである。

引用した文献は、ジョン・バー・ウィリアムズ『投資価値理論』（1938年）、ジョン・ヒックス『価値と資本』（1939年）、ジェイムズ・ヴィクトル・ウスペンスキー『数学的確率入門』（1937年）だけである。

マーコウィッツからすれば、「リスクとリターンは表裏一体」という単純な概念を説明するのに多くの言葉を必要とはしなかった。経済学者であるマーコウィッツは、この二つの関係を定量化することで、さまざまなレベルのリターンを得るために必要なリスクの度合いを決定できると考えた。

彼の要点を示すためにマーコウィッツは、縦軸に期待リターン、横軸にリスクをとって、トレードオフのグラフを描いた。左下から右上に引かれた単純な線は効率的フロンティアと呼ばれ、ＭＰＴの定番になっている。線上の各点は、得られるリターンとそれに対応するリスクレベルとの交点を表している。

最も効率的なポートフォリオとは、与えられたリスクレベルに対して最高のリターンをもたらすものである。一方、非効率なポートフォリオでは、見合った期待リターンを得られないのに投資家が一定のリスクを負うことになる。マーコウィッツは投資家にとっての目標は、非効率なポートフォリオを制限または回避しながら、投資家のリスク許容度に合わせたポートフォリオを組むことだとした。

分散：リスクとリターンの定量化

しかし、マーコウィッツは誤った道筋を持ち込んでしまった。リスクを測る最適な尺度は分散、つまり価格変動だという考え方だ。マーコウィッツは論文の最初の段落で、「投資家が期待されたリターンを望ましいものと考え、リターンの分散を望ましくないものと考えるというルールを想定する」と書いている。

さらにマーコウィッツは「このルールには投資行動の原理、また検証されるべき仮説として、理にかなった点が多い。私たちは『期待リターンとリターンの分散』のルールに基づいて、信条とポートフォリオの選択との関係を幾何学的に示している」と述べている。

マーコウィッツは「『利回り』と『リスク』という言葉は、金融関係の文書に頻繁に登場するが、必ずしも厳格な意味を持って使われてはいない」と指摘している。彼は、「『利回り』を『期待された利回り』『期待されたリターン』に、また『リスク』を『リターンの分散』に置き換えても、言葉が意味する内容はほとんど変わらないだろう」とも言っている。

ここで立ち止まって、マーコウィッツの理屈について考えてみると、リターンの分散が高い資産が実際に最終的に投資の損失につながるという経済学的な説明やエビデンスがないのに、価格変動が不快で望ましくないことをリスクと決めつけることは、とても大きな飛躍であり、25歳の大学院生として間違いなく思いあがった考えであった。

また、マーコウィッツが、ベンジャミン・グレアムの投資手法の中核をなす「株価との関係における企業価値の問題」を無視していることにも注目すべきである。マーコウィッツは、資金を失うことをリスクと結びつけることをせず、価格の変動だけをリスクと考えたのだ。

マーコウィッツが論文を書く際に、当時の代表的な教科書であった『証券分析』をなぜ引用しなかったのか、また、指導教官や論文委員会がなぜ参照することを勧めなかったのかは不明である。マーコウィッツの論文が発表された1年前の1951年には、ベンジャミン・グレアムとデビッド・ドッドの代表作である『証券分析』の第3版が出版されたばかりであった。

さらに、マーコウィッツは3年前に出版されて好評を博していたグレアムの『賢明なる投資家』にも言及していない。グレアムは、短期的な価格変動による損失と最終的な資本の損失とは違うものだという重要な指摘をしていた。しかし、マーコウィッツにはそれがない。マーコウィッツは、リスク管理に関するジョン・バー・ウィリアムズとベンジャミン・グレアムの視点を無視したのだ。

マーコウィッツのリスク理論の根幹は、資産が価格的にどのように反応するかという点にある。マーコウィッツによれば、ポートフォリオのリスクは保有株式の価格変動に依存し、株式の元にある企業価値に関する財務リスクにはまったく触れていない。

マーコウィッツの考え方は、一歩進むごとに、保有する株式の価値を理解することから離れ、株式の価格変動のみを考慮してポートフォリオを構築することへと向かっていった。その結果、ビジネスのポートフォリオではなく、価格のポートフォリオを管理することがマーコウィッツのアプローチの主目的になったのだ。

当初、マーコウィッツの手法においてポートフォリオのリスク度は構成株式の個々の価格変動の加重平均だと考えられていた。

分散は個々の株式のリスクを測る尺度になるかもしれないが、二つの分散（あるいは100個の分散）の平均では、2銘柄（あるいは100銘柄）で構成するポートフォリオのリスクについてほとんど何もわからない。ポートフォリオ全体のリスクを測るために、マーコウィッツはポートフォリオ管理に「共分散」という計算式を導入した。

共分散は銘柄群の方向性を測る。理由は何であれ、二つの銘柄の価格が同じ方向に動く傾向にある場合に「共分散が高い」と言う。逆の方向に動く二つの銘柄は「共分散が低い」と言う。マーコウィッツの考えでは、ポートフォリオのリスクは、個々の銘柄の分散ではなく、保有銘柄群の共分散である。同じ方向に値動きするほど、ポートフォリオのリスクは高くなると考えたのだ。

逆に、共分散が低い銘柄で構成したポートフォリオはリスクが低い。マーコウィッツは、共分散が低いポートフォリオを構築することを、投資家が一番に目指すゴールとすべきだと言う。ウォーレン・バフェットの事業視点からのアプローチの目的は、ボラティリティが低く共分散が低いポートフォリオの構築ではなく、高い経済的リターンを生み出す個々の株式に投資することだと私たちは知っている。

シャープのボラティリティの定義

1959年にマーコウィッツは博士論文をもとにして最初の著書『ポートフォリオ選択論』を出版した。その2年後、ランド研究所で線形計画を研究していたウィリアム・シャープという若い博士課程の学生がマーコウィッツに声をかけてきた。論文のテーマを探していたシャープは、UCLAの教授からマーコウィッツに会ってみてはどうかと言われたのだ。

1963年にシャープの学位論文が学術書に掲載された。「ポートフォリオ分析の簡易モデル」だ。シャープは、マーコウィッツのアイデアに依存していることを全面的に認めたうえで、無数の共分散計算を避けるためのよりシンプルな方法を提案した。

シャープは、すべての有価証券は基本となる要因と共通の関係を持っていると考えた。この基本となる要因は、株式市場、国内総生産、そのほかの価格指数など、証券の動きに最も重要な影響を与える一つのものであればよいとした。シャープの理論を使えば、アナリストは主要な基本要因に対する証券の関係性を測定するだけでよいことになる。これによりマーコウィッツのアプローチは大幅に簡略化された。

シャープによれば、株価の基本要因、つまり株価の動きに最も大きな影響を与えるものは株式市場そのものだ。業界や個々の銘柄の特徴なども重要であるが、比較すると、影響力は小さいとした。

シャープの主張は、ある銘柄の価格変動が市場全体よりも大きい場合、その銘柄があるとポートフォリオの変動を大きくし、その結果リスクも大きくなるという。逆にある銘柄の価格変動が市場よりも小さい場合、その銘柄を追加すれば、ポートフォリオの変動幅が小さくなり、リスクは小さくなる。シャープの手法に基づくポートフォリオ全体のボラティリティは、個々の証券のボラティリティの単純加重平均によって容易に決定できる。

シャープのボラティリティ指標はベータ値と名付けられた。ベータ値は市場全体と個別銘柄という二つの別々の値動きの間の相関の度合いと説明される。市場と同じように上昇・下落する株価のベータ値は1・0となる。市場の2倍の速さで上下する場合のベータ値は2・0、市場の80％の速さで上下する場合のベータ値は0・8である。これらの情報のみに基づいてポートフォリオの加重平均ベータ値を把握できた。

彼の結論は、マーコウィッツの価格変動に関する見解と完全に一致していて、ベータが1・0より大きいポートフォリオは市場よりもリスクが高く、ベータが1・0よりも小さいポートフォリオはリスクが低いというものだった。

若い頃のウォーレン・バフェットは、MPTの最初期の講義をどう思っただろうか。少し振り返ってみよう。ハリー・マーコウィッツが『ポートフォリオ選択論』を研究・執筆していた1951年、バフェットはコロンビア大学に在籍し、ベンジャミン・グレアムの春季投資講座に参加していた。

1963年にウィリアム・シャープが論文を発表したとき、バフェットはバフェット・パートナーシップの運用を始めて7年目で、優れた投資実績を上げていた。

当時マーコウィッツやシャープは、株価変動の危険性について、投資家が身を守るべきリスクとして警告していた。一方、バフェットは、グレアムから株価変動の魅力を学び、株価の大きな下落は自分の投資のリターンを上げる可能性につながると考えていた。

具体的には、バフェット・パートナーシップがサラダオイル・スキャンダルの最中にアメリカン・エキスプレスを買ったことを思い出してみよう。マーコウィッツとシャープはボラティリティがリスクだとする理論を展開しようとしていたが、バフェットはまったく異なる方向にしっかりと根を下ろしていた。

ウォーレン・バフェットはMPTをどう考えていたのか。1975年のバークシャー・ハザウェイのアニュアルレポートにバフェットはリスクと株価のボラティリティについて彼の考え方を簡潔にまとめた。その1年前にバフェットはワシントン・ポスト社の株式を買った。当時のバークシャーにとって最大の投資だった。1974年末に株式市場は厳しい下げ相場の真っただ中で、50%値下がりしていた。ワシントン・ポスト社の株価もほかのすべての株式と同様に値下がりしていた。

しかし、バフェットは揺るがず冷静だった。アニュアルレポートの中で、こう語っている。「株式市場の変動は、私たちにとってほとんど重要ではありません。ただし、よい買い物を提供してくれることはありますが。重要なのは事業実績です。ワシントン・ポスト社を含めて、私たちが投資しているすべての企業が躍進していることは喜ばしいことです」

ずっと後になって1990年のスタンフォード大学ロースクールでの講義で、バフェットはリスクの指標としてのボラティリティについて自分の考えをこう述べている。

「私たちは1974年に8000万ドルの評価額でワシントン・ポスト社の株式を購入しました。購入時に100人のアナリストに尋ねたら、4億ドルの価値があることに誰も異論はなかったでしょう。4億ドルの価値があるにもかかわらず、ベータ値とモダン・ポートフォリオ・セオリーに基づけば、8000万ドルの評価で買うよりも4000万ドルの評価で買うほうがリスクは高いことになります。なぜならボラティリティが高いからです。4億ドルの価値があるというのに。これでは、私は彼らに付き合いきれないと思いました」

ウォーレン・バフェットは株価の下落を、避けるべきものではなく、追加の利益を得るチャンスだと考えている。彼の考えでは、企業の本質的価値を見極めたうえで、株価が下がればリスク（安全マージンで考える）は減少するのだ。「事業のオーナー、つまり私たち株主が立つべき立場で考えれば、学者のリスクの定義は完全に的外れであり、馬鹿馬鹿しいと言えるほどです」と述べている。

バフェットの事業視点からの投資

バフェットによるリスクの定義は違う。彼にとってリスクとは、怪我をする可能性があることだ。そして、それは事業の本質的価値に関係する要素であり、市場における短期的な株価の動きではない。バフェットの考えでは、危害や怪我は投資先の将来の利益を決定する主要な要素を見誤ることで生まれる。

第1に、「事業の長期的な経済的特性を確実に評価できること」、第2に「事業の潜在能力を最大限に発揮させ、キャッシュフローを賢明に活用する能力の両方について、経営者を確実に評価できること」、第3は「経営者が事業から得たものを自分ではなく株主に向けてくれると確実に信頼できること」、そして第4は「事業の購入価格」である。

MPTとバフェットの事業視点からの投資を分けるものは、公開株式を持つ投資家が考えるリスクと、事業のオーナーが考えるリスクとの違いである。公開企業の株式を持っている人が、事業全体を所有している人と異なる考え方をしなければならないなどと、どうして考えるのだろう。

事業に毎日価格が付けられるからといって、長期的な経済性を考えている事業オーナーが短期的な価格変動によってパニックに陥るなどというひねくれた考え方は到底正当化されるものではないとバフェットは言うだろう。

重要なのは、バフェットがリスクは投資家が考える時間の長さと切り離せないと説いていることだ。明日売るつもりで今日株式を買えば、リスクの高い取引をしたことになる。短期間で株価が上がるか下がるかを予想して当たる確率は、コインをトスした結果を予想する確率と同じで、半分は負ける。

しかし、時間の長さを数年先まで延ばせば、株式が危険な取引である可能性は大幅に減少すると言う。もちろん、最初の段階で賢明な買い物をすることが大前提だ。「今朝コカ・コーラ株を買って明日の朝売るリスクを問われれば、とてもリスキーな取引だと言うでしょうね」

しかし、10年間保有するつもりで1998年にコカ・コーラ社の株式を買ったことに、ほとんどリスクはないというのがバフェットの考え方だ。10年の間に株式市場がどんな動きをしてもしっかり保有し続けるならば。

ＭＰＴのリスク、つまりベータ値の使い方について精々言えることは、短期の投資家には適用できるが、長期の投資家には意味がないという程度だ。ＭＰＴのリスクの定義は、株価が市場の価格の周りをどれだけ飛び跳ねるかということで、自分の投資ポートフォリオを短期投資信託のように扱い、ポートフォリオの純資産価値が1ドルを下回るたびにたじろぐような人に関係があるものだ。

しかし、ここで疑問が浮かぶ。投資家の投資目的が長期保有であるならば、なぜ短期的な動きに反応するのだろうか。短期的な価格変動を最小限に抑えることを目的にしてポートフォリオを管理すると、長期的な投資リターンを最適化しない残念な結果を生むことについて、十分納得感のある議論ができる。

そしてさらに問題なのは、短期的な価格の落ち込みにこだわる投資家は、投機的な性癖を身につける可能性が高く、自分のポートフォリオが減少しないように必死になって株式を頻繁に売買することである。ウォーレン・バフェットはいつもの簡潔な表現でこう言っている。「投資家が価格の変動を恐れ、誤ってそれをリスクの尺度と捉えてしまうと、皮肉にも非常に危険なことをしてしまうかもしれません」

バフェットは語る。「投資を成功させるためには、MPTのベータ値を理解する必要はありません。これらについては何も知らないほうがうまくいくでしょう。私の意見は多くのビジネススクールで一般的な見方ではありません。ファイナンスのカリキュラムはMPTで染められていることが多い。投資を学ぶ学生が学ぶべきことは事業をどうやって評価するかと市場価格をどのように考えるかの二つだけです」

事業の視点からの投資家は、株式市場で発生する価格変動を周期的なチャンスと捉えている。それ以外の何物でもない。一言で言えば、事業の視点からの投資家は、刻々と変化する株価にこだわらない。自分が保有する企業の経済的発展に注目するのだ。

「ビジネススクールではどこでもボラティリティがリスクの代名詞として使われています。このように前提を置くと、教えるのは容易ですが、それは大間違いの議論です。ボラティリティはリスクと同義ではありません。この二つを等価とする公式が学生、投資家、CEOたちを惑わしています」

事業の視点から投資する投資家は株式市場で仕事をしているからといって、MPTの祭壇を崇拝しなければならないわけではないのだ。

MPTの二つ目の基本は、ポートフォリオの分散化だ。マーコウィッツは「ポートフォリオ選択論」の中で、ジョン・バー・ウィリアムズの正味現在価値ルール（マーコウィッツはこれを期待リターン・ルールと呼んだ）を否定した理由として、「分散投資の優位性を示唆していないから」と述べている。そして、マーコウィッツは、投資家は集中ポートフォリオという考え方を否定しなければならないと、はっきりと付け加えている。

彼の考えでは、誤差は必ず生じるため、分散したポートフォリオは、分散していないポートフォリオよりも常に望ましいとされている。しかし、分散したポートフォリオであれば何でもいいというわけではない。「証券間の共分散が大きい証券への投資は避ける必要がある。異なる産業、特に経済的特徴の異なる産業の企業群は、同じ産業内の企業群よりも共分散が小さいので、産業をまたがって分散するべきである」

価格のボラティリティとして定義されるリスクが彼のポートフォリオマネジメントにおける意思決定要因である。MPTに忠実な人々にとっては、価格リスクを下げる最良の方策を考えることが最優先課題なのだ。

平均を上回るリターンを達成することは、明らかに二の次である。私たちは既に第5章のポートフォリオマネジメントにおいてウォーレン・バフェットのMPTに対する考えを学んだ。それは、MPTの真逆であった。ここで繰り返しておく意味があるだろう。

MPTにおけるポートフォリオマネジメントの主たる目的は株式市場の上下動の激しい道のりを平らにすることであって、優れた投資リターンを達成することではない。バフェットは皮肉を込めて「私なら、平坦な道で10%のリターンを得るよりも、でこぼこ道で15%のリターンをもらいますね」と言った。

MPTによるポートフォリオマネジメントに対するアドバイスについて、ウォーレン・バフェットはこう述べている。「分散化は無知な人を守ることにはなるでしょう。市場と比較してあなたに何も変わったことが起きないことを保証してほしければ、すべてを保有すればいいのです」

思い出してほしい。バフェットが「何の知識もない投資家」に対して行ったアドバイスは、インデックスファンドを持つことだった。「その戦略に何の問題もありません。事業の分析のやり方を知らない人にとっては、完璧に健全な手法です」

しかし、その平穏にはコストがかかる。バフェットによれば、「MPTは平均的になる方法を教えてくれます。しかし、小学5年生にもなれば、平均的な成績を上げる方法は、誰にでもわかりますよね」。

MPTを再検討する

1950年代から1960年代にマーコウィッツとシャープが作ったMPTの絡まり合った糸の束は理論家や学術雑誌の興味を惹いたが、ウォールストリートはまったく関心を示さなかった。

しかし、大恐慌以来最悪の1974年の下げ相場の底においてすべてが変わった。1973年から1974年の下げ相場は旧勢力、つまり株式市場の既存勢力の自信を揺るがした。経済的な損失はあまりにも深くまた広がりも大きかったので、無視することはできなかった。

1960年代の終わりに「ニフティフィフティ」の株式を推奨してスターとなったポー

トフォリオマネジャーは消えてしまい、後に残ったのは、がれきと化した彼らのポートフォリオだった。長年の無分別な投機の結果自らが生み出した傷は無視できないほど深刻だった。

「傷つかずに出てこられた人はいません」とバーンスタイン・マコーレーの代表、ピーター・バーンスタインは言う。彼らは個人や機関投資家のポートフォリオマネジメントを個人的に何十億ドルも引き受けているが、その中には膨大な年金資産も含まれていた。

バーンスタインによれば、企業の従業員が年金資産減少の警告に気づいた。多くの人は無事に引退後の生活に入る余裕を持てるか不安に思った。この不安が金融の世界全体に広がり、プロが顧客のポートフォリオを運用する方法に変化を求める声となった。

「1974年の悲惨な市場を見て、私も投資ポートフォリオには何か別のよい管理方法があるはずだと強く思いました」とバーンスタインは言った。

「学者たちが築き上げている理論的構造に背を向けるように自分を納得させることはできたでしょうが、それについて大学からあまりにも多くが発信されたため、それはナンセンスだという同僚の意見を受け容れることができませんでした」

ピーター・バーンスタインはその後「ジャーナル・オブ・ポートフォリオ・マネジメント」を創刊し、編集長となった。そこで彼は、「私の目標は、ガウン（学者）とタウン（実務家）との間に橋を架けることです。そのために双方が理解できる言語で学者と実務家の対話を促進し、それによって双方がより大きな貢献を行えるようにしたい」と記している。

こうして、史上初めてファイナンスの運命がウォールストリートを離れ、事業オーナーの手からも離れた。ファイナンス業界は１９７０年代、１９８０年代と進むにつれて、大学の教授が投資のあり方を決めるようになった。象牙の塔にいた彼らは、モダン・ファイナンスの高僧たちとして知られるようになった。

バーンスタインの示した「学者と実務家との間の対話を促進する」意図は意味深いものではあるが、実際には二つのグループは異なる言語で話していた。ＭＰＴは学者から生まれたが、学者たちは株式市場を外側から眺めて、株価のボラティリティは打ち負かさなくてはならない悪魔だと信じていた。それ以外のすべては、ポートフォリオマネジメントも投資リターンも、この目的に従属する存在だとする。

一方、事業の視点からの投資家は、内部にいる者たちだった。事業オーナーまたは株式を事業の所有権だと考える実務家たちだ。彼らの戦いは株価のボラティリティに勝つことではなく、株価変動の裏をかいて投資リターンを上げることだった。明らかに、事業の視点からの投資家は哲学として、ＭＰＴの正反対の場所に立っている。

しかし、彼らは反キリストではない。１９７３〜１９７４年の下げ相場は事業視点の投資家が引き起こしたものではない。暴落の原因は投資家の仮面をかぶった投機家にあった。ニフティフィフティ株の華やかな株価の動きを美化する投機家たちは、支払う対価に対して受け取っているものの価値をまったくわかっていなかった。価値といわれて価格以外の何かを意味しているとなると、詳しい説明が必要になるだろう。

ところが、1974年に市場を吹き飛ばした投機家たちはバリュー投資のメッセージを聞くことに何の興味も持たないし、ましてその意味を理解しようなどとは考えなかった。バリュー投資派が無謀な投機家たちから支配権を取り戻して市場をあるべき軌道に戻すのではないかと見る人々もいた。

しかし、バリュー派の数は少なく、関心の向く先もバラバラだった。当然のようにモダン・ファイナンスの高僧が間に入ってきた。ピーター・バーンスタインが無視できないほどの研究と言ったとき、彼はMPTが学者の間でどれほど深く広く浸透していたかを本当には理解していなかったと思う。

主要な大学の学位審査委員会は弟子たちに学位（PhD：博士号）を与え続け、彼らが新たな枢機卿（教授）になり、自己の存続のために新たな弟子を集めてくる。PhDの論文のテーマはMPTに集中し、それが学術雑誌を埋め尽くし、誰もが同じことを言い募るようになった。

振り返ると、学術研究の大きな波が思いがけないときにウォールストリートを押しつぶしたのだった。１９７３～１９７４年の下げ相場の騒ぎが収まると、新たな上げ相場が出現した。いつもと同じように投資家は十分な時間が経過すると、株式市場にゾロゾロと戻ってきた。

投資会社もすぐに体制を整え、すべてが整えられた。投資の目標は書き換えられた。リスク許容度を問う質問リストが生まれた。質問の半数以上は価格変動に対してどう感じるかを聞いていた。回答のリスク回避要望が高いほど、守りの堅いポートフォリオを勧められた。取引戦略も明記され、成績を測る指標もアドバイザーと顧客との間で合意され、文書に記された。

ＭＰＴは容易に測定可能であり、そのためマネーマネジメント業界をあっという間に席巻した。リヴァイアサンが生まれたのだ。最初は静かに、しかし今や鎖を解き放たれ、低い価格変動、幅広い分散、堅めのリターンを説いて回っているのだ。そして、何が起きているのかを多くの人が理解しない間に、ＭＰＴはしっかり根付き、投資マネジメントの王道の手法となって現在に至るのである。

効率的市場仮説

効率的市場仮説は、効率的市場理論（ＥＭＴ）とも呼ばれ、ＭＰＴを支える３本目の柱になっている。効率的な市場については、経済学者のポール・サミュエルソンをはじめ、何人かの学者が書いているが、株式市場の行動に関する包括的な理論を構築した人物として最も有名なのはユージン・ファーマである。

１９３９年にボストンで生まれたファーマはマルデン・カトリック高校に通い、フットボール、バスケットボール、野球で活躍し、同校のスポーツの殿堂入りを果たした。１９６０年にタフツ大学を優秀な成績で卒業し、ロマンス言語の学位を取得した後、シカゴ大学の大学院に進み、経済学と金融の分野でＭＢＡとＰｈＤを取得した。

ファーマはシカゴに到着すると直ちに、株価変動の研究を始めた。熱心な読書家であった彼は、当時の株式市場の動向に関するあらゆる文献を吸収していったが、中でもフランスの数学者ブノワ・マンデルブロに影響を受けたようだ。マンデルブロは破天荒な人だった。ＩＢＭのトーマス・Ｊ・ワトソン研究所に35年勤務した後、イェール大学に移り、75歳で大学史上最高齢の教授として終身在職権を得た。その間、15以上の名誉学位を授与されている。

マンデルブロはフラクタル幾何学（彼の造語）という分野を開発し、物理学、生物学、金融に応用した。フラクタルとは、元の自分に近い形をした部分に分割できる粗い（または断片的な）形状と定義される。フラクタルの例としては、雪片、山、川や流れ、血管、木、シダ、さらにブロッコリなどが挙げられる。

マンデルブロは、「金融の研究において、株価は不規則に変動するため、基礎的、統計的な研究が必要になることはない。さらに、不規則な価格変動のパターンは激化し、大きく激しい変動を引き起こすことになる」と主張した。

ハリー・マーコウィッツやウィリアム・シャープと同様に、ユージン・ファーマも、市場に投資していないし、企業のオーナーでもなく、論文のテーマを探している大学院生という新参者であった。マーコウィッツやシャープのように、ファーマは根っからの学者であった。

しかし、彼の博士論文「株式市場の価格動向」は金融界の注目を集めた。この論文は、1963年に発表され、その後「ファイナンシャル・アナリスト・ジャーナル」や「インスティテューショナル・インベスター」に抜粋された。

ファーマのメッセージは非常に明確で、株価が予測できないのは、市場が効率的すぎるからだというものだった。基本的に、効率的な市場とは、入手可能なすべての情報がどの時点においても株価に反映され、正確な適正価値で取引されている市場のことである。

効率的な市場では、市場情報が入手可能になると、非常に多くの賢い人々（ファーマは彼らを「合理的に利益を最大化する者」と呼んだ）がその情報を積極的に適用し、誰もが利益を得られないうちに、瞬時に価格が調整される。効率的な市場では、株価の調整が速すぎるため、将来の予測は通用しない。

理論上の市場の効率性

1970年5月、ファーマは「ジャーナル・オブ・ファイナンス」に「効率的資本市場」という論文を書いた。その中で彼は、市場の効率性には「強い」「やや強い」「弱い」の3種類があると提唱した。

強い市場効率性は、公開、非公開を問わず、すべての情報が現在の株価に完全に反映されているというものである。やや強い場合は、公開されている情報はすぐに株価に反映されるが、非公開の情報は、投資家が市場よりも高いリターンを得るのに役立つかもしれないと考える。弱い市場効率性は、今日の株価は過去のすべての価格を反映していると考えていて、したがって、それ以上の分析は必要ないとする。

1984年にコロンビア・ビジネススクールが『証券分析』の出版50周年を祝う会議を

主催した。ウォーレン・バフェットはベン・グレアムのバリュー投資の手法をプレゼンするように要請された。ロチェスター大学のファイナンスの教授であるマイケル・ジェンセンが効率的市場仮説を支持する立場から、議論を申し込んできた。

ジェンセンは、ユージン・ファーマの弟子であるほかの学者たちと一緒になって、市場は迅速かつ正確に株価を適正に値付けする。したがって、アクティブマネジメントは時間の無駄だという。株式市場に勝つことは誰にもできない。驚くには当たらないが、バフェットはそうは考えていなかった。彼は、「グレアム・アンド・ドッド村のスーパー投資家たち」と題したスピーチでエビデンスを示した。

バフェットはＥＭＴの中心テーマを振り返った。株式市場は効率的であり、すべての株価は正しく値付けされている。したがって、長期的に市場に勝っている人は単にラッキーなだけだ。確かにそうかもしれないと彼は言う。しかし自分は市場に長期的に勝った人間を何人か知っている。彼らの成功は単にランダムな幸運だけではとても説明できないのだと。

それでも、単なる幸運によるという意見にも一定の敬意を払い、バフェットは聴衆に尋ねた。全米で２億２５００万人のアメリカ人が参加して、自分が出ると思うほうに１ドル賭けるコイントス大会をイメージしてほしい。トス１回ごとに負けた人は抜けて、勝った人は次に進む。10回トスを行うと、22万人が残っていて、1064ドルを稼いでいる。さらに10回トスを行うと、215人が勝ち残り、100万ドルずつを手にしている。バフェットは続ける。学者がこの全国大会を分析していれば、コイントスの参加者は何も特別なスキルを示しておらず、まったく同じイベントを2億2500万頭のオランウータンが行っても同じ結果が出ると彼らは言うでしょう、と。

じっくり話を進めながら、バフェットはまったくの偶然でオランウータンでも同じ結果になる統計的な可能性を認めた。しかし、と彼は聴衆に質問する。もし、215頭のうち40頭が同じ動物園から来ていたと想像してみてください。金持ちになったこれらの動物にどんな餌を与えたかを飼育員に聞きたくなりませんか。

ポイントは、何であれ高い集中が発生した場合、そこには何か普通でないことが起きているのではないか、それを調べる意味があるとバフェットは言う。ユニークなグループが住んでいる場所ではなく、誰から学んだかで決まるとしたら、どうでしょうか、と核心に入った。

グレアム・アンド・ドッドの賢い村の話にたどり着く。彼が示した例は長い間にわたって市場に勝ち続けた人々であり、それは幸運だったからではなく、全員がベンジャミン・グレアムとデビッド・ドッドという同じ人たちから原則を学んでいたからなのだ。

実際の市場の効率性

もしＥＭＴが正しいのなら、単なる偶然以外に誰も、どんなグループも市場を上回ることはできない。まして、同じ人またはグループが長期にわたって常に勝ち続けることなどあり得ない。

しかし、グレアム・ニューマン・コーポレーションは１９２６年から１９５６年まで、またグレアム・アンド・ドッド村のスーパー投資家、そしてバフェット村のスーパー投資家たちも、市場を上回れているエビデンスのように見える。これはＥＭＴに対して何を語っているのだろうか。

「ＥＭＴの支持者は、調和しないエビデンスには興味を示さないようです」とバフェットは言う。「明らかに、聖職の神秘性を暴くことになるため、撤回を渋る姿勢は神学者に限られたものではありません」

ＥＭＴを正当化できないことについては、丸一日議論することもできる。しかし、多くの理由は容易に以下の３点に集約できる。

⑴投資家が常に合理的であるとは限らない。プロスペクト理論や近視眼的損失回避を

含む行動ファイナンスにおける広範囲の研究は、投資家が常に合理的な考え方を持っているとは限らないことを示唆している。

(2) 投資家は正しい財務情報を持っていない。これは何よりも大切な本質的価値を決める作業に関係する場合に特に重大である。手軽な情報に頼る投資家が多すぎるのだ。典型的なのはPERだ。確かに簡単に得られる情報だ。しかし、情報として正しくないものでもある。簡単にPERを使うことで正確な本質的価値は得られないのだ。追加的な作業が必要だ。まず、オーナー利益をベースに割引キャッシュフローモデルを使い、本質的価値を投資資本利益率と売り上げの成長で調整するのだ。

(3) 短期的なリターンに重点を置いた成績の尺度はポートフォリオマネジャーと投資家双方の誤った行動を誘発する。

効率的市場仮説の支持者が市場は効率的だと常に言い張る理由は、ごく少数の投資家が市場を上回る成績を出せるというエビデンスが明らかに欠けていたことだった。そして、市場に勝てた人々は規則性のない結果だと退けてきたのだ。

しかし、ほとんどの投資家が市場に勝てない理由は、市場が効率的だからではなく、ほとんどの投資家が使っている的外れな戦略にあるのだという重要な真実を彼らは考慮することがなかった。

ウォーレン・バフェットがＥＭＴで最も問題だと考えているのは、投資家が利用可能な情報を分析して他者より優位に立ち、そして投資の意思決定を合理的に行うことについて、何も語っていないことだ。バフェットは加えてこう言う。「その結果、ＥＭＴを教える教授たちは最も優秀で最も頑張って仕事をしたアナリストが選びぬいたポートフォリオと同等の成績が見込めるポートフォリオを、ダーツを投げるだけで選ぶことが可能だなどと言うのです」

バフェットはさらに「ＥＭＴが学者だけでなく、多くの投資のプロや企業のマネジャーたちにも好まれているのはおもしろいことです」と続ける。そして、バフェットの最も深い洞察はこう結論する。「市場がしばしば効率的であると見たのは正しいけれど、さらに進んで常に効率的だと結論付けたのは誤りです。この二つは昼と夜ほどに違っています」

余談だが、アメリカの経済学者で、効率的市場仮説の初期の提唱者であるポール・サミュエルソンは、バークシャー・ハザウェイの初期の投資家であった。ジェイソン・ツヴァイクは「ウォール・ストリート・ジャーナル」に寄稿した「懐疑論者からの市場に勝つための教訓」という記事の中で、サミュエルソンがノーベル賞を受賞した１９７０年にバークシャー・ハザウェイに平均株価44ドルで投資したことを伝えている。

サミュエルソンがウォーレン・バフェットやバークシャー・ハザウェイを知ったのは、コロンビア大学ビジネススクールに通い、ベンジャミン・グレアムに師事した個人投資家のコンラッド・タフからである。タフはバフェットの実績を強調したが、サミュエルソンはバークシャー・ハザウェイが無配当であることから、非課税で複利運用できることに最も魅力を感じたようである。

ツヴァイクによると、「それまでファンドマネジャーの凡庸さを指摘してきたサミュエルソン教授は、雷が落ちたような衝撃を受けた」という。彼はすぐに株式を買い始め、その後長い間買い増しを続けた。

息子によると、サミュエルソンはバークシャーの株式を子や孫、さまざまな慈善団体に遺贈したという。もしバークシャーの株式を持ち続けていたら、その価値は1億ドルを超えていただろう。「サミュエルソン教授は、私と同じで、市場は効率的であるが、完璧に効率的ではないと信じていたのです」とバフェットは言った。

とはいえ、MPTとEMTは今でもビジネススクールで信心深く教えられている。その事実はバフェットに大きな満足を与えている。「当然、EMTを信奉してきた学生や騙されやすい投資のプロたちにとっては気の毒な仕打ちですが、私たちや他のグレアム支持者にとっては、このうえなくありがたいことをしてくれているのです」

バフェットは皮肉たっぷりにこう見ているのだ。「金融でも、メンタルあるいは運動など、どのようなコンテストにおいても、挑戦することは無駄だと教え込まれた相手がいることは、とんでもなく有利な状況です。私の利己的な立場から言えば、ＥＭＴを永遠に教え続けてもらうために寄付講座教授の席を設けるべきでしょうね」

投資に関して対立する二つのパラダイムの間の差異は以下のようにまとめられるだろう。

標準的な投資手法は、指針としてＭＰＴを掲げる。価格変動という意味でのバリアンス（ばらつき）をすべてに優る万能の存在として信じる。したがって、投資家の目的からポートフォリオマネジメントに至るまで、投資に関するすべての意思決定は、株価の激しい変動を個人が感情の面でどのように扱うかという観点から考えるべきである。

ポートフォリオはリターンのばらつきを最小限に抑えるべく幅広く分散し、ポートフォリオの回転（何回売買を行うか）はばらつきを制御するために頻繁に行うことになる。そして、回転率の高いポートフォリオということはつまり、たゆまず短期的な価格上のパフォーマンス向上をゴールとして目指す。標準的な投資手法においては、短期のサヤ取り（アービトラージ取引）がゲームのルールとなる。

事業の視点からの投資が目指すものは、株式の経済的リターンである。つまり、自分で所有している事業と同じだ。本質的な価値を長期的に複利で増やすことこそが最強と考えている。株価の変動やリターンのばらつきは単なる結果に過ぎない。

事業の視点からのポートフォリオは、複利の効果を活かすために、少数に集中し、高アクティブシェアで、回転率は低い。短期的な価格のパフォーマンスは成長を測るための指標として意味があるとは考えていない。

その代わりに、長期的な経済的成長、拡大に注目し、自分が所有している事業のルックスルー利益を重視する。ベン・グレアムの有名な格言「市場は短期的には人気投票マシンだが、長期的には計量マシンだ」を引き合いに出すことが多い。

標準的な手法では、投資家は常に人気投票に熱狂している。事業視点の手法では、不安にかられることが少なく、落ち着いている。彼らは自分たちが所有しているものの経済的な「重さ」を注意深く見守っている。いつかは価値と株価との秤が均衡すると知っていて、彼らが所有するものの経済的な重みを見つめているのだ。

格別に重要なことなのだが、事業視点の投資家が持つ、ほかの人々よりも有利な点は、投資と投機との違いをはっきりと理解していることである。彼らは最も優れた教師から教えを受けているのだ。

投資と投機の違いを理解する

ファイナンスにおける偉大な思想家であるジョン・バー・ウィリアムズ、ジョン・メイナード・ケインズ、ベンジャミン・グレアム、そしてウォーレン・バフェット。彼らは皆それぞれが投資と投機の違いについて説明してきた。二つの立場の綱引きは新しいことではない。

しかし、違いに関して常に混乱が存在しているのは、投資家にとって致命的となり得る思考の誤りがあるからだ。グレアムがまさしくそれを言い当てている。投資家が直面する最大の危険は、投機そのものではない。

投機自体は何百年も前から私たちの周りに存在している。誤りは、投資家がそうと気づかないままに、投機的な習慣を身につけてしまうことだ。そうなると、投資家は投資をしていると信じていながら、投機的なリターンを求めることになってしまうのだ。

ジョン・バー・ウィリアムズは『投資価値理論』の第3章第7節「投資家と投機家」でこう書いている。「投機で利益を得るためには、価格変動を予測できなければならない。価格変動は直前の見解の変化と一致する以上、最終的には見解の変化を予測できなければならない」

ジョン・メイナード・ケインズも同じ意見だ。彼の最後にして最も重要な著書『雇用、利子、および貨幣の一般理論』でケインズは「投機」を市場の心理を予測する活動と表現し、「事業（エンタープライズ）」については、資産がその存続期間に生み出すと見込まれる利回りを予測する活動と表現した。

「市場の心理」を予測するには、「意見の変化を予測すること」が必要になるので、多くの投資家の行動を表すために、ケインズはおもしろい比喩を紹介した。この本の中で彼は、架空の美人コンテストを想定し、出場者は新聞のページに広げられた100枚の写真の中から最も美しい6人の顔を選び出すことが求められた。

ポイントは、個人が最も美しいと感じる顔を選ぶのではなく、「ほかの競争者たちが気に入る可能性が最も高いと思われる顔を選ぶことにある。そして、その競争者たちも皆同じ観点から問題を見ているのだ」。

ケインズはこれと同じ仕組みのコンテストが株式市場で行われていると確信していた。「ある人の判断で最も美しいと考えるもの（顔）を選ぶのではなく、平均的な意見が素直に最も美しいと考えるものを選ぶのでもない。私たちは第3段階にたどり着いたのであり、そこでは、私たちの知恵の限りを尽くして、何が平均的な意見になるかについて、平均的な意見はどう考えるかということを推測することになるのだ。そして、その先の第4、第

5段階、さらにその上の段階を考えてみようとする人々が出てくると私は確信している」。

ケインズの美人コンテストを、投機というよりも、まともな知識を持つ素直な個人投資家が行うゲームだと思うかもしれない。あるいは、機関投資家の合理的な行動が無知な個人投資家の過ちを素早く正してくれると考えたかもしれない。しかし、そうではない。ケインズの意見はこうだ。

プロの投資家のエネルギーとスキルはほかのことで手一杯である。彼らの多くにとって最も関心が高いことは、投資の存続期間において長期的に生み出すと予想される利回りの予測ではなく、一般の人々より少しだけ先に、従来型の価格で測る価値の変化を予測することである。

彼らが気にしているのは、「保有」するために購入した人にとってある投資が本当にどれだけの価値を持つかではなく、市場が群集心理の影響下で行う3か月か1年先の価格付けなのだ。

驚くことではないが、バフェットが考える投資と投機の違いも、グレアム、ウィリアムズやケインズたちと同意見である。バフェットによれば、「あなたが投資家であるなら、資産――私たちの場合それは事業ですが――がどのようになるのかを見ているでしょう。投機をする人であるなら、事業自体と関係なく価格がどうなるかを予測することばかり行うことになるでしょう」となる。

資産が何を生み出すかを考えていないのなら、投機に傾いているとバフェットは注意を促す。バフェットははっきりと書いている。「従来の価格変動や次の人がいくらで買うかということばかり考えているならば、あなたがやっているのは投機です」

ケインズと同様にバフェットも、賢明な資金と考えられている機関投資家の動機付けには大いに疑いの目を向けている。バフェットはこう書いている。「機関投資家は高給を払って経験豊富な投資のプロをたくさん揃え、金融市場に安定と合理性をもたらす存在だと思っているかもしれませんが、そうではありません。機関投資家が多く保有し、常時チェックしている株式の評価が最も不適切だということはよくあるのです」

金融市場は究極的には機関か個人かにかかわらず投資家によって動かされているので、学者は長い間、群衆の行動についての心理学的な理論に興味を持ってきた。ベン・グレアムは善良な多くの投資家の非合理的な行動を表す話を紹介した。これは1995年のアニュアルレポートでバフェットがバークシャー・ハザウェイの株主に伝えた話である。

石油採掘者の男が天国に旅立ち、門の前で聖ペテロに迎えられた際に悪い知らせを告げられた。聖ペテロは言った。「あなたは天国に住む資格がある。しかし、ご存じのとおり、石油関係者に割り当てられた居住区は人で溢れていて、あなたを潜り込ませる余裕はない」

しばらく考えて、その男は現在の居住者たちに四つの単語だけを言ってもいいかと尋ねた。それくらいなら害はないだろうと聖ペテロは思った。男は手を口の前でメガホンのようにして叫んだ。

「地獄で石油が見つかったぞ」。すぐに居住区の門が開き、大勢が地下を目指して出ていった。聖ペテロは石油採掘者を招き入れ、くつろがせた。彼は立ち止まった。「いや、私もほかの連中と一緒に行きます。噂にも少しは真実が含まれているかもしれないので」

高度の教育を受け、経験豊かな数多くのプロたちがウォールストリートで働いているのに、株式市場に論理的で合理的な力が働かないことは、バフェットにとって理解に苦しむことである。結局のところ、プロのマネジャーたちは株価を自分の判断で評価できないのだ。

企業の情報を伝えて投資家に合理的な行動を促したいと願うことしかできないと、バフェットは語る。株価の激しい変動は、機関投資家が保有する企業の経済的リターンの総計よりも、機関投資家の「レミング（タビネズミ）に似た」行動に関連付けられる。

科学の復習をしよう。レミングはツンドラ地域に生息する小動物であり、周期的に集団で海に向かう特異な行動が有名である。3年か4年ごとに奇妙なことが起こる。さまざまな理由で群れの個体数が増加し、パニック的な反応が起こる。彼らは海に飛び込んで死んでしまうのだ。

レミングの行動は完全には解明されていない。動物学者はさまざまな説を唱えているが、一般的に合意されているところでは、群れが大きくなり、競争が激しくなることで行動が変化するものと考えられている。

確かに、機関投資家がいる市場には多くの参加者がいる。そして、間違いなく競争は激しい。したがって、顧客のために最短の期間で最高のリターンを生み出す戦略が採られることになるのだ。

ここでジョン・メイナード・ケインズが割り込んでくる。「数か月先の従来型の評価基準を予測するための知恵比べは、投資の長期的な収益見込みを考えるものではなく、大衆の中の愚かな人が専門家の餌食になる必要などない。このゲームは専門家同士の間でも成立するものである」

ケインズが見切ったとおり、「プロの投資家は、市場の群集心理が最も影響を受ける種類のニュースや雰囲気の差し迫った変化を想定して対応することを強いられている」。

100年以上も前に書かれた書物の中でケインズは「純粋に長期的な期待に基づいた投

資は、今やたいへん難しくなっていて、滅多に実践されていない」のが残念だと書いている。それを実践しようとする人は、群衆がどのように行動するかを群衆よりも的確に予想しようとする人よりも、間違いなく骨の折れる日々を送ることになる。

最後にケインズはこう見ていた。市場の価値を最もよく理解し推進しているのは長期的な投資家であるが、彼らが最も批判される対象になっていることは残念だし、フェアではない。というのも、「長期的投資家の行動の本質は、平均的な立場から見ると、風変わりで型破りで向こう見ずと映るからだ。投資が成功すれば、分別がないという一般の見方を裏打ちするように映り、よくあることだが短期的にしくじると、容赦なく批判される」。

そしてケインズは彼の最も有名な言葉を付け加えた。「世間的な知恵としては、普通のやり方で失敗するほうが、普通でないやり方で成功するよりもマシだということである」

ベン・グレアムは『賢明なる投資家』の中で、株式市場の「タイミング」と「値付け」の違いを明確にしようと試みた。タイミングとは、株式市場の行動を予想しようとする試みである。値付けは、株価が適正に評価した価値よりも低いときに買い、適正価値よりも株価が高いときに売ることである。

続いてグレアムはこう述べる。「投資家がタイミングに重点を置くと、予測という観点からは、彼は投機を行っているに過ぎず、結果もそれ相応のものになる」

ケインズに同調するように、グレアムも「タイミングを計ることは、投機をする人には心理的にたいへん重要だ。大急ぎで利益を出したいのだから。1年待っていれば彼の株式の価格が上昇するということは、彼にとって好ましいことではない。しかし、投資家にとっては、待つ時間があっても重大な問題ではない」と語っている。

投資家を励ます言葉としてグレアムは、「まじめな投資家は、株式市場における毎日、あるいは毎月の価格変動によって、自分が豊かになったとか貧しくなったとか考えない」と言う。

そして最後に、重要な一言を記した。「真の投資家は、自分の保有する株式を無理やり売らされることはまずない。そして売るとき以外では市場の株価を無視していても何の問題もない」

グレアムは、投資家に警告してこう記している。「理由のない市場の下落によって保有資産が減ったことで慌てて行動したり不安になったりしてしまう投資家は、自分が持つ基本的な強みを根本的な弱点にしてしまっている。そんな人には、株価などないほうがよい。株価がなければ、他人の判断ミスによって引き起こされる精神的な苦痛を感じなくて済む」

事業視点からの投資における最大のチャレンジは、成功を邪魔する世界でどうやって生き残るかである。MPT、効率的市場仮説、投資よりも投機が強くはびこっていることが多くの欠点を抱えているのであれば、これらがマネーマネジメント業界を支配している状況は緩和されていくのではないかと考えるかもしれない。

しかし、まだ時間が必要だ。そのときが来るまで、事業の視点からの投資家はパラレルワールドに生きることを受け容れなくてはならない。

パラレルワールドにおける投資

ベン・グレアムはそのキャリアの初期に、投資で成功する鍵は人間の気質だという考え方を強く確信した。投機家の気まぐれな意見と違い、ビジネスパーソンの気質が投資でうまく利益を上げるための基盤だと理解するようになったのだ。

それにもかかわらず、なぜか事業のオーナーとして成功した人が、株式を買うとなると投機的な行動をしてしまうことに、彼はいつも悩まされた。株式への投資は、部分的に企業のオーナーになるのと同じことなのに。

グレアムにとって、ビジネスの世界で事業のオーナーとなって経済的な利益を得てきた人が、事業の権利を個人が売買できる株式市場で買うという違いだけで、投機を選んでしまう理由を理解することが難しかったのだ。

この二つの視点のせめぎ合いに、グレアムは強い関心を寄せていた。彼は生涯を通じて、負け戦の記録を取り続けた。１９７３年には「ここ数十年の株式市場の発展の中で、典型的な投資家は相場の動向への依存を強め、自分が事業のオーナーであると考える自由を以前ほど持てなくなった」と書いた。

グレアムには、長期的な見通しを決定する重要な財務データが、刹那的なニュースによって見えにくくされているように見えた。

グレアムの最も有名な弟子であるウォーレン・バフェットが同じ考えであることは、驚くには当たらない。事業として株式を捉える考え方は、バフェットの70年を超える投資の手法の基本となっている。さて、私たちには難問が残された。財務分析の父と世界最高の投資家がともに同じことを私たちに伝えている。株式市場における毎日の株価情報は投資家が成功するために必要ではない。

ほとんどの投資家にとってプラスよりマイナスのほうが大きい。同時に、世界中の投資家が株式市場における出来事に振り回されている状況だ。毎日金融のニュース番組を見て、リアルタイムの株価が組み込まれ、保有する株式の株価の上げ下げがすぐわかる携帯電話を持ち歩いている。

ベン・グレアムとウォーレン・バフェットは株式市場のことをほとんど考えていない。しかし大多数の投資家は株式市場以外のことは考えていない。

頭の体操として、ちょっと想像してみよう。もし、毎日の株式市場からの価格情報がなかったら、あなたの行動はどう変わるだろうか。株式市場が年に一度だけ開かれ、投資家はその日だけ株式を売買できるとしたらどうだろう。それ以外の364日間に得られる株式関連の情報は、四半期ごとの財務報告書や企業のオーナーにとって重要と思われるニュースなどだけだ。

この仮定の世界では、私たちは金融の新しい次元に住むことになる。これを投資ゾーンと呼ぶことにしよう。株式の売買について知る必要があることはすべて投資ゾーンにある。教訓を学び、教育を受けることができる。

投資家として成功するために必要なものはすべて、マーケットゾーンを離れて投資ゾーンに移る意思のある人のために揃えられている。もしあなたが投資ゾーンに移っても、一人きりではない。ウォーレン・バフェットは1956年からずっとそこで生きてきたのだ。

ウォーレン・バフェットは、バークシャー・ハザウェイのために株式を購入する際、株価のことは考えていない。彼にとって、株式は抽象化されたものだ。「私たちは、非公開の事業を購入するように、あるいは企業全体を購入するように取引に臨みます」とバフェットは言う。

さらに、一度購入した株式を将来どこかのタイミングで、あるいはより高い特定の価格で売却することは考えていない。「購入した株式は、その事業が満足できるペースで本質的価値を増やし続けると期待できる限り、未来永劫保有し続けます」

バフェットは投資するとき、事業を見る。多くの投資家は株価しか見ない。彼らは株価の変動を見て、予測し、株価の動きをあれこれ考えることにあまりにも多くの時間と労力を費やし、自分が一部を保有している事業自体を理解することにはほとんど時間を使わない。

バフェットは投資家とビジネスパーソンは同じ見方で企業を見るべきだと考えている。なぜなら、両者は本質的に同じものを求めているからだ。ビジネスパーソンは企業全体を買いたいと考え、投資家は企業の一部を買いたいと考えている。どちらも自分が所有する事業の本質的価値が高まることで利益を得ることができる。

事業を所有して運営することで、バフェットはほかの多くの投資家よりも明らかに有利な立場にいる。株式を保有すると同時に、非公開の企業を所有しているバフェットには手触り感のある見方が可能になっている。

「陸を歩くことを魚に説明できますか」と彼は問いかける。「陸の上に1日いたら、それについて1000年話をするのと同じくらいの価値があります。事業を1日経営することは、それと同じ価値があります」

バフェットは長年にわたって事業の成功と失敗を経験し、学んだことを株式市場に応用してきた。ほかの多くの投資家が株式市場を予測しようと忙しくしている間に、バフェットは財務諸表を調べ、資本再投資の必要性や企業のキャッシュフロー生成能力を研究した。その中で、バークシャーが保有する企業の優れた経営者たちから多くを学ぶチャンスも得た。

投資を成功させるための基盤は、意図的に自分を株式市場から切り離すことだと言っても過言ではない。起きている間ずっと株式市場に意識を奪われないように、精神的に目隠しをしなければならない。株式市場はもはやあなたの最重要の関心事ではないのだ。株式市場は二の次で、市場価格が上下に激しく変動したときに時々意識する程度でよい。

そんなとき、事業のオーナーは自分の事業の株式を売買して利益を上げるチャンスがあるかどうかに注意を向けるべきだ。しかし、それ以外のときには、毎日、毎週、毎月の株式市場に関するニュースはほとんど興味を惹く存在ではないのだ。

このように考えてみよう。マーケットゾーンでは、さまざまな演者がさまざまなゲームをさまざまな時間軸で行っている。その中のある者は投資家だが多くは投機を行っている。

そしてほぼ全員が、いつまでも切れ目なく流れる金融ニュースがリスナーにどう進めばいいかを伝えているのに簡単に惑わされてしまう。

しかし、事業の視点からの投資家は自分を雑音から精神的に切り離している。彼らのゲームは変わらない。株式市場が過熱して誰もが短期的な成績を目指してやみくもに狂ったように走り出すとき、それは事業のオーナーがシンプルにスローダウンするときなのだ。そうしているとすべてが見えてくる。大事なことは、投資ゾーンでウォーレン・バフェットから教わったレッスンを忘れないことだ。

マーケットゾーンにいるとき、事業の視点からの投資家は短期的な雑音の渦に巻き込まれないようにしなければならない。本質を見失ってはならない。運営しているのは、価値を生み出す企業のポートフォリオであり、そのすべてが時の経過の中で本質的価値を複利で増やしているのだ。

ウォーレン・バフェットとチャーリー・マンガーは述べる。「ほかの人が見つけてくれた最高のものをマスターして身につけることの意味を信じています」。マンガーはかつて「じっと座って自分だけですべてを考えようとしても、うまくいきません。そんなに賢い人はいないのです」とも言っている。

バフェットも同じ意見だ。「私は多くを読書から学びました。私自身のオリジナルのアイデアはありません。もちろん、グレアムを読んでいることはお話ししましたが、フィル・フィッシャーも読みます。実にたくさんのアイデアを読書で得ています。ほかの人々から多くのことを学べます。実際、ほとんどのことはほかの人から学んできたはずで、自分で独自のアイデアをたくさん持っている必要はありません。見つけてきた最高のものを使えばよいのです」

知識を得ることは長い旅の道のりだ。ウォーレン・バフェットとチャーリー・マンガーは先人たちから多くの知恵を学び、自分たちの理解した形に作り上げた。そして寛大にも、それをほかの人々に伝えてくれている。ただし、それには、自分の宿題をきちんと済ませ、学べるすべてをフレッシュで活力溢れるオープンな心で学ぶ必要がある。

「学ぶことに抵抗する人がいることは驚きです」とマンガーは言う。バフェットも付け加えて、「本当に仰天してしまうのは、学ぶことが自分の利益になるとわかっているときでも、学ぼうとしないことです」と話す。深く考える様子でバフェットは続ける。

「考えること、変わることにも信じられないほど大きな抵抗があります。バートランド・ラッセルの言葉を引用したことがありますが、ほとんどの人は考えるくらいなら、死を選ぶでしょう。実際そうしてきた人も多い。金融の文脈では、それは実にそのとおりなのです」

第 7 章

Money Mind

バフェットのマネーマインド

バークシャーの年次株主総会

2017年5月6日。ウォーレン・バフェットの信奉者にとって、この日が意味するものはただ一つ、バークシャー・ハザウェイの年次株主総会だ。投資の世界でこれに匹敵するイベントはほかにない。

バークシャー・ハザウェイの会長ウォーレン・バフェットと副会長チャーリー・マンガーは、1時間のランチを挟んで5時間ぶっ通しで、株主や多くの読者と視聴者を代表する金融ジャーナリストたちからの質問に答えた。

質問を事前にチェックすることは一切なく、一つ一つの質問に二人は持ち前の率直さと温かみ、そしてウイットを利かせて丁寧に回答した。彼らの机の上にあるのは、水の入ったグラス、コークの缶、シーズキャンディ、ピーナッツキャンディ、そしてマイクロホンが二つだけ。ノートや説明資料を持たずに二人はにこやかに答え、アイデアを語った。

午前の部はいつもどおりに始まった。無人トラックについての質問があり、それによってバーリントン・ノーザン・サンタフェ（BNSF）鉄道や自動車保険のGEICOがリスクにさらされないかという質問があった。

アメリカン・インターナショナル・グループとの再保険に関する質問、テクノロジー関連株に関する質問など。バフェットは航空産業の競合性について質問を受け、コカ・コーラとクラフト・ハインツについての考えも聞かれた。

午前の部が終わる頃に、株主からバフェットとマンガーの二人に対して28番目の質問が出た。「お二人はアイデアを二人の間でやり取りして資本配分のミスを回避してきました。このやり方は今後のバークシャーでも長く続くのでしょうか」。表面上は資本配分についての質問だが、本当に聞きたいのは、将来の資本配分の意思決定を行うのは誰かということなのは明白だ。

バフェットがまず答えた。「取締役会が最も重要と考えるポイントは、バークシャーの後継者となる人物は資本配分の能力を持ち、それが証明されたものであるということです」

営業や法務、製造などさまざまな分野から企業のＣＥＯになることができるが、リーダーになったら、資本配分の意思決定を正しくできなくてはならないと言う。「ほかの分野で多くの能力を持っていても、資本配分がうまくできない人がリーダーになったら、バークシャーの経営はうまくいかないでしょう」

彼がその次に言った言葉に、私の背筋はピンと伸びた。

「お話ししたのは、私がマネーマインドと呼んでいるものです。知能指数が１２０や

140の人がいても、得意分野はそれぞれ異なっています。ほかの人にはできないさまざまなことができるでしょう。しかし、どんなに賢くても、マネーマインドを持っていない人は、実に馬鹿げた意思決定をすることがあります。資本配分という技は、針金を曲げて物を作るのとは違います。多くの才能を持っている人が必要ですが、マネーマインドを持っていない人は求めていません」

マネーマインド。これまでバフェットがそんな言葉を使うのを聞いたことはなかった。その瞬間に私は、これまで長くウォーレン・バフェットを研究してきたが、彼の半分しか理解していなかったと悟ったのだ。

バフェットの投資の原則に異を唱える人には会ったことがない。それらを拙書『株で富を築くバフェットの法則』で投資の原則として紹介した。フォーカスし、回転率を低くしたポートフォリオにこの戦略を適用すれば、驚くほどの成果を上げる。バフェットと同じように投資したいかと聞けば、答えはほぼいつも「イエス」だ。

ところが、時が経つにつれて、ウォーレン・バフェットのように投資することを選んだ投資家の中にもがいている人がいることに気づいた。保有している株式は事業だとわかっていることと、株式市場の上げ下げの中で耐え忍ぶための必要な資質を持っていることとの間のギャップは、多くの人にとって大きすぎたのだ。進む道を知っていることと実際にその道を歩いていくこととは大いに違うのだと理解するようになった。

しかし、あの土曜日の朝、ほかの株主たちと一緒に座っていて、人々の投資を成功させる手助けをするために必要なことは、投資の原則よりも正しいマインドセット、つまり心のありようを整えることのほうが必要なのだとわかるようになった。

長年ベン・グレアムもウォーレン・バフェットも気質の重要性を論じていたが、私は事業がどれだけの価値を持つかを解明することに精を出して、気質については脇に置いていた。人々が株式市場に投資することが難しくなると、私の説明は詳細になった。そして、あの出来事が起きた土曜日の朝、オマハで私はついに、最も大切なアドバイスを軽視していたことに気づいたのだった。

ひとつ明確にしておきたい。少数の株式を厳選し、それで構築した回転率の低いポートフォリオにウォーレン・バフェットの投資の原則を適用することは平均を上回る成績を上げる投資の正しいやり方であることに疑いはない。

しかし、気質の面でしっかりと自分を保つ備えをしておかないで原則を適用すると、ポートフォリオは株式市場の大波によって漂流させられるリスクを負うことになる。気質と投資の原則とは固く結びついている。一方だけでは機能しないのだ。

いつも的確なバフェットは、複雑な概念にマネーマインドという印象的な名前を与えた。この記憶に残る言葉で、あるときは賢く投資することを考え、またあるときは現代の金融の世界を生きるための総合的な心構えを示す。

また、この言葉は、学習し、不要な雑音を遮断することを決意した人物を指す。さらに深いレベルでは、哲学的、倫理的なコアの部分で、投資だけでなく人生のあらゆる局面で成功する可能性の高い人物を示す。

スポーツマン、教師、芸術家

ウォーレン・バフェットが少年時代に成し遂げた賢いビジネスを思い出してほしい。その若さにしては驚くべきことであり、大人になってからの姿を予感させる魅力的な内容だった。しかし、彼のゲームへの情熱は取り上げなかった。

6歳のとき、バフェットはビー玉レースのプロモーターになった。妹たちを浴室に呼んで、水を張ったバスタブの縁にビー玉を並べた。彼のストップウォッチの音を合図に、ビー玉が栓に向かって走っていくのをみんなで応援し、バフェットが勝利者を宣言する。

幼馴染みのボブ・ラッセルと一緒に、バフェットは数多くのゲームを考案した。通り過ぎる車のナンバープレートを記録するゲームや、その日の「オマハ・ワールド・ヘラルド」紙に掲載されるアルファベットの文字数を数えるゲームなど。ほかのオマハの少年たちと同様に、野球とネブラスカ大学のフットボールも大好きだった。子供の頃の遊びはすべて競争に結びついていた。バフェットは競うことが大好きだったのだ。

スポーツマンとしてのバフェット

今日、ほとんどの人が知っているとおり、バフェットは熱心なブリッジプレイヤーである。コンピュータを買ったのは、夜遅くまで家に居ながらにしてオンラインでブリッジができるからだといわれている。

「ブリッジをプレイする3人の同房者がいれば、刑務所に入っても構わないといつも話しています」とバフェットは言う。ブリッジと投資の類似性を指摘する声は多い。どちらも確率のゲームであり、意思決定に対する自信が鍵となる。そして、何より素晴らしいのは、どちらのゲームも新しい手札を配り続けることだ。謎解きに終わりはない。しかし、勘違いしてはいけない。バフェットは言う。「投資こそが最高のゲームです」

投資は体力勝負ではないがゲームである。それは思考のゲームだ。そして、すべてのゲームがそうであるように、投資は競争であり、プレイする人は勝ちたいという強い願望を持っている。スポーツ心理学者はスポーツ選手をプロダクト志向とプロセス志向の二つのグループに分けている。

プロダクト志向のアスリートは、ご想像のとおり、勝つことだけに集中している。ほかのことは何も考えられない。一方、プロセス志向のアスリートは、自分のスポーツをより広い範囲で捉える。活動そのものに喜びを感じるタイプだ。これは「ゲームへの愛」と表現されることもある。さらにこのグループは、自己研鑽やチームのために努力することにも深い喜びを見出す。

投資もプロセスと結果のゲームである。スポーツでも投資でも、プロセスを大切にするのは、結果だけでなく、その道のりを大切にすることである。ウォーレン・バフェットのように偉大な投資家は、投資という長い道のりを理解し、その意味を認識している。彼らは、短期的なリターンの増加、利益や損失の計算だけで自分の投資能力を測ろうなどとは考えない。バフェットの投資プロセスは一日のスコアボードよりはるかに大きいものなのである。

投資家とスポーツ選手に共通するのは、どちらも優秀さを求めることだ。アスリートと同様に、投資家は現実的で、適応力があり、勝つチャンスを増やすために習慣やルーティンを変えることを厭わない。そのためには、投資家はアスリートと同様に、常に知識を得ることに興味を持っている。

教師としてのバフェット

知識には、「直接的知識」と「間接的知識」の2種類がある。直接的知識は、その知識を得た実際の経験を持つ経験者から得られるものである。私たちの場合、ウォーレン・バフェットが経験者である。投資についての知識は、企業買収や株式購入の行為を経験し、それに基づいて投資に関する考えを形成した。

これに対して、間接的知識は、より大きな知識の集合体によって検証されている。この集合体を経験の共有と呼ぶ。哲学者であり心理学者でもあったジョン・デューイが社会的かつ双方向の学習プロセスを推奨した。

最良の教育は実際に行動して学ぶことだと考えていた。しかし、効果的に教育を行うためには、学生と環境との間の相互作用が必要であるとも考えていた。それによって経験の共有というより大きな知識の集合体との相互作用によってより大きな効果を得るのだ。

バークシャー・ハザウェイは経験の共有である。それをバークシャー大学と呼んだ者もいる。それはウォーレン・バフェットの株主に対するコミットメントによって作り上げられた。

1973年にバフェットはバークシャーの株主に招待状を出した。会社と投資全般についてバフェットに質問する時間を設けたことから始まった。その年はナショナル・インデムニティ社の従業員用カフェテリアに10人程度の株主が集まった。

毎年、オマハで行われる株主総会に出席する株主は増えていき、バフェットは全員をもてなすためにより多くを株主に渡すことを考えた。現在では、バークシャーの総会はオマハ市で最大のオマハ・コンベンション・アンド・アリーナで行われ、4万人近い株主が巡礼にやってくる。

バークシャーの年次株主総会の催しは資本主義のウッドストックとして知られるようになった。土曜日の株主総会だけではなく、投資に関するいくつかの会議が総会の前後に開催される。毎年オマハにやってくるバークシャーの「学生たち」は朝早くから夜遅くまで、グループを作って集まる。

バークシャー及び投資に関する会話は止むことがない。株主総会では、バークシャーに関するあらゆる本を集めた図書館が用意されている。中でも最高傑作は、バークシャー・ハザウェイの株主への手紙だ。1965年から2022年まで57年もの間ウォーレン・バフェットが書き続けた会長からの手紙は、全部で906ページもある。

バークシャー大学が成し遂げたことは、「直接的知識」と「間接的知識」を結合したことだ。かつて金融ジャーナリストがバフェットに、「バークシャーは今後数年間、市場を上回る成績を上げると思うか」と質問したことがある。彼はその質問を仮定として出した。自分の息子もバークシャーより広範囲のＳ＆Ｐ５００インデックスファンドに投資することで同じような成績を上げられるのではないかと。経験者であるバフェットはこう答えた。「あなたの息子さんは、バークシャーの株主になった方がより多くを学べると思いますよ」

現在、バークシャー大学のバーチャル・ラーニングは、株主だけでなく世界中の投資家にも提供されている。バークシャーの学生たちは、ヤフー・ファイナンスでウォーレン・バフェットとマンガーの動画を見ることができる。

CNBC.comにはウォーレン・バフェット・アーカイブがある。そこではバークシャー・ハザウェイの株主総会の全体が１９９４年までさかのぼって視聴できる。ユーチューブにもバフェットとマンガーの動画がたくさんある。１９６２年に32歳のバフェットが初めてテレビインタビューを受けたときの動画もある。

バフェットが教師になったことは驚くことではない。彼のヒーローである父親は教会や政府で教師であった。バフェットの師匠であるベン・グレアムはコロンビア大学で30年以上も教えていた。

バフェットのパートナーであるチャーリー・マンガーは投資の概念をいくつかの分野にまたがる幅広いアイデアへと拡大させた思想的リーダーになった。教師としてマンガーは世俗的な知恵を身につけることの重要性について喜んで自分の考えを共有した。

バフェット自身も、1951年にコロンビア大学から戻ってすぐに、オマハ大学のクラスで教えたことがある。また、バフェット・パートナーシップのパートナーたちにも13年間投資を教えた。そして、ほぼ60年間、バークシャーの信奉者たちを教育してきた。

アメリカの哲学者ウィリアム・ジェームズは最高の教師は授業の根底に「結合」の考え方を置いていると信じていた。「あなたの学生たちは、彼らがどんな存在であろうと、とにかく結合する機械の小さな部品である」。実践教育的な言い回しで、あるものを別のものと比較して教えるということだ。

一見、抽象的な教育理論のようだが、投資の世界では非常に現実的な応用が可能だ。ベン・グレアムが投資は「最もビジネスライクであるときに、最も理にかなったものになる」と言ったとき、彼は結合を頭に置いて教えていた。ウォーレン・バフェットが「投資家は株式を事業の所有権として考えるべきだ」と言ったのも、結合によって教えていたのだ。

多くの投資家にとって非現実的だった株式が、突然意味を持つようになった。ジェームズは、教えることの目的は、学生にショックを与えることではなく、「学生が楽観的でクリーンな結論を持てるように導くことである」と書いている。バフェットが説明した事業視点からの投資は、ウィリアム・ジェームズの「健全な精神」の好例であり、開放的で、熱中し、楽観的な人生に対する態度を表している。

ウィリアム・ジェームズの「学生への講話」という論文の中に「ある種の盲目性」というエッセイがある。そこで彼は人生の意味を考えている。「人が人生のプロセスに熱意を感じるとき、その人生は真に意義深いものになる」。この熱意はスポーツや芸術、執筆、内省的な思考などさまざまな活動に表れると彼は言う。しかし、「それが見つかるとき、そこには現実の熱意、興奮、そして刺激がある」。

熱意は、大きな熱中とエネルギーを持つことと定義される。ジェームズにとって、「熱意は人間の内側にある活力そのものだ」。ウォーレン・バフェットについて記述するとき、その言葉がよく当てはまる。バフェットに会ったことのある人は誰もが即座に彼のエネルギー、楽観主義、ユーモア、そして限りない熱意を感じている。

『株で富を築くバフェットの法則』の最初の版を、私は次の言葉で締めくくった。「彼は毎日仕事に行くことに心からワクワクしている。『私が人生において望むものはすべてここにあります』とバフェットは言った。『毎日が楽しい。ここでタップダンスを踊り、大好きな人々と一緒に働くのです』」。あれから30年が過ぎ、今も何も変わっていない。「タップダンスを踊って働く」とはまさに情熱を表しているのだという読者の声が聞こえるようだ。

『Tap Dancing to Work』はキャロル・ルーミスの素晴らしい著書のタイトルにもなっている。この本は46年の間に書かれたウォーレン・バフェットに関する86本の記事をまとめたものだ。その多くは彼女自身が書いている。彼女はこう書いている。「この本を読み終わったとき、ウォーレン・バフェットのビジネス人生の物語を見ることになります」。その人生は、なんとも素晴らしい人生だった。

芸術家としてのバフェット

「私は自分の仕事にとても満足しています」とバフェットは言う。「毎朝、オフィスに行くと、システィーナ礼拝堂に行って絵を描いているような気分になります。これほど楽しいことがあるでしょうか。仕事は未完成の絵のようなものです。赤でも青でも好きな色を塗れるのです」。バークシャー・ハザウェイが絵画だとすれば、顔料は画家ウォーレン・バフェットが筆で塗る資本である。

システィーナ礼拝堂の天井には、創世記の九つの場面を描いた大きなフレスコ画がある。

この壮大な作品には、崇高な美しさに加えて、非常に困難な状況下で、たった一人で制作されたという驚くべき事実がある。

バフェットが自分の作品をミケランジェロに例えるのは、決して自慢話ではない。彼の謙虚な姿勢は広く知られている。むしろ、さまざまな分野の人間の業績に興味を持っていることを反映しているのだろう。その意味で、バークシャーの歴史を一つの巨大なフレスコ画と考えることは、バフェットが教育の際に好んで使う比喩なのだ。

バークシャーというフレスコ画には、多くの場面、課題、出来事が描かれている。そのフレスコ画の中で、最も有名なシーンを一つだけ挙げることは、バフェットでさえも難しいだろう。バークシャー・ハザウェイというファイナンスの傑作を構成する九つの最も重要なシーンを選び出すこともとても難しい。

多くの人々、企業、大小さまざまな投資がバークシャーに影響を与えてきた。しかし、それらの影響を理解し、シーンを描くのは、たった一人の人間の仕事である。ヨハン・ヴォルフガング・フォン・ゲーテは、「システィーナ礼拝堂を見ずして、一人の人間がどれだけのことを成し得るかを知ることはできない」と言った。

それと同じように、バークシャーの物語も、一人の人間の手による芸術作品として見なければ、本当の意味で真価を理解できない。そして理解できたとき、あなたは「実に驚くべきことだ。それを私たちの一人が成し遂げたのだ」とつぶやきながら、その場を去るのだ。

美術評論家のランス・エスプルンドは、「アートについて私たちが忘れていることがある。大切なもの、私たちを虜にするのは、目的とするものではなく、旅路である」と教えてくれた。芸術における旅路は、長期的な投資における「プロセス」と呼ばれるものと同じである。

アートを見るには、座り心地のよい椅子が必要だといわれる。なぜ椅子なのか。アートを正しく見るためには、快適な状態で、じっくり時間をかけて、気が散らないことが必要だからだ。エスプルンドは、「そうすれば、ただぼんやり見る芸術を超えて、芸術家のように、見つける芸術、見つめる芸術に移ったことに気づくかもしれない」と述べている。

企業を購入するかどうかの判断は、美術鑑賞のクラスとよく似ている。投資家は、企業が販売する製品やサービスとその競争力、企業が生み出す財務上のリターン、そして資本をどう配分するかを決定する経営者など、事業という偉大な作品を吟味する。真の投資とは、事業という芸術作品を探求することなのだ。

投資家が単に銘柄をぼんやり眺めている場合、ほとんどの人が企業のデータをすぐに集計してしまい、「なぜこのような現象が起きたのか」という重要な疑問を持つことがない。

その質問をしてこそ、事業を真に理解し、最終的に将来どうなるかも見極めることができるのだ。絵画はパッと見ただけでは複雑すぎて理解できないが、企業も同様である。いくつかの会計上の要素を集計したり、通り一遍のコメントや軽薄な意見を飛ばし読みしたりするだけでは、企業を完全に理解することはできない。

ウィリアム・ジェームズは、「人生の最良の使い方は、人生が終わってもまだ続くもののために人生を使うことである」と言った。スティーブ・ジョーダンの著書『オマハの賢人』の最後で、バフェットはバークシャーについて、こう語っている。

「私は生涯をかけてバークシャーに取り組みました。バークシャーはあなたが思いつく限り、これ以上ないほど永続的な会社だと信じています」

バークシャー・コットン・マニュファクチャリングという当初の会社は１８８９年に法人となり、バフェットが１９６５年に経営権を取得した。１９６５年からだとバークシャーは59歳と少し若いが、それでも現代の大企業の平均寿命と比べれば十分長く、元々のバークシャーからだと１３５歳になる。

企業の寿命は、企業評価をするうえでも、また企業の長期的に持続可能な競争力を判断するうえでも重要だ。ほとんどの企業は長期間存続できない。１９６５年から２０１５年までの間に、時価総額２億５０００万ドル以上のグローバル企業のうち、10年以上存続した企業は半数に過ぎない。生き残ってフォーチュン500のメンバーにまで成長した企業は、多少寿命が長いが、それほど大きな違いはない。現在、大企業の平均存続年数はわずか16年である。

企業の寿命を理解する鍵は、それが変化と高い相関関係にあると認識することである。ジョセフ・シュンペーターが「創造的破壊の烈風」と呼んだものだ。現在、私たちが知っているのは、企業寿命の短さは急速なイノベーションと関連しているということだ。「変化のスピードが加速しているとき、企業の寿命は縮んでいく」

この250年間に起こった経済的変化を考えてみよう。

第1は、1771年にアークライトが英国クロムフォードで水力による綿紡績工場を開いたことに始まる産業革命だ。次に、1829年にリバプール・マンチェスター鉄道のために蒸気機関車ロケット号をテストしたことに始まる蒸気と鉄道の時代、第3は、鉄、電機、重工業の時代。これは1875年にピッツバーグにベッセマー製法の製鉄所が開かれたときに始まった。

第4は、石油と自動車、大量生産の時代。1908年にデトロイトにあるフォードの工場で最初のT型フォードが生まれたときに始まった。現在、私たちは情報とテクノロジーの時代の中にいる。それは1971年にカリフォルニア州サンタ・クララでインテルがマイクロプロセッサを披露したときに始まった。18世紀後半から起こっている経済の変革は驚異的である。

システィーナ礼拝堂にあるミケランジェロの天井画は５００年以上前のものだ。バークシャーは5世紀の間存続できるだろうか。想像することは難しい。それでも、過去２５０年間に起きたシュンペーターの創造的破壊の中でも、破壊されていないのは、数学におけるネイピア数ｅのような存在、複利の利息計算だ。バークシャーが今後１００年あるいはそれ以上存続して世界のどの大企業より長生きすると考えても大きな間違いはないだろう。

アメリカの企業であるバークシャー・ハザウェイ

「バークシャーは今では大きな広がりを持つコングロマリットです」とバフェットは言う。「常にさらに広がろうとしています」。それは一つの事業だけを行う企業として始まり、終わりの見えていた紡績にこだわっていた。

その後、思いがけない幸運が舞い込んだ。１９６７年にナショナル・インデムニティを手に入れることができたのだ。この買収によって、バークシャー・ハザウェイは保険事業に参入した。それ以来、フロートと呼ばれる、投資に使える前払い保険料が当初の960万ドルから1650億ドルへと増加していき、バークシャーを保険のフロート投資における世界のリーダーに押し上げたのだ。

現在バークシャーは何十もの企業を所有しているが、牽引しているのはバフェットの言葉でいう「4人の巨人」である。最初の巨人は、昔も今も保険事業を営む複数の企業だ。バフェットの投資に巨額のフロート資金を提供している。第三の巨人はBNSF（バーリントン・ノーザン・サンタフェ）である。

同社は全米最大の貨物鉄道会社で、約8000台の機関車を持ち、28州にまたがる3万2500マイルの鉄道を展開している。第四の巨人は、BHE（バークシャー・ハザウェイ・エナジー）だ。2000年に最初の投資を行った。当時同社の利益は1億2200万ドルだったが、20年後には40億ドルの利益を上げている。

それでは、第二の巨人は何なのか。忘れてならないのは、アップル社だ。バフェットは「私たちが所有するどの企業よりもよい企業でした」と言う。バークシャーのGAAPベースの利益はアップル社からの配当だけ（年間8億7800万ドル）だが、バークシャー側では報告されないアップル社の留保利益は莫大である。

バークシャーが保有しているのはアップル社の普通株式9億1500万株（時価総額

１６２０億ドル）で、同社の株式の５・９％になる。企業の５・９％を保有していてもバークシャーの状況に大した影響はないと思わないでほしい。０・１％保有していると、２０２２年のアップル社の留保利益１億ドルを保有している計算であるが、アップル社の留保利益におけるバークシャーの持ち分はバークシャーの財務諸表には登場しないのだ。

別の言い方をすれば、アップル社の株式の５・９％を保有していることは、事実上59億ドルの留保利益の受益者になっているということであり、その多くはアップル社が留保して自社株の買い戻しに使われている。これによってバークシャーは自分の資金をまったく使わずに、アップル社における持ち分を高めることができているのだ。

バークシャーの独特の仕組み、「素晴らしい企業の一部を普通株式として買う能力は、ほとんどの企業の経営者にとっては当たり前にできることではありません」とバフェットは言う。これまで見てきたとおり、バークシャーは、そのすべての歴史を通じて、企業買収と公開企業の株式購入との両方を行える、うらやむべき立ち位置に居続けてきた。

バフェットは続ける。「株式市場で毎日提供されている企業を買う機会は、株式のごく一部ではあるけれども、同時に買収しないかと持ち掛けられる企業より魅力的であることも多いのです」

さらにバフェットは、こう指摘する。「保有している株式を売却して得られるキャピタルゲインで、バークシャーは自分の資本力だけではできない大きな買い物をすることができるのです」

そしてバフェットはこう締めくくる。「ほとんどの企業には現実的に利用できない幅広い機会を、世界がバークシャーに与えてくれます」。まさしくそのとおりだ。しかし、株式市場でバークシャーに提供されているその機会は、個人投資家にも提供されていることを忘れてはならない。

バークシャーがナショナル・インデムニティを買ったときに始まる長い旅路は「でこぼこ道でした」とバフェットは言う。「それは、留保利益を蓄え続けたこと、複利の効率、大きなミスを回避したこと、そしてアメリカの追い風を組み合わせたものでした。バークシャーがなくてもアメリカは大丈夫ですが、その逆は必ずしも正しくはありません」

アメリカ合衆国についてバフェットは強い存在だと考えていることを堂々と表明する。アメリカは懸命に働く意欲のある人に対してとてつもなく大きなチャンスを与えてくれると信じていることをまったく隠そうとしない。

一般的な常識では、楽観は若者の特権で、年を重ねると悲観に傾いてくるといわれる。しかし、バフェットは例外のようだ。その理由の一つは、80年以上にわたって彼がアメリカの株式市場で投資を続けていることがあると思う。

１９４２年３月11日にウォーレン・バフェットが初めて株式を買って以来、82年が過ぎた。「私は11歳でした。６歳のときから貯めていた１１４・75ドルをすべて投じました。私が買ったのはシティーズ・サービスの株式３株でした。資本家になって、私はよい気分でした」

２０１６年のアニュアルレポートでバフェットはこう書いた。「アメリカの経済成長は株主に圧倒的な利益を与えてくれました。20世紀の間ダウ・ジョーンズ工業株は66ポイントから１万１４９７ポイントへと、１７３２０％の利益をもたらしてくれました」。それまで１００年の間にアメリカが直面した経済、政治、軍事的な困難と考えてみよう。

バフェットはこのように信じている。「アメリカのビジネス、その結果である株式市場は、これからも価値をはるかに大きくしていくことは間違いありません。イノベーション、生産性向上、起業家精神、そして豊富な資本がそれを実現していきます。常に存在する否定論者たちは、自らの悲観的な予測を売り込むことで成功するかもしれません。しかし、彼らが売り物のたわごとに基づいて行動するなら、天の助けも期待できないでしょう」

さらに、「もちろん、衰退していく企業もたくさんあるでしょうし、消えていくものもあるでしょう。そうやって取り除かれていくことは市場のダイナミズムの結果です。また、長い年月の間には、時々大きな市場の下落もあるでしょう。すべての株式に影響するパニックもあり得ます」と付け加える。

「そのような恐怖の時期にも、二つのことを忘れてはいけません。第1は、広がった恐怖は、投資家としてのあなたの味方だということです。とても安い買い物をするチャンスを与えてくれるからです。第2は、個人として恐怖を抱くことはあなたの敵だということです。そこに正当な理由はありません。高い不必要なコストを避け、大規模で財務的に堅実なアメリカのビジネスを集結させて、十分な時間静かに座っていれば、ほぼ間違いなく、よい結果に終わるでしょう」

さて、ある有名なスピーチで、バフェットは株主に注意を促したことがある。「アメリカを否定するほうに賭けるのは間違いです。まだそれをする時期ではありません。金の卵を産む商業とイノベーションはこれからさらに多くの卵を産みます。アメリカにいる子供たちは、親の世代よりもずっとよい生活を送れるでしょう」

プラトンは『国家』の中で、四つの美徳として、知恵、正義、勇気、節制を挙げた。これらは主要な（cardinal）美徳と呼ばれた。道徳的に健全な人生を送るために必要な基本的資質だとプラトンは考えたのだ。主要な（cardinal）と言っても、ローマ・カトリック教会の枢機卿（Cardinal）のことではない。ラテン語から来たもので、「ドアのヒンジ（蝶番）」が語源である。

つまり、主要な美徳とは、人が道徳的な生活を送るための中枢となる極めて重要なものと考えられたのだ。知恵を使った堅実な投資は思慮深い投資の基本である。正義を信じる者は何が適切で行うに値することかを知っている。これは投資実績を評価するために決定的に必要なスキルである。

勇気は、逆境に直面したときに、立ち向かう気力を持っていることである。変動の激しい株式市場で断固たる態度をとる重要さを私たちは皆知っている。そして、プラトンは節制を健やかな精神と定義した。彼はこれが四つのうちで最も重要だと考えていた。健やかな精神という言葉は、マネーマインドを最も的確に表しているのかもしれない。四つの主要な美徳を合わせたものが、長期的な投資の根幹をなすものである。

ウォーレン・バフェットの人生を学んだ人は、投資というゲームだけでなく、より広い人生そのものにおいて、高潔な人生を送った人間の姿を見るだろう。私たちの誰もが知っているとおり、バフェットの慈善活動はほかに並ぶものがない。彼の資産の99％を慈善団体に寄付している。

２０２３年にバフェットは、46億ドルのバークシャー・ハザウェイの株式を五つの財団に寄付した。ビル・アンド・メリンダ・ゲイツ財団、スーザン・トンプソン財団、ハワード・G・バフェット財団、シャーウッド財団、そしてノヴォ財団である。２００６年以降、バフェットは500億ドル以上のバークシャー・ハザウェイの株式を寄付しているが、これは2006年時点の彼自身の純資産430億ドルよりも大きな金額である。

バークシャー・ハザウェイの株式が常に上昇を続けているため可能になった。現在ウォーレン・バフェットはバークシャーの株式1120億ドルを保有している。つまり、1600億ドル以上の資産を社会に還元したことになる。歴史上、このような例は存在しない。

今バークシャー・ハザウェイは移行期にある。2018年にバフェットはナショナル・インデムニティのCEOであるエイジット・ジェインをバークシャーの保険事業の副会長に、またバークシャー・ハザウェイ・エナジーのCEOであるグレッグ・エイベルを保険以外の事業を担当する副会長にすると発表した。

その後、時が来れば、グレッグ・エイベルがバークシャー・ハザウェイのCEOになることが明らかになった。ウォーレン・バフェットの長男ハワード・バフェットは必要があれば会長に就任する立場にある。

そして、最後に、バークシャーに2011年に入社したトッド・コウムと2012年に入社したテッド・ウェスラーの二人は現在バークシャーの投資ポートフォリオの一部を運用している。年次株主総会でウォーレン・バフェットが株主からの質問に答えることがなくなる日が来ても、必要な人間は既に配されている。

そうはいっても、ウォーレン・バフェットがいなくなって、バークシャーが耐えていけるのか、まだ疑問は多い。「ウォーレン・バフェットがあまりに特別な存在だったので、彼を失ったらバークシャーは生き残れないと人は言う」とバフェット及びバークシャー・ハザウェイに関する著書が数冊あるローレンス・カニンガムは言った。「しかし、バークシャーはあまりにも特別なので、バフェットなしでも、彼が培った永続し続けるカルチャーのおかげで生き残れると、私は話している」

バークシャー・ハザウェイの取締役会のメンバーであるスーザン・デッカーも同じ意見だ。ウォーレン・バフェット亡き後、バークシャーは生き残れるかと人に問われて、彼女ははっきりと言った。「それはカルチャーの問題です」。バフェットの長年の友人であるキャロル・ルーミスは何十年もバークシャー・ハザウェイの会長からの手紙に手を入れてきた。彼女も同じようなことを言う。「それは人の問題です」

ウォーレン・バフェットが仕事で達成してきたすべての中で、最大の成果はバークシャー・ハザウェイを形成しているカルチャーに息を吹き込んだことだろう。会社の中心にはオーナー、マネジャー、従業員の集合体が、資本を合理的に配分しようとしている。この最大の目標こそがバークシャー・ハザウェイを動かす原動力になっている。なぜこれがさらに何十年も続かないと思う人がいるのだろうか。彼の最終的な退任がこの約60年の成功を止めるのかと問われたとき、ウォーレン・バフェットはシンプルに「評判は今や会社のものです」と答えた。

謝辞

最初にウォーレン・バフェットに深く感謝を伝えたい。多くのことを教えてくれたうえに、著作権のあるバークシャー・ハザウェイのアニュアルレポートの文章を使わせていただいた。彼が書いたものをさらによいものにすることはほぼ不可能である。本書の読者が言い換えではなく、彼の言葉をそのまま読めるのは幸運なことである。

本書の初版の成功は、第一にウォーレン・バフェットのおかげである。彼を最も人気の高い投資の模範にした彼の温かい性格と、彼を世界最高の投資家にした比類ない成功の両方の面で、彼が成功の最大の要因である。この二つのコンビネーションは見事である。また、デビー・ボザネクには過去10年にわたりコミュニケーションを円滑にすることを助けてくれたことに感謝したい。彼女にはほかにもたくさんやるべきことがあったはずなのだ。

チャーリー・マンガーの幅広い投資の研究への貢献に感謝したい。「失敗の心理学」及び「メンタルモデルの格子構造」への深い洞察は格別に重要で、すべての人に学んでほしいものだ。

ウォーレン・バフェットの研究に次いで、チャーリーの世俗的な知恵を得る技法に従い、チャーリーの主要な思考モデルを発見する旅は、私のキャリアにおいて最も充実した成果の一つだった。多くの専門分野の用語を駆使して考えることができるようになったことで、私はよりよい投資家になれた。チャーリーにやる気を起こされて、私は毎日元気づけられた。

本書の初版が出版されてすぐに、フィル・フィッシャーから手紙を受け取った。当時彼は87歳だった。その後、さまざまな投資の話題をめぐって長い間交流を続けた。初期に頂いた手紙を読むと、私は正しいことをしていると励まされた。彼の友情に感謝していたが、残念ながらあまりにも短い期間だった。

ピーター・リンチとハワード・マークスという伝説的な投資家に本書の序文を書いていただいたことは光栄だった。ビル・ミラーにも序文を書いていただき、深く感謝したい。私の投資スキル向上において、単なる理論家から実践派に変身させてくれたことについてビル以上に重要な人はいない。彼は友人であり、知的なコーチでもある。彼は私を複雑な適応システムの研究や哲学的な思考の深い源になっているサンタフェ研究所にも紹介してくれた。

長い年月にわたり、私はウォーレン・バフェットについて、多くの優れた人々と語る無数の機会を得た。彼らは気づいていないかもしれないが、本書に反映させることになる多くの洞察を与えてくれた。次の方々に深く感謝したい。ピーター・バーンスタイン、ジャック・ボーグル、デビッド・ブレイバーマン、チャールズ・エリス、ケン・フィッシャー、バートン・グレイ、エド・ハルダーマン、エイジット・ジェイン、ポール・ジョンソン、マイケル・モーブシン、リサ・ラプアノ、ジョン・ロスチャイルド、ビル・ルーアン、そしてルー・シンプソン。

私は幸運にも、バークシャーについて書いた多くの作家の仲間入りをさせていただいた。ウォーレン・バフェット、チャーリー・マンガー、そしてバークシャー・ハザウェイを研究してきた人々の恩恵を受けている。アンディ・キルパトリックには格別に感謝したい。彼はバークシャーの公認の歴史学者であると思っている。ここでは、アダム・ミードの『The Complete Financial History of Berkshire Hathaway』も付け加えたい。

ラリー・カニンガムにもたいへんお世話になった。彼の力作はウォーレン・バフェットが書いたものを整理してくれたし、ほかの本も深い洞察が溢れていた。ステファニー・キューバにもあわせて感謝したい。ボブ・マイルズは、彼の素晴らしい本とともにバークシャーに関する研究に協力してくれた。

キャロル・ルーミスにも格別に感謝したい。彼女の金融の記事、文章は比類ないものだ。ウォーレン・バフェットが自身のパートナーシップを始める2年前に、彼女はフォーチュンの研究助手としてキャリアをスタートし、シニア・エディター・アット・ラージになり、また、ニューヨーク・タイムズのベストセラー作家にもなった、アメリカの偉大な金融ジャーナリストである。

そして、多くの人々が知っているとおり、彼女はウォーレン・バフェットが発信する「会長からの手紙」を1977年から推敲している。キャロルが最初の頃に励ましてくれたことの意味は言葉で表せないほど大きい。

私がウォーレン・バフェット、チャーリー・マンガー及びバークシャー・ハザウェイについて考えるうえで、インプットを与えてくれたピーター・ベヴリン、ロナルド・チャン、デビッド・クラーク、トッド・フィンクル、トレン・グリフィン、スティーブ・ジョーダン、ジャネット・ロウ、ロジャー・ローウェンスタイン、ジェレミー・ミラー、F・C・ミネイカー、ダニエル・ピーカット、ローラ・リッテンハウス、アリス・シュローダー、ウィル・ソーンダイク、そしてコリー・レンに大いに感謝したい。

さらに、ボブ・コールマンはバークシャーの信奉者の中で30年前、最初に私にコンタクトしてくれた。ボブは投資について尽きることのない好奇心の持ち主で、彼と話をすることはたいへん有益だった。ボブが私をトム・ロッソに紹介してくれたことも重要だった。

トムは私のグローバルな投資の理解を深めてくれた。感謝したい。そこから多くの人々とつながっていった。チャック・エイカー、ジェイミー・クラーク、クリス・デービス、トム・ゲイナー、メイソン・ホーキンス、そしてウォーリー・ウァイツに感謝したい。ジョン・ワイリー・アンド・サンズ・インクには、本書を出版したのみならず、本書にしっかりしたサポートと疲れを知らない情熱を注いでくれた。ワイリー社のすべての人々はプロフェッショナルだった。ケビン・ハレルド、スーザン・セラ、ガス・A・ミクロス、スーザン・ジェラハティに感謝したい。

1993年に私はマイルズ・トンプソンを紹介された。当時彼はジョン・ワイリー・アンド・サンズの出版者及び編集者だった。私は彼にウォーレン・バフェットについて本を書く考えを説明した。まだ半分しか書いていないのに、マイルズは本にすることを支持してくれた。

印象的な実績のない初心者である私に賭けてくれたことは、私にとってこの上ない幸運だった。もしマイルズが私のアイデアを採用していなかったら、私の人生は随分と違ったものになっていたし、決して今よりよいものにはなっていなかっただろう。マイルズにはあらゆることに感謝したい。

ローリー・ハーパーにもどうやって十分な感謝を伝えてよいかわからない。彼女は最高の代理人だ。賢く、親切で、忠実である。出版の世界をしっかり、正直に、ユーモアたっぷりに、そして優雅に案内してくれた。故マイケル・コーンも初めて本を書く私に賭けてくれた。

末筆ながら、私の推敲者であり、執筆のパートナーであるマギー・スタッキーは、新人作家を何十年もサポートしてくれ、何とかまともな作家に育ててくれた。私たちは大陸の遠く離れた場所にいるが、材料を直ちに見つけ出してくれることにいつも驚かされた。疲れを知らず、章から次の章へと、シンプルな言葉で題材を最高の形でまとめ上げてくれた。マギー・スタッキーは最高の仕事師だ。彼女が著者である私と読者の方々のために才能を注ぎ込んでくれたことは幸運だった。

本書のよかった点は、ここに挙げたすべての方々のおかげである。誤りや抜けた点は私だけの責任である。

ロバート・G・ハグストローム

巻末付録A

バークシャーのパフォーマンスとS&P500種指数の年間騰落率（1965～2022年）

年	バークシャーの 1株当たり時価総額	S&P 500種指数 （配当込み）
1965	49.5	10.0
1966	(3.4)	(11.7)
1967	13.3	30.9
1968	77.8	11.0
1969	19.4	(8.4)
1970	(4.6)	3.9
1971	80.5	14.6
1972	8.1	18.9
1973	(2.5)	(14.8)
1974	(48.7)	(26.4)
1975	2.5	37.2
1976	129.3	23.6
1977	46.8	(7.4)
1978	14.5	6.4
1979	102.5	18.2
1980	32.8	32.3
1981	31.8	(5.0)
1982	38.4	21.4
1983	69.0	22.4
1984	(2.7)	6.1
1985	93.7	31.6
1986	14.2	18.6
1987	4.6	5.1
1988	59.3	16.6
1989	84.6	31.7
1990	(23.1)	(3.1)
1991	35.6	30.5
1992	29.8	7.6

（続く）

年	バークシャーの 1株当たり時価総額	S&P 500種指数 （配当込み）
1993	38.9	10.1
1994	25.0	1.3
1995	57.4	37.6
1996	6.2	23.0
1997	34.9	33.4
1998	52.2	28.6
1999	(19.9)	21.0
2000	26.6	(9.1)
2001	6.5	(11.9)
2002	(3.8)	(22.1)
2003	15.8	28.7
2004	4.3	10.9
2005	0.8	4.9
2006	24.1	15.8
2007	28.7	5.5
2008	(31.8)	(37.0)
2009	2.7	26.5
2010	21.4	15.1
2011	(4.7)	2.1
2012	16.8	16.0
2013	32.7	32.4
2014	27.0	13.7
2015	(12.5)	1.4
2016	23.4	12.0
2017	21.9	21.8
2018	2.8	(4.4)
2019	11.0	31.5
2020	2.4	18.4
2021	29.6	28.7
2022	4.0	(18.1)
1965〜2022年の年複利利益	19.8%	9.9%
1964〜2022年の全体利益	3,787,464%	24,708%

注：データは暦年ベースですが、1965年と1966年は9月30日までの1年、1967年は12月31日までの15か月間となっています。

巻末付録B

バークシャーの普通株式ポートフォリオ（1977～2021年）

出典：各年のバークシャー・ハザウェイ年次報告書

1977年

単位：千ドル

株式数	銘柄名	取得額	市場価値
934,300	ワシントン・ポスト	10,628	33,401
1,969,953	GEICO転換社債型優先株	19,417	33,033
592,650	インターパブリック・グループ	4,531	17,187
220,000	キャピタル・シティズ・コミュニケーションズ	10,909	13,228
1,294,308	GEICO普通株式	4,116	10,516
324,580	カイザー・アルミニウム・アンド・ケミカル	11,218	9,981
226,900	ナイト・リッダー新聞社	7,534	8,736
170,800	オグルヴィ・アンド・メイザー	2,762	6,960
1,305,800	カイザー・インダストリーズ	778	6,039
	合計	71,893	139,081
	その他普通株式	34,996	41,992
	普通株式合計	106,889	181,073

1978年

単位：千ドル

株式数	銘柄名	取得額	市場価値
934,000	ワシントン・ポスト	10,628	43,445
1,986,953	GEICO転換社債型優先株	19,417	28,314
953,750	セーフコ	23,867	26,467
592,650	インターパブリック・グループ	4,531	19,039
1,066,934	カイザー・アルミニウム・アンド・ケミカル	18,085	18,671
453,800	ナイト・リッダー新聞社	7,534	10,267
1,294,308	GEICO普通株式	4,116	9,060
246,450	ABC	6,082	8,626
	合計	94,260	163,889
	その他普通株式	39,506	57,040
	普通株式合計	133,766	220,929

1979年

単位：千ドル

株式数	銘柄名	取得額	市場価値
5,730,114	GEICO普通株式	28,288	68,045
1,868,000	ワシントン・ポスト	10,628	39,241
1,007,500	ハンディ・アンド・ハーマン	21,825	38,537
953,750	セーフコ	23,867	35,527
711,180	インターパブリック・グループ	4,531	23,736
1,211,834	カイザー・アルミニウム・アンド・ケミカル	20,629	23,328
771,900	F.W.ウールワース・カンパニー	15,515	19,394
328,700	ゼネラルフーヅ	11,437	11,053
246,450	ABC	6,082	9,673
289,700	アフィリエイテッド・パブリケーションズ	2,821	8,800
391,400	オグルヴィ・アンド・メイザー	3,709	7,828
282,500	メディア・ジェネラル	4,545	7,345
112,545	ヘス	2,861	5,487
	合計	156,738	297,994
	その他普通株式	28,675	36,686
	普通株式合計	185,413	334,680

1980年

単位：千ドル

株式数	銘柄名	取得額	市場価値
7,200,000	GEICO	47,138	105,300
1,983,812	ゼネラルフーヅ	62,507	59,889
2,015,000	ハンディ・アンド・ハーマン	21,825	58,435
1,250,525	セーフコ	32,063	45,177
1,868,600	ワシントン・ポスト	10,628	42,277
464,317	アルコア	25,577	27,685
1,211,834	カイザー・アルミニウム・アンド・ケミカル	20,629	27,569
711,180	インターパブリック・グループ	4,531	22,135
667,124	F.W.ウールワース・カンパニー	13,583	16,511
370,088	ピンカートン	12,144	16,489
475,217	クリーブランド・クリフス	12,942	15,894
434,550	アフィリエイテッド・パブリケーションズ, Inc.	2,821	12,222
245,700	R.J.レイノルズ	8,702	11,228
391,400	オグルヴィ・アンド・メイザー	3,709	9,981
282,500	メディア・ジェネラル	4,545	8,334
247,039	ナショナル・デトロイト	5,930	6,299
151,104	タイムズ・ミラー社	4,447	6,271
881,500	ナショナル・スチューデント・マーケティング	5,128	5,895
	合計	298,848	497,591
	その他普通株式	26,313	32,096
	普通株式合計	325,161	529,687

1981年

単位：千ドル

株式数	銘柄名	取得額	市場価値
7,200,000	GEICO	47,138	199,800
1,764,824	R.J.レイノルズ	76,668	83,127
2,101,244	ゼネラルフーヅ	66,277	66,714
1,868,600	ワシントン・ポスト	10,628	58,160
2,015,000	ハンディ・アンド・ハーマン	21,825	36,270
785,225	セーフコ	21,329	31,016
711,180	インターパブリック・グループ	4,531	23,202

（続く）

株式数	銘柄名	取得額	市場価値
370,088	ピンカートン	12,144	19,675
703,634	アルコア	19,359	18,031
420,441	アルカタ	14,076	15,136
475,217	クリーブランド・クリフス	12,942	14,362
451,650	アフィリエイテッド・パブリケーションズ, Inc.	3,297	14,362
441,522	ガテックス	17,147	13,466
391,400	オグルヴィ・アンド・メイザー	3,709	12,329
282,500	メディア・ジェネラル	4,545	11,088
	合計	335,615	616,490
	その他普通株式	16,131	22,739
	普通株式合計	351,746	639,229

1982年

単位：千ドル

株式数	銘柄名	取得額	市場価値
7,200,000	GEICO	47,138	309,600
3,107,675	R.J.レイノルズ	142,343	158,715
1,868,600	ワシントン・ポスト	10,628	103,240
2,101,244	ゼネラルフーヅ	66,277	83,680
1,531,391	タイム社	45,273	79,824
908,800	Crum & Forster	47,144	48,962
2,379,200	ハンディ・アンド・ハーマン	27,318	46,692
711,180	インターパブリック・グループ	4,531	34,314
460,650	アフィリエイテッド・パブリケーションズ, Inc.	3,516	16,929
391,400	オグルヴィ・アンド・メイザー	3,709	17,319
282,500	メディア・ジェネラル	4,545	12,289
	合計	402,422	911,564
	その他普通株式	21,611	34,058
	普通株式合計	424,033	945,622

1983年

単位：千ドル

株式数	銘柄名	取得額	市場価値
6,850,000	GEICO	47,138	398,156
5,618,661	R.J.レイノルズ	268,918	314,334
4,451,544	ゼネラルフーヅ	163,786	228,698
1,868,600	ワシントン・ポスト	10,628	136,875
901,788	タイム社	27,732	56,860
2,379,200	ハンディ・アンド・ハーマン	27,318	42,231
636,310	インターパブリック・グループ	4,056	33,088
690,975	アフィリエイテッド・パブリケーションズ, Inc.	3,516	26,603
250,400	オグルヴィ・アンド・メイザー	2,580	12,833
197,200	メディア・ジェネラル	3,191	11,191
	合計	558,863	1,260,869
	その他普通株式	7,485	18,044
	普通株式合計	566,348	1,278,913

1984年

単位：千ドル

株式数	銘柄名	取得額	市場価値
6,850,000	GEICO	47,138	397,300
4,047,191	ゼネラルフーヅ	149,870	226,137
3,895,710	エクソン	173,401	175,307
1,868,600	ワシントン・ポスト	10,628	149,955
2,553,488	タイム社	89,237	109,162
740,400	ABC	44,416	46,738
2,379,200	ハンディ・アンド・ハーマン	27,318	38,662
690,975	アフィリエイテッド・パブリケーションズ, Inc.	3,516	32,908
818,872	インターパブリック・グループ	2,570	28,149
555,949	ノースウェスト・インダストリーズ	26,581	27,242
	合計	573,340	1,231,560
	その他普通株式	11,634	37,326
	普通株式合計	584,974	1,268,886

1985年

単位：千ドル

株式数	銘柄名	取得額	市場価値
6,850,000	GEICO	45,713	595,950
1,727,765	ワシントン・ポスト	9,731	205,172
900,800	ABC	54,435	108,997
2,350,922	ベアトリス・カンパニーズ	106,811	108,142
1,036,461	アフィリエイテッド・パブリケーションズ, Inc.	3,516	55,710
2,553,488	タイム社	20,385	52,669
2,379,200	ハンディ・アンド・ハーマン	27,318	43,718
	合計	267,909	1,170,358
	その他普通株式	7,201	27,963
	普通株式合計	275,110	1,198,321

1986年

単位：千ドル

株式数	銘柄名	取得額	市場価値
2,990,000	キャピタル・シティーズ／ABC	515,775	801,694
6,850,000	GEICO	45,713	674,725
1,727,765	ワシントン・ポスト	9,731	269,531
2,379,200	ハンディ・アンド・ハーマン	27,318	46,989
489,300	リア・シーグラー	44,064	44,587
	合計	642,601	1,837,526
	その他普通株式	12,763	36,507
	普通株式合計	655,364	1,874,033

1987年

単位：千ドル

株式数	銘柄名	取得額	市場価値
3,000,000	キャピタル・シティーズ／ABC	517,500	1,035,000
6,850,000	GEICO	45,713	756,925
1,727,765	ワシントン・ポスト	9,731	323,092
	普通株式合計	572,944	2,115,017

1988年

単位：千ドル

株式数	銘柄名	取得額	市場価値
3,000,000	キャピタル・シティーズ／ABC	517,500	1,086,750
6,850,000	GEICO	45,713	849,400
14,172,500	コカ・コーラ	592,540	632,448
1,727,765	ワシントン・ポスト	9,731	364,126
2,400,000	フレディマック	71,729	121,200
	普通株式合計	1,237,213	3,053,924

1989年

単位：千ドル

株式数	銘柄名	取得額	市場価値
23,350,000	コカ・コーラ	1,023,920	1,803,787
3,000,000	キャピタル・シティーズ／ABC	517,500	1,692,375
6,850,000	GEICO	45,713	1,044,625
1,727,765	ワシントン・ポスト	9,731	486,366
2,400,000	フレディマック	71,729	161,100
	普通株式合計	1,668,593	5,188,253

1990年

単位：千ドル

株式数	銘柄名	取得額	市場価値
46,700,000	コカ・コーラ	1,023,920	2,171,550
3,000,000	キャピタル・シティーズ／ABC	517,500	1,377,375
6,850,000	GEICO	45,713	1,110,556
1,727,765	ワシントン・ポスト	9,731	342,097
2,400,000	フレディマック	71,729	117,000
	普通株式合計	1,958,024	5,407,953

1991年

単位：千ドル

株式数	銘柄名	取得額	市場価値
46,700,000	コカ・コーラ	1,023,920	3,747,675
6,850,000	GEICO	45,713	1,363,150
24,000,000	ジレット	600,000	1,347,000
3,000,000	キャピタル・シティーズ／ABC	517,500	1,300,500
2,495,200	フレディマック	77,245	343,090
1,727,765	ワシントン・ポスト	9,731	336,050
31,247,000	ギネス	264,782	296,755
5,000,000	ウェルズ・ファーゴ	289,431	290,000
	普通株式合計	2,828,322	9,024,220

1992年

単位：千ドル

株式数	銘柄名	取得額	市場価値
93,400,000	コカ・コーラ	1,023,920	3,911,125
34,250,000	GEICO	45,713	2,226,250
3,000,000	キャピタル・シティーズ／ABC	517,500	1,523,500
24,000,000	ジレット	600,000	1,365,000
16,196,700	フレディマック	414,527	783,515
6,358,418	ウェルズ・ファーゴ	380,983	485,624
4,350,000	ジェネラル・ダイナミクス	312,438	450,769
1,727,765	ワシントン・ポスト	9,731	396,954
38,335,000	ギネス	333,019	299,581
	普通株式合計	3,637,831	11,442,318

1993年

単位：千ドル

株式数	銘柄名	取得額	市場価値
93,400,000	コカ・コーラ	1,023,920	4,167,975
34,250,000	GEICO	45,713	1,759,594
24,000,000	ジレット	600,000	1,431,000
2,000,000	キャピタル・シティーズ／ABC	345,000	1,239,000
6,791,218	ウェルズ・ファーゴ	423,680	878,614
13,654,600	フレディマック	307,505	681,023
1,727,765	ワシントン・ポスト	9,731	440,148
4,350,000	ジェネラル・ダイナミクス	94,938	401,287
38,335,000	ギネス	333,019	270,822
	普通株式合計	3,183,506	11,269,463

1994年

単位：千ドル

株式数	銘柄名	取得額	市場価値
93,400,000	コカ・コーラ	1,023,920	5,150,000
24,000,000	ジレット	600,000	1,797,000
20,000,000	キャピタル・シティーズ／ABC	345,000	1,705,000
34,250,000	GEICO	45,713	1,678,250
6,791,218	ウェルズ・ファーゴ	423,680	984,272
27,759,941	アメリカン・エキスプレス	723,919	818,918
13,654,600	フレディマック	270,468	644,441
1,727,765	ワシントン・ポスト	9,731	418,983
19,453,300	PNCバンク	503,046	410,951
6,854,500	ギャネット	335,216	365,002
	普通株式合計	4,280,693	13,972,817

1995年

単位：百万ドル

株式数	銘柄名	取得額	市場価値
49,456,900	アメリカン・エキスプレス	1,392.70	2,046.30
20,000,000	キャピタル・シティーズ／ABC	345.00	2,467.50
100,000,000	コカ・コーラ	1,298.90	7,425.00
12,502,500	フレディマック	260.10	1,044.00
34,250,000	GEICO	45.70	2,393.20
48,000,000	ジレット	600.00	2,502.00
6,791,218	ウェルズ・ファーゴ	423.70	1,466.90
	普通株式合計	4,366.10	19,344.90

1996年

単位：百万ドル

株式数	銘柄名	取得額	市場価値
49,456,900	アメリカン・エキスプレス	1,392.70	2,794.30
200,000,000	コカ・コーラ	1,298.90	10,525.00
24,614,214	ウォルト・ディズニー	577.00	1,716.80
64,246,000	フレディマック	333.40	1,772.80
48,000,000	ジレット	600.00	3,732.00
30,156,600	マクドナルド	1,265.30	1,368.40
1,727,765	ワシントン・ポスト	10.60	579.00
7,291,418	ウェルズ・ファーゴ	497.80	1,966.90
	普通株式合計	5,975.70	24,455.20

1997年

単位：百万ドル

株式数	銘柄名	取得額	市場価値
49,456,900	アメリカン・エキスプレス	1,392.70	4,414.00
200,000,000	コカ・コーラ	1,298.90	13,337.50
21,563,414	ウォルト・ディズニー	381.20	2,134.80
63,977,600	フレディマック	329.40	2,683.10
48,000,000	ジレット	600.00	4,821.00
23,733,198	トラベラーズグループ	604.40	1,278.60
1,727,765	ワシントン・ポスト	10.60	840.60
6,690,218	ウェルズ・ファーゴ	412.60	2,270.90
	普通株式合計	5,029.80	31,780.50

1998年

単位：百万ドル

株式数	銘柄名	取得額※	市場価値
50,536,900	アメリカン・エキスプレス	1,470	5,180
200,000,000	コカ・コーラ	1,299	13,400
51,202,242	ウォルト・ディズニー	281	1,536
60,298,000	フレディマック	308	3,885
96,000,000	ジレット	600	4,590
1,727,765	ワシントン・ポスト	11	999
63,595,180	ウェルズ・ファーゴ	392	2,540
	その他	2,683	5,135
	普通株式合計	7,044	37,265

※税務上の費用を表し、総額ではGAAP上の費用よりも15億ドル少ない。

1999年

単位：百万ドル

株式数	銘柄名	取得額※	市場価値
50,536,900	アメリカン・エキスプレス	1,470	8,402
200,000,000	コカ・コーラ	1,299	11,650
59,559,300	ウォルト・ディズニー	281	1,536
60,298,000	フレディマック	294	2,803
96,000,000	ジレット	600	3,954
1,727,765	ワシントン・ポスト	11	960
59,136,680	ウェルズ・ファーゴ	349	2,391
	その他	4,180	6,848
	普通株式合計	8,203	37,008

※税務上の費用を表し、総額ではGAAP上の費用よりも6億9100万ドル少ない。

2000年

単位：百万ドル

株式数	銘柄名	取得額	市場価値
151,610,700	アメリカン・エキスプレス	1,470	8,329
200,000,000	コカ・コーラ	1,299	12,188
96,000,000	ジレット	600	3,468
1,727,765	ワシントン・ポスト	11	1,066
55,071,380	ウェルズ・ファーゴ	319	3,067
	その他	6,703	9,501
	普通株式合計	10,402	37,619

2001年

単位：百万ドル

株式数	銘柄名	取得額	市場価値
151,610,700	アメリカン・エキスプレス	1,470	5,410
200,000,000	コカ・コーラ	1,299	9,430
96,000,000	ジレット	600	3,206
15,999,200	H&Rブロック	255	715
24,000,000	ムーディーズ	499	957
1,727,765	ワシントン・ポスト	11	916
53,265,080	ウェルズ・ファーゴ	306	2,315
	その他	4,103	5,726
	普通株式合計	8,543	28,675

2002年

単位：百万ドル

株式数	銘柄名	取得額	市場価値
151,610,700	アメリカン・エキスプレス	1,470	5,359
200,000,000	コカ・コーラ	1,299	8,768
15,999,200	H&Rブロック	255	643
24,000,000	ムーディーズ	499	991
1,727,765	ワシントン・ポスト	11	1,275
53,265,080	ウェルズ・ファーゴ	306	2,497
	その他	4,621	5,383
	普通株式合計	9,146	28,363

2003年

単位：百万ドル

株式数	銘柄名	取得額	市場価値
151,610,700	アメリカン・エキスプレス	1,470	7,312
200,000,000	コカ・コーラ	1,299	10,150
96,000,000	ジレット	600	3,526
14,610,900	H&Rブロック	227	809
15,476,500	HCA	492	665
6,708,760	M&Tバンク	103	659
24,000,000	ムーディーズ	499	1,453
2,338,961,000	ペトロチャイナ	488	1,340
1,727,765	ワシントン・ポスト	11	1,367
56,448,380	ウェルズ・ファーゴ	463	3,324
	その他	2,863	4,682
	普通株式合計	8,515	35,287

2004年

単位：百万ドル

株式数	銘柄名	取得額	市場価値
151,610,700	アメリカン・エキスプレス	1,470	8,546
200,000,000	コカ・コーラ	1,299	8,328
96,000,000	ジレット	600	4,299
14,350,600	H&Rブロック	233	703
6,708,760	M&Tバンク	103	723
24,000,000	ムーディーズ	499	2,084
2,338,961,000	ペトロチャイナ香港株(同等株)	488	1,249
1,727,765	ワシントン・ポスト	11	1,698
56,448,380	ウェルズ・ファーゴ	463	3,508
1,724,200	ホワイトマウンテン	369	1,114
	その他	3,351	5,465
	普通株式合計	9,056	37,717

2005年

単位：百万ドル

株式数	銘柄名	取得額	市場価値
151,610,700	アメリカン・エキスプレス	1,287	7,802
30,322,137	アメリプライズ・ファイナンシャル	183	1,243
43,854,200	アンハイザー・ブッシュ	2,133	1,844
200,000,000	コカ・コーラ	1,299	8,062
6,708,760	M&Tバンク	103	732
48,000,000	ムーディーズ	499	2,084
2,338,961,000	ペトロチャイナ香港株(同等株)	488	1,915
100,000,000	プロクター・アンド・ギャンブル	940	5,788
19,944,300	ウォルマート	944	933
1,727,765	ワシントン・ポスト	11	1,322
95,092,200	ウェルズ・ファーゴ	2,754	5,975
1,724,200	ホワイトマウンテン	369	963
	その他	4,937	7,154
	普通株式合計	15,947	46,721

2006年

単位：百万ドル

株式数	銘柄名	取得額	市場価値
151,610,700	アメリカン・エキスプレス	1,287	9,198
36,417,400	アンハイザー・ブッシュ	1,761	1,792
200,000,000	コカ・コーラ	1,299	9,650
17,938,100	コノコフィリップス	1,066	1,291
21,334,900	ジョンソン・エンド・ジョンソン	1,250	1,409
6,708,760	M&Tバンク	103	820
48,000,000	ムーディーズ	499	3,315
2,338,961,000	ペトロチャイナ香港株(同等株)	488	3,313
3,486,006	ポスコ	572	1,158
100,000,000	プロクター・アンド・ギャンブル	940	6,427
299,707,000	テスコ	1,340	1,820
31,033,800	USバンコープ	969	1,123
17,072,192	USGコーポレーション	536	936
19,944,300	ウォルマート	942	921

(続く)

株式数	銘柄名	取得額	市場価値
1,727,765	ワシントン・ポスト	11	1,288
218,169,300	ウェルズ・ファーゴ	3,697	7,758
1,724,200	ホワイトマウンテン	369	999
	その他	5,866	8,315
	普通株式合計	22,995	61,533

2007年

単位：百万ドル

株式数	銘柄名	取得額	市場価値
151,610,700	アメリカン・エキスプレス	1,287	7,887
35,563,200	アンハイザー・ブッシュ	1,718	1,861
60,828,818	バーリントン・ノーザン・サンタフェ	4,731	5,063
200,000,000	コカ・コーラ	1,299	12,274
17,508,700	コノコフィリップス	1,039	1,546
64,271,948	ジョンソン・エンド・ジョンソン	3,943	4,287
124,393,800	クラフトフーズ	4,152	4,059
48,000,000	ムーディーズ	499	1,714
3,486,006	ポスコ	572	2,136
101,472,000	プロクター・アンド・ギャンブル	1,030	7,450
17,170,953	サノフィ	1,466	1,575
227,307,000	テスコ	1,326	2,156
75,176,026	USバンコープ	2,417	2,386
17,072,192	USGコーポレーション	536	611
19,944,300	ウォルマート	942	948
1,727,765	ワシントン・ポスト	11	1,367
303,407,068	ウェルズ・ファーゴ	6,677	9,160
1,724,200	ホワイトマウンテン	369	886
	その他	5,238	7,633
	普通株式合計	39,252	74,999

2008年

単位：百万ドル

株式数	銘柄名	取得額	市場価値
151,610,700	アメリカン・エキスプレス	1,287	2,812
200,000,000	コカ・コーラ	1,299	9,054
84,896,273	コノコフィリップス	7,008	4,398
30,009,591	ジョンソン・エンド・ジョンソン	1,847	1,795
130,272,500	クラフトフーズ	4,330	3,498
3,947,554	ポスコ	768	1,191
91,941,010	プロクター・アンド・ギャンブル	643	5,684
22,111,966	サノフィ	1,827	1,404
11,262,000	スイス再保険	733	530
227,307,000	テスコ	1,326	1,193
75,145,426	USバンコープ	2,337	1,879
19,944,300	ウォルマート	942	1,118
1,727,765	ワシントン・ポスト	11	674
304,392,068	ウェルズ・ファーゴ	6,702	8,973
	その他	6,035	4,870
	普通株式合計	37,135	49,073

2009年

単位：百万ドル

株式数	銘柄名	取得額	市場価値
151,610,700	アメリカン・エキスプレス	1,287	6,143
225,000,000	BYD	232	1,986
200,000,000	コカ・コーラ	1,299	11,400
37,711,330	コノコフィリップス	2,741	1,926
28,530,467	ジョンソン・エンド・ジョンソン	1,724	1,838
130,272,500	クラフトフーズ	4,330	3,541
3,947,554	ポスコ	768	2,092
83,128,411	プロクター・アンド・ギャンブル	533	5,040
25,108,967	サノフィ	2,027	1,979
234,247,373	テスコ	1,367	1,620
76,633,426	USバンコープ	2,371	1,725
39,037,142	ウォルマート	1,893	2,087

（続く）

株式数	銘柄名	取得額	市場価値
334,235,585	ウェルズ・ファーゴ	7,394	9,021
	その他	6,680	8,636
	普通株式合計	34,646	59,034

2010年

単位：百万ドル

株式数	銘柄名	取得額	市場価値
151,610,700	アメリカン・エキスプレス	1,287	6,507
225,000,000	BYD	232	1,182
200,000,000	コカ・コーラ	1,299	13,154
29,109,637	コノコフィリップス	2,028	1,982
45,022,563	ジョンソン・エンド・ジョンソン	2,749	2,785
97,214,684	クラフトフーズ	3,207	3,063
19,259,600	ミュンヘン再保険	2,896	2,924
3,947,554	ポスコ	768	1,706
72,391,036	プロクター・アンド・ギャンブル	464	4,657
25,848,838	サノフィ	2,060	1,656
242,163,773	テスコ	1,414	1,608
78,060,769	USバンコープ	2,401	2,105
39,037,142	ウォルマート	1,893	2,105
358,936,125	ウェルズ・ファーゴ	8,015	11,123
	その他	3,020	4,956
	普通株式合計	33,733	61,513

2011年

単位：百万ドル

株式数	銘柄名	取得額	市場価値
151,610,700	アメリカン・エキスプレス	1,287	7,151
200,000,000	コカ・コーラ	1,299	13,994
29,100,937	コノコフィリップス	2,027	2,121
63,905,931	IBM	10,856	11,751
31,416,127	ジョンソン・エンド・ジョンソン	1,880	2,060
79,034,713	クラフトフーズ	2,589	2,953
20,060,390	ミュンヘン再保険	2,990	2,464
3,947,555	ポスコ	768	1,301
72,391,036	プロクター・アンド・ギャンブル	464	4,829
25,848,838	サノフィ	2,055	1,900
291,577,428	テスコ	1,719	1,827
78,060,769	USバンコープ	2,401	2,112
39,037,142	ウォルマート	1,893	2,333
400,015,828	ウェルズ・ファーゴ	9,086	11,024
	その他	6,895	9,171
	普通株式合計	48,209	76,991

2012年

単位：百万ドル

株式数	銘柄名	取得額	市場価値
151,610,700	アメリカン・エキスプレス	1,287	8,715
400,000,000	コカ・コーラ	1,299	14,500
24,123,911	コノコフィリップス	1,219	1,399
22,999,600	DirecTV	1,057	1,154
68,115,484	IBM	11,680	13,048
28,415,250	ムーディーズ	287	1,430
20,060,390	ミュンヘン再保険	2,990	3,599
20,668,118	フィリップス66	660	1,097
3,947,555	ポスコ	768	1,295
52,477,678	プロクター・アンド・ギャンブル	336	3,563
25,848,838	サノフィ	2,073	2,438
415,510,889	テスコ	2,350	2,268

（続く）

株式数	銘柄名	取得額	市場価値
78,060,769	USバンコープ	2,401	2,493
54,823,433	ウォルマート	2,837	3,741
456,170,061	ウェルズ・ファーゴ	10,906	15,592
	その他	7,646	11,330
	普通株式合計	49,796	87,662

2013年

単位：百万ドル

株式数	銘柄名	取得額	市場価値
151,610,700	アメリカン・エキスプレス	1,287	13,756
400,000,000	コカ・コーラ	1,299	16,524
22,238,900	DirecTV	1,017	1,536
41,129,643	エクソン・モービル	3,737	4,162
13,062,594	ゴールドマン・サックス	750	2,315
68,121,984	IBM	11,681	12,778
24,669,778	ムーディーズ	248	1,936
20,060,390	ミュンヘン再保険	2,990	4,415
20,668,118	フィリップス66	660	1,594
52,477,678	プロクター・アンド・ギャンブル	336	4,272
22,169,930	サノフィ	1,747	2,354
301,046,076	テスコ	1,699	1,666
96,117,069	USバンコープ	3,002	3,883
56,805,984	ウォルマート	2,976	4,470
483,470,853	ウェルズ・ファーゴ	11,871	21,950
	その他	11,281	19,984
	普通株式合計	56,581	117,505

2014年

単位：百万ドル

株式数	銘柄名	取得額	市場価値
151,610,700	アメリカン・エキスプレス	1,287	14,106
400,000,000	コカ・コーラ	1,299	16,888
18,513,482	ダビタ	843	1,402
15,430,586	ディア・アンド・カンパニー	1,253	1,365
24,617,939	DirecTV	1,454	2,134
13,062,594	ゴールドマン・サックス	750	2,532
76,971,817	IBM	13,157	12,349
24,669,778	ムーディーズ	248	2,364
20,060,390	ミュンヘン再保険	2,990	4,023
52,477,678	プロクター・アンド・ギャンブル	336	4,683
22,169,930	サノフィ	1,721	2,032
96,890,665	USバンコープ	3,033	4,335
43,387,980	USGコーポレーション	836	1,214
67,707,544	ウォルマート	3,798	5,815
483,470,853	ウェルズ・ファーゴ	11,871	26,504
	その他	10,180	15,704
	普通株式合計	55,056	117,470

2015年

単位：百万ドル

株式数	銘柄名	取得額	市場価値
151,610,700	アメリカン・エキスプレス	1,287	10,545
46,577,138	AT&T	1,283	1,603
7,463,157	チャーター・コミュニケーションズ	1,202	1,367
400,000,000	コカ・コーラ	1,299	17,184
18,513,482	ダビタ	843	1,291
22,164,450	ディア・アンド・カンパニー	1,773	1,690
24,617,939	DirecTV	1,454	2,134
11,390,582	ゴールドマン・サックス	654	2,053
81,033,450	IBM	13,791	11,152
24,669,778	ムーディーズ	248	2,475
55,384,926	フィリップス66	4,357	4,530

（続く）

株式数	銘柄名	取得額	市場価値
52,477,678	プロクター・アンド・ギャンブル	336	4,683
22,169,930	サノフィ	1,701	1,896
101,859,335	USバンコープ	3,239	4,346
63,507,544	ウォルマート	3,593	3,893
500,000,000	ウェルズ・ファーゴ	12,730	27,180
	その他	10,276	16,450
	普通株式合計	58,612	112,338

2016年

単位：百万ドル

株式数	銘柄名	取得額	市場価値
151,610,700	アメリカン・エキスプレス	1,287	11,231
61,242,652	アップル	6,747	7,093
6,789,054	チャーター・コミュニケーションズ	1,210	1,955
400,000,000	コカ・コーラ	1,299	16,584
54,934,718	デルタ航空	2,299	2,702
11,390,582	ゴールドマン・サックス	654	2,727
81,232,303	IBM	13,815	13,484
24,669,778	ムーディーズ	248	2,326
74,587,892	フィリップス66	5,841	6,445
22,169,930	サノフィ	1,692	1,791
43,203,775	サウスウエスト航空	1,757	2,153
101,859,335	USバンコープ	3,239	5,233
26,620,184	ユナイテッド・コンチネンタルHD	1,477	1,940
43,387,980	USGコーポレーション	836	1,253
500,000,000	ウェルズ・ファーゴ	12,730	27,255
	その他	10,697	17,560
	普通株式合計	65,828	122,032

2017年

単位：百万ドル

株式数	銘柄名	取得額	市場価値
151,610,700	アメリカン・エキスプレス	1,287	15,056
166,713,209	アップル	20,961	28,213
700,000,000	バンク・オブ・アメリカ	5,007	20,664
53,307,534	バンク・オブ・ニューヨーク・メロン	2,230	2,871
225,000,000	BYD	232	1,961
6,789,054	チャーター・コミュニケーションズ	1,210	2,281
400,000,000	コカ・コーラ	1,299	18,352
53,110,395	デルタ航空	2,219	2,974
44,527,147	ゼネラルモーターズ	1,343	1,825
11,390,582	ゴールドマン・サックス	654	2,902
24,669,778	ムーディーズ	248	3,642
74,587,892	フィリップス66	5,841	7,545
47,659,456	サウスウエスト航空	1,997	3,119
103,855,045	USバンコープ	3,343	5,565
482,544,468	ウェルズ・ファーゴ	11,837	29,276
	その他	14,968	24,294
	普通株式合計	74,676	170,540

2018年

単位：百万ドル

株式数	銘柄名	取得額	市場価値
151,610,700	アメリカン・エキスプレス	1,287	14,452
255,300,329	アップル	36,044	40,271
918,919,000	バンク・オブ・アメリカ	11,650	22,642
84,488,751	バンク・オブ・ニューヨーク・メロン	3,860	3,977
6,789,054	チャーター・コミュニケーションズ	1,210	1,935
400,000,000	コカ・コーラ	1,299	18,940
65,535,000	デルタ航空	2,860	3,270
18,784,698	ゴールドマン・サックス	2,380	3,138
50,661,394	JPモルガン・チェース	5,605	4,946
24,669,778	ムーディーズ	248	3,455
47,890,899	サウスウエスト航空	2,005	2,226

（続く）

株式数	銘柄名	取得額	市場価値
21,938,642	ユナイテッド・コンチネンタルHD	1,195	1,837
146,346,999	USバンコープ	5,548	6,688
43,387,980	USGコーポレーション	836	1,851
449,349,102	ウェルズ・ファーゴ	10,639	20,706
	その他	16,201	22,423
	普通株式合計	102,867	172,757

2019年

単位：百万ドル

株式数	銘柄名	取得額	市場価値
151,610,700	アメリカン・エキスプレス	1,287	18,874
250,866,566	アップル	35,287	73,667
947,760,000	バンク・オブ・アメリカ	12,560	33,380
81,488,751	バンク・オブ・ニューヨーク・メロン	3,696	4,101
5,426,609	チャーター・コミュニケーションズ	944	2,632
400,000,000	コカ・コーラ	1,299	22,140
70,910,456	デルタ航空	3,125	4,147
12,435,814	ゴールドマン・サックス	890	2,859
60,059,932	JPモルガン・チェース	6,556	8,372
24,669,778	ムーディーズ	248	5,857
46,692,713	サウスウエスト航空	1,940	2,520
21,938,642	ユナイテッド・コンチネンタルHD	1,195	1,933
149,497,786	USバンコープ	5,706	8,864
10,239,160	ビザ	349	1,924
345,688,918	ウェルズ・ファーゴ	7,040	18,598
	その他	28,215	38,159
	普通株式合計	110,340	248,027

2020年

単位：百万ドル

株式数	銘柄名	取得額	市場価値
25,533,082	アッヴィ	2,333	2,736
151,610,700	アメリカン・エキスプレス	1,287	18,331
907,559,761	アップル	31,089	120,424
1,032,852,006	バンク・オブ・アメリカ	14,631	31,306
66,835,615	バンク・オブ・ニューヨーク・メロン	2,918	2,837
225,000,000	BYD	232	5,897
5,213,461	チャーター・コミュニケーションズ	904	3,449
48,498,965	シェブロン	4,024	4,096
400,000,000	コカ・コーラ	1,299	21,936
52,975,000	ゼネラルモーターズ	1,616	2,206
81,304,200	伊藤忠商事	1,862	2,336
28,697,435	メルク	2,390	2,347
24,669,778	ムーディーズ	248	7,160
148,176,166	USバンコープ	5,638	6,904
146,716,496	ベライゾン	8,691	8,620
	その他	29,458	40,850
	普通株式合計	108,620	281,170

2021年

単位：百万ドル

株式数	銘柄名	取得額	市場価値
151,610,700	アメリカン・エキスプレス	1,287	24,804
907,559,761	アップル	31,089	161,155
1,032,852,006	バンク・オブ・アメリカ	14,631	45,952
66,835,615	バンク・オブ・ニューヨーク・メロン	2,918	3,882
225,000,000	BYD	232	7,693
3,828,941	チャーター・コミュニケーションズ	643	2,496
38,245,036	シェブロン	3,420	4,488
400,000,000	コカ・コーラ	1,299	23,684
52,975,000	ゼネラルモーターズ	1,616	3,106
89,241,000	伊藤忠商事	2,099	2,728
81,714,800	三菱商事	2,102	2,593
93,776,200	三井物産	1,621	2,219
24,669,778	ムーディーズ	248	9,636
143,456,055	USバンコープ	5,384	8,058
158,824,575	ベライゾン	9,387	8,253
	その他	26,629	39,972
	普通株式合計	104,605	350,719

［著者］

ロバート・G・ハグストローム

エクイティ・コンパス・インベストメント・マネジメントの最高投資責任者であり、グローバル・リーダーズ・ポートフォリオのシニア・ポートフォリオ・マネジャーを務める。ウォーレン・バフェットを40年以上にわたって研究し、自身が運用するファンドで「バフェットの法則」に基づく投資を実践して好成績を収めている。18か国で翻訳され120万部以上売れた本書のほか、『バフェットのポートフォリオ』（ダイヤモンド社）などの著書がある。

［訳者］

小野一郎

1955年生まれ。東京大学卒業。日本興業銀行等を経て現在、外資系企業勤務。訳書に『父が娘に伝える自由に生きるための30の投資の教え』『マーケットの魔術師 エッセンシャル版』（共にダイヤモンド社）、共訳書に『ビル・ミラーの株式投資戦略』『バフェット投資の王道』（共にダイヤモンド社）などがある。

株で億兆の富を築く

バフェットの法則

2025年２月25日　第１刷発行

著　者――ロバート・G・ハグストローム
訳　者――小野一郎
発行所――ダイヤモンド社
〒150-8409　東京都渋谷区神宮前6-12-17
https://www.diamond.co.jp/
電話／03･5778･7233（編集）　03･5778･7240（販売）

ブックデザイン―中ノ瀬祐馬
校正――――聚珍社
製作進行/本文DTP―ダイヤモンド・グラフィック社
印刷――――三松堂
製本――――ブックアート
編集担当――佐藤聖一

ISBN 978-4-478-12087-3